Ortswechsel

Spielräume

Evangelisches
Religionsbuch
für Gymnasien
12

Ortswechsel
Spielräume

Evangelisches
Religionsbuch
für Gymnasien
12

Autoren:
Tanja Gojny, Sebastian Görnitz-Rückert,
Ingrid Grill-Ahollinger, Stefanie Sattler
unter Mitarbeit von Andrea Rückert

Herausgeber:
Tanja Gojny, Sebastian Görnitz-Rückert,
Ingrid Grill-Ahollinger, Andrea Rückert

Claudius Verlag München 2014
Birkerstraße 22, 80636 München
www.claudius.de

Rechtschreibreformiert, sofern nicht urheberrechtliche
Einwände bestehen.

Die Mediencodes enthalten ausschließlich optionale Unterrichtsmaterialien;
sie unterliegen nicht dem staatlichen Zulassungsverfahren.

Gestaltung und Typografie:
Simon Schmidt

Druck und Bindung:
appl, Wemding

ISBN 978-3-532-70017-4

Inhalt

Vorwort

Liebe Schülerinnen und Schüler,

Erfahrungen von Freiheit und Begrenzung gehören zum Menschsein. Inmitten von all dem, was unser Leben bestimmt, bleiben Spielräume. Manchmal scheinen sie nur minimal zu sein, sind bedroht von lauter »Alternativlosigkeiten«. In anderen Situationen wirken sie ganz weit und offen. Vielleicht erleben Sie das nahende Ende Ihrer Schulzeit als Eröffnung von Spielräumen und Sie drängen darauf, diese zu gestalten. Dabei mag der eine oder andere von Ihnen den Schulalltag im letzten Schuljahr vor dem Abitur bisweilen als stressig empfinden – und damit Schule und Unterricht als etwas, das eigene Freiheitsräume einengt und beschneidet.

Aber dieses letzte Jahr Schule bietet Ihnen eine große Chance: Sie können hier noch einmal intensiv über Ihre jetzigen und zukünftigen Spielräume nachdenken. Und anders als in vielen Zusammenhängen unseres Alltags bietet Ihnen die Schule – und hier besonders der Religionsunterricht – dafür eine Art Denk- und Experimentierraum an, in dem Gedanken, Positionen und Meinungen auf Probe gedacht, eingenommen und mitgeteilt werden können. Hier können Sie z. B. wahrnehmen, wo es Handlungsspielräume für Sie als Person gibt – und wo man hineinverwickelt ist in Strukturen und Zusammenhänge, aus denen man sich nicht einfach lösen kann. Und Sie können darüber nachdenken, wo und wie sich das Ausfüllen und Ausdehnen eigener Freiheitsräume mit denen der Mitmenschen in Einklang bringen lässt. Sie können Alternativen abwägen, Handeln spielerisch austesten, artikulieren, reflektieren und diskutieren.

In diesem Sinne kann und soll Ihr Religionsunterricht ein »Spielraum« am Übergang zum Erwachsenenalter sein: Wie möchten Sie Ihr Leben gestalten? Und was ist überhaupt ein »gutes Leben«?

In diesem Jahr wird es darum gehen,

■ darüber nachzudenken, von welchen Zukunftsvorstellungen und Lebensplänen sich Menschen leiten lassen und wo man bei dem Versuch, diese zu verwirklichen, die Spielräume anderer Menschen einschränkt. In diesem Zusammenhang wird auch der Frage nachgegangen, inwiefern die biblischen Hoffnungsbilder einer menschengerechten Zukunft die eigene Perspektive auf das Leben verändern können (Kap. Spielräume, Lehrplan 12.1, 12.2, 12.3).

■ wie man trotz eigener Fehler, Schwächen und Schuld »Ich« sagen und Anderen begegnen kann. Dabei geht es auch um die grundsätzlichere Frage, warum der Mensch nicht so handelt, wie es gut für ihn und seine Mitmenschen wäre. Kann er nicht anders? Aus evangelischer Sicht ist es das Vertrauen darauf, von Gott geliebt zu sein, das Freiheits- und Handlungsspielräume eröffnet. Dieser Zusammenhang wird an der Thematik des Gewissens erschlossen (Kap. Ich war's. Lehrplan 12.1).

■ wahrzunehmen, welche ethischen Herausforderungen Ihnen in Ihrem eigenen und im gesellschaftlichen Leben begegnen, und danach zu fragen, woran Sie sich im Urteilen und Handeln orientieren können. Dabei kommt auch die Frage in den Blick, wie in komplexen Zusammenhängen, wie z. B. in der Wirtschaft, überhaupt Handlungsspielräume entdeckt und verantwortungsvoll gefüllt werden können (Kap. »Prüft alles!«, LP 12.2).

■ was Ihnen für Ihre Zukunft wichtig ist und welche Perspektiven für dieses Leben, aber auch über dieses Leben hinaus aus biblischen Erzählungen und Hoffnungsbildern erschlossen werden können (Kap. Hoffentlich, LP 12.3).

Eine Kooperation mit dem Fach Katholische Religionslehre ist in dieser Jahrgangsstufe aufgrund zahlreicher Lehrplanüberschneidungen inhaltlich besonders leicht möglich: So beschäftigen sich die katholischen Mitschülerinnen und Mitschüler gleich in zwei großen Lehrplanthemen mit »ethischer Kompetenz aus christlicher Sicht«; darüber hinaus wird ebenfalls die Eschatologie in einem eigenen Lehrplanbereich behandelt. Die Auseinandersetzung mit dem Credo, die in diesem Buch als Möglichkeit des verknüpfenden Lernens angeregt wird (vgl. S. 118 ff.), ist im katholischen Lehrplan – mit ganz ähnlicher Zielrichtung – Pflicht.

Zum Fach Ethik ergeben sich insbesondere Verknüpfungsmöglichkeiten zwischen dem Lehrplanbereich »Was soll ich tun?« und »Was darf ich hoffen?« zu »Sinnorientierung und Lebensgestaltung«. Außerdem werden im Bereich »Recht und Gerechtigkeit« auch Aspekte angesprochen, die im Lehrplan für Evangelische Religionslehre der entsprechenden Jahrgangsstufe auftauchen, wie z. B. Gerechtigkeit als Fairness, Menschenrechte und Menschenwürde.

»Ortswechsel 12« enthält folgende aus den bisherigen Bänden bekannte Elemente:

⑤⑥⑦ **Rund umrahmte Zahlen** verweisen auf Inhalte aus anderen Schuljahren.

? Jedes Kapitel beginnt mit einigen **philosophischen Fragen**, die einen Fragen-Raum bzw. -Horizont für das jeweilige Kapitel aufmachen sollen.

Danach führt Sie eine erste Doppelseite mit besonderen **Bildern oder Texten** mitten in das jeweilige Thema hinein. Wenn Sie umblättern, finden Sie Erklärungen und Aufgaben dazu. Es folgen Doppelseiten mit weiteren Materialien, die das Thema von verschiedenen Seiten aus beleuchten.

Hier gibt es **Ideen, Aufgaben** und **Anregungen**, manchmal auch einfach nur Sätze zum Nachdenken oder Diskutieren.

info Was man generell wissen muss, aber v.a. um die Aufgaben zu bearbeiten, steht in den **Infos**. Weitere Informationen enthält das Lexikon; Lexikonbegriffe erkennt man am Sternchen*.

Wie in OW 11 gibt es auch in OW 12 kurze **Hinweise auf Personen**, die im Buch erwähnt werden. Dabei werden nur diejenigen Personen knapp vorgestellt, bei denen dies ein Verständnis der entsprechenden Materialien erleichtern kann.

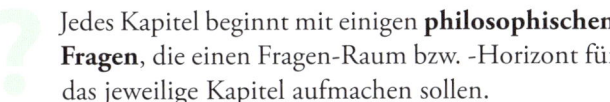 **Sogar Gott freut sich!** Früher gab es in Schulbüchern »Merksätze« zum Auswendiglernen und Behalten. Zum Nachdenken über Gott würden solche »Lehren« nicht passen. Aus Ortswechsel 5–10 kennen Sie die **»Merkes«**, die zum »Aufmerken«, zum genauen Hinschauen, zum Weiterdenken anregen können. Sie werden in der Oberstufe in leicht veränderter Form weitergeführt.

im Zusammenhang Am Ende jedes Kapitels können Sie testen, ob Sie das Gelernte auch **im Zusammenhang** (auch zu anderen Kapiteln und Jahrgangsstufen) verstanden haben und anwenden können.

Ein kleiner **Rucksack** auf der Zusammenhang-Seite erinnert daran, dass Sie bei den Aufgaben für »im Zusammenhang« auf Grundwissensbestände der letzten Jahrgangsstufen zurückgreifen müssen. Dieses können Sie unter folgender Internetseite abrufen: www.claudius.de/ortswechsel. Dort finden Sie auch die Lexikoneinträge früherer Ortswechsel-Bände sowie die Methoden der Jahrgangsstufe 5 bis 10.

Vor dem Abi: »Alles« im Zusammenhang
Auch OW 12 bietet wie der Band zur elften Jahrgangsstufe ein eigenes Kapitel zur Verknüpfung des Erarbeiteten bzw. Gelernten.

Eine gute Möglichkeit, sich nach zwölf Jahren Religionsunterricht zu vergewissern, dass Sie mit wesentlichen christlichen Sprachtraditionen eigenständig umgehen können, bietet eine Auseinandersetzung mit dem christlichen Glaubensbekenntnis. Auf der Doppelseite **»Im Spielraum … des Credo«** und der folgenden Doppelseite finden Sie zahlreiche methodische Anregungen hierzu, die sich zum Teil gut für die Abiturvorbereitung, zum Teil aber auch eher für eine Reflexion eigener Glaubensvorstellungen z.B. bei Besinnungstagen eignen.

Wenn Sie im Religionsunterricht »Feuer gefangen« haben an den Themen der Theologie und sich vielleicht gern damit weiter beschäftigen möchten, interessiert Sie ggf. das Studium der Theologie. Auf S. 122 f. finden Sie allererste Informationen. Aber auch für alle anderen sind die Grundinformationen über die Evangelische Theologie als universitäre Disziplin hilfreich, denn diese ist die Hauptbezugswissenschaft Ihres Religionsunterrichts.

Danach werden auf S. 124 hilfreiche Tipps für die Vorbereitung des schriftlichen Abiturs gegeben. Eingegangen wird z.B. auf mögliche Lernmethoden, ein effektives Zeitmanagement bei der Bearbeitung der Abituraufgabe und darauf, was es bei der Auswahl aus den gestellten Abituraufgaben zu beachten gilt.

Vorwort

■ Anschließend finden Sie ab S. 125 die aus OW 11 bewährten **Bausteine**. Diese sollen Ihnen helfen, angesichts der Vielfalt von Aspekten und Informationen nicht den Blick für das Wesentliche zu verlieren. Mit Hilfe der »Bausteine« können Sie sich vergewissern, welche Grundlagen man abrufbar haben sollte, um sich zu den jeweiligen Themen kompetent äußern zu können.

Überhaupt sind die »Bausteine« nicht dazu gedacht, fest vermauert zu werden, sondern sie jeweils neu je nach Anforderungen und eigenen Ideen zusammenzusetzen. Dabei sind die »Bausteine« aus einem Kapitel bzw. einem Themengebiet immer auch mit den »Bausteinen« aus den anderen Bereichen der zwölften und elften Jahrgangsstufe zu kombinieren: Wie es theologischem Denken entspricht, soll auch im Abitur und in den Klausuren das Nachdenken über den Menschen, über Gott und über ethische Fragestellungen stets miteinander vernetzt und aufeinander bezogen werden. Wie ich über den Menschen denke, das hat Folgen für ethische Urteile; ob ich »Gott« voraussetze, das hat Konsequenzen für mein Selbstverständnis usw.

Am meisten nützen die im Buch angebotenen »Bausteine«, wenn Sie diese in einer eigenen Vorbereitungskartei mit Erkenntnissen und Ergebnissen aus Ihrem Religionsunterricht ergänzen und sich entsprechende Beispiele und Konkretisierungen dazu notieren. Und wenn Sie zu wichtigen weiteren Gesichtspunkten entsprechende eigene »Bausteine« formulieren.

Wenn Sie eher ein visueller Lerntyp sind, kann es auch hilfreich sein, die unterschiedlichen »Bausteine« so anzuordnen, dass die Verbindungen zwischen ihnen deutlich werden.

Beispielaufgabe schriftliches Abitur

Während Sie in Ortswechsel 11 jeweils Teilaufgaben zu den einzelnen Themenbereichen bearbeiten konnten, gibt Ortswechsel 12 ab S. 128 ein Beispiel dafür, wie eine komplette Abituraufgabe aussehen könnte. Dazu wurde eine Aufgabe aus dem Jahr 2012 gewählt, an der man gut sehen kann, wie in Abituraufgaben unterschiedliche Themenbereiche miteinander kombiniert sein können.

Zu den Einzelaufgaben des Beispielabiturs werden jeweils konkrete Hilfen gegeben, so dass Sie wissen, was man bei der Bearbeitung der Aufgaben berücksichtigen sollte und welche typischen Fehler zu vermeiden sind.

Es grüßen herzlich
Tanja Gojny, Sebastian Görnitz-Rückert,
Ingrid Grill-Ahollinger, Andrea Rückert und
Stefanie Sattler

SPIELRÄUME

Wie viel Spielraum habe ich?

Nur ein Spiel?

Kann man alles verspielen?

Wann ist das Spiel aus?

Wird im Himmel gespielt?

Sind Spiele ohne Verlierer langweilig?

Ist Fairplay gerecht?

Kapitel 1

Leben

»Spiel des Lebens – Generation Now« ist der Nachfolger des MB-Klassikers »Spiel des Lebens«, bei dem es darum ging, am Ende in die »herrschaftliche Villa« einzuziehen. Die Neufassung bietet den Spielern nicht mehr einen vorgegebenen Spiel-Verlauf, »sondern ermöglicht es ihnen, ihren Lebensweg selbst zu bestimmen«. Die Spieler können hierbei aus vier Lebensbereichen wählen: Lieben, Leben, Lernen und Verdienen.

Spielplan

Die Spieler starten in freier Wahl in der Mitte auf einem der vier Startfelder (von denen oben im violetten Bereich eins zu sehen ist – vgl. »START«); Mehrfachbelegungen sind möglich. Der Spielplan beinhaltet folgende Spielbereiche:

[1] LIEBEN: Hier wird geheiratet und für Nachwuchs gesorgt.

[2] LEBEN: Hier kann sich der Spieler austoben und sein Leben bei z. B. tollkühnen Sportarten genießen.

[3] VERDIENEN: Hier wird an der eigenen beruflichen Karriere gefeilt, um die Erfolgsleiter nach oben zu klettern und das eigene Einkommen zu steigern.

[4] LERNEN: In der Regel gibt es keinen großen Erfolg im Leben ohne Studium. Daher können hier das Diplom und der Doktor gemacht werden.

Spielstart und -verlauf

Zu Beginn wird festgelegt, wie viele Runden (Jahre) gespielt werden sollen. Dann schiebt der erste Spieler seine Konto-Kredit-Karte in den elektronischen Lebensplaner und drückt den Knopf »Drehen«. Die zufällig angezeigte Anzahl an (0 bis 10) Feldern zieht der Spieler nach vorn und führt dort die dem Zielfeld entsprechende Handlung aus. An mehreren Stellen des Spielplans finden sich Ab-

zweigungen oder auch Wegverlängerungen. Man kann also unter Umständen relativ schnell oder auch mit Verzögerungen von einem Bereich in den nächsten oder übernächsten wechseln.

Alle dadurch entstehenden Veränderungen an Gehalt, Lebenspunkten, Anzahl an Kindern usw. werden in den elektronischen Lebensplaner eingegeben. Wenn die Zeit abgelaufen ist, rechnet der elektronische Lebensplaner noch das Vermögen in Lebenspunkte um und es gewinnt der Spieler mit den meisten Lebenspunkten.

Beispiel: Spielplanbereich »Leben«

Im »Leben-Bereich« kann ein Spieler sein Leben genießen und dadurch Lebenspunkte gewinnen. Diese Lebenspunkte sind allerdings nur ein Einmal-Effekt und nicht wie bei Kindern jede Runde zu erhalten.

Beispiel: Spielplanbereich »Lieben«

Im »Lieben-Bereich« kann man heiraten und für Nachwuchs sorgen. Ein Ehepartner und Kinder bringen jede Runde viele Lebenspunkte ein: der Ehepartner 1.500 und jedes Kind 350. Allerdings kosten Kinder einen Spieler jede Runde zwischen 10 % und 40 % seines Einkommens.

GEWINNEN UND VERLIEREN

Unter dem Motto »Alltagsmenschen« wurden 2013 im Maximilianpark in Hamm 60 lebensgroße Betonfiguren, geschaffen von der Künstlerin Christel Lechner, ausgestellt. Die Installation oben zeigt das bei Kinderfesten wie bei Hochzeiten auf der ganzen Welt beliebte Spiel »Reise nach Jerusalem«. Die Herleitung seines Namens ist umstritten: Lehnt er sich an die Zeit der Kreuzzüge oder der Auswanderung jüdischer Flüchtlinge nach Palästina ⑨ an? In anderen Ländern heißt das Spiel u. a. »Stuhltanz«, »musikalische Stühle«, »Reise nach Rom« oder »Stürmische See«.

Spielend

Wertorientierungen: Pragmatisch, aber nicht angepasst

Jugendliche im Alter von 12 bis 25 Jahren (Angaben in %)

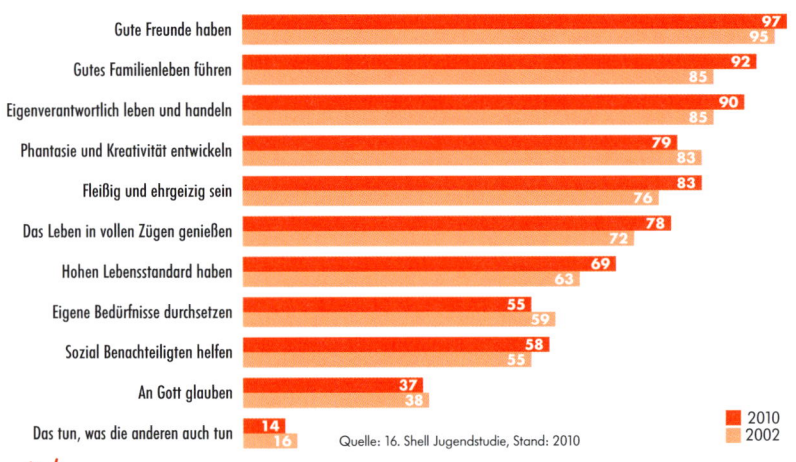

	2010	2002
Gute Freunde haben	97	95
Gutes Familienleben führen	92	85
Eigenverantwortlich leben und handeln	90	85
Phantasie und Kreativität entwickeln	79	83
Fleißig und ehrgeizig sein	83	76
Das Leben in vollen Zügen genießen	78	72
Hohen Lebensstandard haben	69	63
Eigene Bedürfnisse durchsetzen	55	59
Sozial Benachteiligten helfen	58	55
An Gott glauben	37	38
Das tun, was die anderen auch tun	14	16

Quelle: 16. Shell Jugendstudie, Stand: 2010

Spiel »des Lebens«?

- Das »Spiel des Lebens. Generation Now« verrät etwas über die Lebensentwürfe der Menschen in unserer Gesellschaft. Interpretieren Sie das Spiel als Quelle der Zeit- bzw. Sozialgeschichte, auch im Vergleich zum Ziel der ursprünglichen Version!
- Müsste das Spiel inzwischen wieder geändert werden?
- Verfassen Sie eine Spiele-Rezension, in der Sie die im Spiel enthaltenen Vorstellungen von Leben kritisch würdigen!
- Skizzieren Sie die Grundidee zu einem eigenen »Spiel des Lebens«! Diskutieren Sie, was das Ziel des Spiels wäre bzw. wie es enden könnte! – Beziehen Sie Ihre Überlegungen auf die Statistik oben!

Zukunftspläne

- Im letzten Schuljahr bleibt die Frage nach der eigenen Zukunfts- und Lebensplanung nicht aus. Führen Sie ein Streitgespräch zu der Frage, ob es sinnvoll ist, sich in jungen Jahren Lebensziele zu setzen und den Weg dorthin zu planen!
- Im Spiel Scharade muss man Begriffe pantomimisch darstellen und erraten lassen. Versuchen Sie eine Darstellung des Begriffs »Zukunft«!
- »Die Jugend optimistisch wie nie zuvor!« – »Nur die Hälfte der Jugendlichen ist zuversichtlich!« – »Jugend wieder optimistisch, das Tief ist überwunden!« – Vergleichen Sie diese Bewertungen der Statistik rechts und ziehen Sie Konsequenzen für den Umgang mit Statistiken! Formulieren Sie Fragen: Welche Informationen brauchen Sie zusätzlich, um die Statistik angemessen zu interpretieren?

Zukunftsvorstellungen Jugendlicher

»Familie später. Jetzt kommt noch ein Kapitel mit zu viel Ungenauigkeiten: Reisen, Leben im Wohnwagen.« (m, 17)

»Ich möchte einen gehobenen Lebensstandard besitzen und mich voll und ganz auf meine Karriere konzentrieren.« (m, 17)

»Ich habe eine ganz genaue Vorstellung. Ich möchte eine Familie haben, mit zwei, drei Kindern und in einer Wohnung oder einem Haus leben. Und ich möchte studieren, möchte einen sicheren Job kriegen und ein Leben führen, das mir Sicherheit und Geborgenheit gibt.« (w, 17)

»Ich möchte auf jeden Fall eine Familie haben und einen Job, der mir Spaß macht und wo ich auch von leben kann – also eigentlich so das simple Bild.« (m, 15)

»Das entscheide ich dann irgendwie spontan, wenn ich aus der Schule komme und noch 'ne Nacht drüber schlafe und denk: Mmh, was könntest du jetzt machen?« (w, 16)

»Ich hab immer gemeint, dass ich nicht auf den Taschen meiner Eltern sitzen will. Ich schau, dass ich ganz schnell fertig bin und dass ich mein eigenes Geld verdiene.« (w, 16)

Quelle: SINUS Markt- und Sozialforschung 2011

Wie Jugendliche ihre Zukunft sehen

Jugendliche im Alter von 12 bis 25 Jahren

Angaben in Prozent

- Zuversichtlich
- Mal so – mal so
- Düster

		Zuversichtlich	Mal so – mal so	Düster
2010	16. Shell Jugendstudie	59	35	6
2006	15. Shell Jugendstudie	50	42	8
2002	14. Shell Jugendstudie	56	35	6

Hineingeboren

Bei der Erbsünde* geht es nicht darum, fromm oder niederträchtig geboren zu werden, sondern darum, überhaupt geboren zu werden. Die Geburt ist der Augenblick, in dem wir – ohne dass jemand den Anstand besitzt, uns nach unserer Meinung zu fragen – in ein bereits vorhandenes Geflecht von Bedürfnissen, Interessen und Wünschen eintreten, ein unentwirrbares Knäuel, zu dessen Unauflöslichkeit die bloße Tatsache unserer Existenz noch beitragen und das unsere Identität bis in ihren Kern hinein bestimmen wird. Deshalb werden die Kinder in den meisten christlichen Kirchen schon bei der Geburt getauft, lange bevor sie die geringste Ahnung von der Sünde oder irgendetwas anderem haben. Sie haben das Universum bereits nachhaltig umgestaltet, ohne sich dessen bewusst zu sein.

Terry Eagleton

»Ist doch nur ein Spiel.«   *»Den krieg ich …«*
      »Du kannst einfach nicht verlieren.«
                  »Glück gehabt!«
            »Ich muss nicht gewinnen.«
                  »Immer der!«
»Spielverderber!«
                  »So ein Looooooooser!«

*»Nur gewinnen ist auch langweilig,
aber nie zu gewinnen ist noch öder.«*

Tragik*

Eng ist die Welt, und das Gehirn ist weit,
Leicht beieinander wohnen die Gedanken,
Doch hart im Raume stoßen sich die Sachen,
Wo eines Platz nimmt, muss das andre rücken,
Wer nicht vertrieben sein will, muss vertreiben,
Da herrscht der Streit, und nur die Stärke siegt.
– Ja, wer durchs Leben gehet ohne Wunsch,
Sich jeden Zweck versagen kann, der wohnt
Im leichten Feuer mit dem Salamander,
Und hält sich rein im reinen Element.

FRIEDRICH SCHILLER, WALLENSTEIN

- Erkennen Sie Ihr eigenes Spielverhalten in einem der Zitate (oben) wieder?
- Überprüfen Sie, auf welche Situationen sich die Zitate auch außerhalb von Gesellschaftsspielen anwenden lassen!
- Formulieren Sie Assoziationen und ggf. Erinnerungen an das Gesellschaftsspiel »Reise nach Jerusalem«!
- Deuten Sie das Kunstwerk auf S. 11 und berücksichtigen Sie auch den Ausstellungsort!
- »Wo eines Platz nimmt, muss das andre rücken« (Wallenstein). – Philosophieren Sie über Wallensteins Sätze (links) unter Einbezug eigener Erfahrungen!
- Unschuldig schuldig – das ist der Stoff, aus dem Tragödien sind! Finden Sie die Gedanken Wallensteins in anderen Ihnen bekannten Tragödien wieder!
- Fassen Sie die Gedanken des Literaturwissenschaftlers und Kulturtheoretikers T. Eagleton zur »Erbsünde« in einer prägnanten These zusammen und diskutieren Sie sein Verständnis von Sünde (vgl. 11.2)!

Kampf ist der Vater von allem, der König von allem; die einen macht er zu Göttern, die andern zu Menschen, die einen zu Sklaven, die andern zu Freien. Heraklit

Im himmlischen Jerusalem –

Miniatur aus einem Kommentar zur Offenbarung des Johannes (zwischen dem 10. und 12. Jh., Nordspanien): Ein Engel vermisst das Neue Jerusalem mit einem »Messstab« bzw. »goldenem Rohr« (vgl. Offb 21,15).

Und er [ein Engel] führte mich hin im Geist auf einen großen und hohen Berg und zeigte mir die heilige Stadt Jerusalem herniederkommen aus dem Himmel von Gott, die hatte die Herrlichkeit Gottes ...
OFFB 21,10 F.

Zur Architektur der himmlischen Stadt

In der detaillierten Besichtigung der Stadt kommen viele der in der Tradition vorgegebenen Motive zusammen (Quadratform, zwölf Tore nach den Stämmen, prachtvolle Materialien, utopische Größe, paradiesische Fruchtbarkeit). Doch gibt es auffällige Besonderheiten und z.T. paradoxe Züge: Die Stadt ist als Wohnstatt Gottes ganz Tempel. Sie enthält daher, anders als die meisten ihrer »Vorbilder«, keinen Tempel mehr. Die Trennung von heilig und profan ist aufgehoben, weil alles heilig ist. Der Wechsel von Tag und Nacht ist in ihr aufgehoben, denn Licht und Herrlichkeit erfüllen sie. Sie hat zwar gewaltige Mauern, aber ihre Tore stehen offen, weil das Gottesvolk nicht mehr bedroht ist. Völker bzw. »Könige« kommen und bringen ihren Reichtum – ein ganz irdisches Element – doch nichts Unreines geht in sie hinein.

Frappierend ist v.a. die Größe und Form der Stadt: Sie wird nicht nur als Quadrat vorgestellt, sondern als Würfel von 2000 Kilometern Seitenlänge (Offb 21,16). Wie die zwölf Tore den Seiten eines Würfels zugeordnet sind, bleibt offen: Alles Vorstellbare wird gesprengt, und dessen war sich der Autor sicher bewusst. Der Surrealismus dieses Bildes (und anderer) zeigt: Es handelt sich nicht um die Beschreibung von Phänomenen einer irgendwie »realen« Welt, sondern um eine ganz andere Welt, eine Utopie. Die surrealistischen Züge bringen das Bild nur noch mehr zum Leuchten: als ein tröstliches und faszinierendes Bild, das den Lesern, gerade in bedrängten Zeiten, eine Perspektive gibt, auf die hin zu leben sich unbedingt lohnt, auch zum Preis von Nachteilen aller Art oder gar Verfolgung.

Jörg Frey

- Das Bild vom himmlischen Jerusalem (oben) sieht wie ein Spielfeld aus. Fantasieren Sie, welche Spiele hier gespielt werden könnten!
- Lesen Sie Offb 21,10–25 und erläutern Sie die Bildelemente!
- »Eine ganz andere Welt« (J. Frey). Arbeiten Sie die architektonischen Besonderheiten der himmlischen Stadt mit Hilfe der Bibel und der Informationen dieser Seite heraus und deuten Sie sie! (Das Wegmaß »Stadion« finden Sie im Anhang zur Lutherbibel.)
- Die »Reise nach Jerusalem« als Spiel – das himmlische Jerusalem als Spielfeld: Ziehen Sie gedankliche Verbindungen!
- Die Bibel wird gerahmt von zwei utopischen Räumen: dem *Garten* Eden und der himmlischen *Stadt* Jerusalem. Philosophieren Sie darüber, warum in Offb 21 der zukünftige Hoffnungsort als Stadt imaginiert wird!

ohne Streit

Denn siehe, ich will Jerusalem zur Wonne machen und sein Volk zur Freude, und ich will fröhlich sein über Jerusalem.
Man soll in ihm nicht mehr hören die Stimme des Weinens noch die Stimme des Klagens. Es sollen keine Kinder mehr da sein, die nur einige Tage leben, oder Alte, die ihre Jahre nicht erfüllen. Sie sollen nicht bauen, was ein anderer bewohne, und nicht pflanzen, was ein anderer esse, denn sie sind das Geschlecht der Gesegneten des HERRN, und ihre Nachkommen sind bei ihnen. Wolf und Schaf sollen beieinander weiden; der Löwe wird Stroh fressen wie das Rind, aber die Schlange muss Erde fressen. Sie werden weder Bosheit noch Schaden tun auf meinem ganzen heiligen Berge, spricht der HERR.
AUS JES 65,18 FF.

Angel Acosta León, Friedenskarussell, 1959

nfo
Eschatologie

Der Begriff »Eschatologie« (griech.) bedeutet wörtlich: Lehre von den letzten Dingen. ⑩ Entsprechend gilt traditionell die Auseinandersetzung mit dem »Ende aller Dinge« (Kant) als ihr Gegenstand. Es geht also um Fragen nach der Vollendung der Welt und jedes Einzelnen. Dem gegenüber betonen neuere Entwürfe etwa von Jürgen Moltmann 🧑, dass es zentral um Anfänge geht: um den Beginn der Auferstehung der Toten mit der Auferweckung Christi, um den Anfang des Gottesreiches in der rechtfertigenden Gerechtigkeit des Evangeliums und um den Anfang der Neuschöpfung aller Dinge.

Insofern es bei der Eschatologie um den letzten Horizont des Lebens geht ⑩, bezieht sie sich immer auch auf die Gegenwart: Woran richte ich mein Leben letztlich aus? Kann ich mit Hoffnung leben und wenn ja, mit welcher? – Eine solche mögliche Hoffnung kann dann z. B. als kritischer Einspruch gegen die bestehende Welt oder auch als Trost verstanden werden.

`Sogar Gott freut sich!`

Welcher Friede?

Das einträchtige Leben von Lamm und Wolf ist zum Bild des Friedens schlechthin geworden. Aber bekanntlich könnten Wolf und Lamm ihrer Natur nach nicht einträchtig leben und wenn ein *Löwe Stroh frisst wie das Rind*, dann wird er an dieser seiner Natur zuwider gefressenen Nahrung elendiglich zugrunde gehen. Der Einwand ist, was die biologische Faktizität angeht, richtig, aber er greift zu kurz. Nicht *dass* das gehofft wird, ist das Entscheidende, sondern *wie* es gehofft wird. In der 4. Ekloge des römischen Dichters Vergil 🧑 findet sich das Motiv des Tierfriedens wie bei Jesaja, doch auch kennzeichnend anders. Bei Vergil ist das kommende »Goldene Zeitalter« u. a. dadurch bestimmt, dass es die feindlichen Tiere nicht mehr gibt. Bei Jesaja sind sie zu nicht mehr feindlichen verwandelt. Konversion oder Vertilgung? Sage mir, von welchem Frieden du träumst, und ich sage dir, welche Friedens*praxis* du üben wirst. Ist Frieden, wenn das Ende der Feinde oder wenn das Ende der Feindschaft gekommen ist? Kommt es darauf an, dass endlich die Richtigen siegen, oder darauf, dass das Siegen-Müssen endlich aufhört?
Jürgen Ebach

● Vergleichen Sie die »Reise nach Jerusalem« mit einer »Fahrt im Karussell«!

● Deuten Sie die Bilder vom Frieden in Jes 65 mit Hilfe des Textes von J. Ebach!

● Suchen Sie Beispiele aus Politik und Weltgeschichte für die von Ebach beschriebenen zwei Arten von Frieden!

● »Wolf und Schaf werden beieinander weiden« – »Kampf ist der Vater von allem«! – Beziehen Sie die Gedanken von dieser Seite und der S. 13 aufeinander! Sie können dabei auch kreativ werden, z. B. durch Sprach- oder Bildexperimente.

Fairness

Die 17-jährige Meghan Vogel hilft am 5. Juni 2012 bei den High-School-Meisterschaften im US-Bundesstaat Ohio (3200-Meter-Strecke) ihrer aus Erschöpfung gestürzten Konkurrentin über die Ziellinie und achtet darauf, dass diese sie vor ihr übertritt. Für diesen »Sportsgeist« bekommt sie am 30. Juni 2013 vom Sportjournalisten-Weltverband AIPS einen der Fair-Play-Preise verliehen.

Die Kampagne »Junge Generation. Arbeit: sicher und fair« wirbt für die Unterstützung bzw. Unterzeichnung einer gleichnamigen Charta, in der die IG Metall die Rechte der jungen Generation auf sichere Arbeit und ein materiell selbstbestimmtes Leben formuliert hat.

Logo von »Alle Kids sind VIPs«, einem Jugendintegrationswettbewerb der Bertelsmann Stiftung, der seit 2008 Kinder, Jugendliche und Lehrkräfte ermutigen möchte, sich für Fairness und Vielfalt im Schulalltag zu engagieren.

In Großbritannien, Australien und weiteren 22 Ländern gibt es sog. »Fairtrade-Towns«. Seit Januar 2009 können sich auch Kommunen in Deutschland um den Titel bewerben, mittlerweile gibt es hier rund 200 Fairtrade Towns. Die Kampagne wird von TransFair getragen, einer Organisation, die Gütesiegel für fair gehandelte Produkte verleiht. Kriterien für die Titel-Verleihung sind die Beschlüsse, bei öffentlichen Sitzungen fair gehandelten Kaffee auszuschenken, eine lokale Steuerungsgruppe zu gründen, sich für den Einsatz von fair gehandelten Produkten im Einzelhandel und in der Gastronomie einzusetzen, in öffentlichen Einrichtungen wie Schulen und Vereinen fair gehandelte Produkte zu verwenden und in den Medien über die Kampagne zu informieren.

Fairness

- Was verbinden Sie mit dem Begriff »fair«? Erstellen Sie in Partnerarbeit eine Mindmap! Lassen Sie sich dabei auch von den Beispielen links anregen! – Erarbeiten und vergleichen Sie Begriffsdefinitionen!

- Tragen Sie zusammen, was Sie über faires Wirtschaften wissen! Bedenken Sie an einem selbst gewählten Beispiel eines fair hergestellten und vermarkteten Produktes, auf welchen Ebenen es jeweils »fair« zugehen muss, damit es diesen Namen verdient!

- Entwickeln Sie einen Kriterienkatalog für Schulen, die Ihrer Meinung nach als »Fairplay-Schools« ausgezeichnet werden könnten! Lassen Sie sich dabei von den Materialien auf der linken Seite inspirieren, welche Aspekte und Ebenen mitbedacht werden könnten!

Der Schleier des Nichtwissens – ein Gedankenexperiment nach John Rawls

Stellen Sie sich vor, Sie befinden sich in einem Zustand, nennen wir ihn »Urzustand«. Sie wissen, dass Sie existieren werden. Doch es entzieht sich Ihrer Kenntnis, wie Sie leben werden. Denn vor Ihr Bewusstsein ist eine Art Schleier gelegt, ein Schleier des Nichtwissens. Daher wissen Sie nicht, wie es um folgende Merkmale Ihrer zukünftigen Existenz bestellt ist: Sie ahnen nicht, welches Geschlecht Sie haben, wie alt Sie sind, welche Farbe Ihre Haut hat und welcher Nation Sie angehören. Ihnen ist auch nicht bekannt, ob Sie einer Religion zugehören und wenn ja, welcher, ob Sie groß oder klein, kräftig oder schwach, körperlich und geistig gesund oder krank sind. Denn durch den Schleier können Sie all dies nicht erkennen. Sie besitzen ebenso kein Wissen darüber, welcher ökonomischen und politischen Art die Gesellschaft ist, in der Sie existieren werden. Auch dies verbirgt der Schleier des Nichtwissens.

Welche Gerechtigkeitsgrundsätze würden Sie in einem solchen »Urzustand« für die Welt wählen, in der Sie bald leben werden?

Da kamen, die um die elfte Stunde eingestellt waren, und jeder empfing seinen Silbergroschen. Als aber die ersten kamen, meinten sie, sie würden mehr empfangen; und auch sie empfingen ein jeder seinen Silbergroschen.   MT 20,9 F.

Gedankenexperiment

- Überlegen Sie auf dem Hintergrund von John Rawls Gedankenexperiment, welche Gerechtigkeitsgrundsätze Sie für Ihre zukünftige Welt wählen würden! Sie können dies z. B. zunächst in Einzelarbeit tun, um dann in wachsenden Gruppen (»Schneeballsystem«) gemeinsame Grundsätze zu erarbeiten. Vergleichen Sie im Plenum Ihre Gerechtigkeitsgrundsätze und überlegen Sie, welche Entscheidungen ihnen jeweils zugrunde liegen!

- Diskutieren Sie, ob bzw. inwiefern Ihre Gerechtigkeitsgrundsätze in unserer realen Welt umsetzbar wären!

- Gerecht = fair? Erarbeiten Sie zu dieser Frage eine Tafelskizze!

Gerechtigkeit in der Bibel

- Die Geschichte von den Arbeitern im Weinberg (Mt 20,1–16) bietet sich für einen Bibliolog an: Was geht den Arbeitern, die seit dem Morgen im Weinberg sind, und auch denen, die erst zuletzt als Arbeiter angeworben wurden, jeweils durch den Kopf? Ist eine Verständigung zwischen den Gruppen möglich?

- Ein Silbergroschen war zur Zeit Jesu der Betrag, den man brauchte, um seine Familie einen Tag lang zu ernähren. Diskutieren Sie: Ist das Verhalten des Weinbergbesitzers im Sinne Rawls gerecht bzw. fair?

- Wiederholen Sie biblische Aspekte zur Fairness / Gerechtigkeit, die Sie in den letzten Jahren kennengelernt haben! Denken Sie dabei nicht nur an verschiedene Gebote, sondern auch an biblische Geschichten, die mit diesem Thema im Zusammenhang stehen!

`Fairness – ein Vorschein des neuen Jerusalem?`

In diesem Kapitel wurden wichtige Themen angesprochen, die Sie im Laufe dieses Jahres beschäftigen werden: die Frage nach der eigenen Zukunft und nach einem letzten Horizont der Welt; die Frage nach der Unausweichlichkeit von Schuld und dem Umgang damit; die Frage nach dem »guten« Handeln im persönlichen Umfeld sowie im gesellschaftlichen und weltweiten Kontext.

im Zusammenhang

● In diesem ersten Kapitel haben Sie das Spielfeld des Religionsunterrichts der 12. Jahrgangsstufe kennengelernt. Dabei geht es immer auch um Vernetzung; holen Sie die Themen von Q 11 wieder ins Spiel! Wenn die Themen und Gedanken dieses ersten Kapitels Spielsteine wären – wie würden die Fragestellungen des letzten Jahres, die Sie hier auf den Eckfeldern wiederfinden, durch sie neu beleuchtet? Spielen Sie es – echt oder in Gedanken – durch! Und wenn mittendrin ein Spiegel wäre?

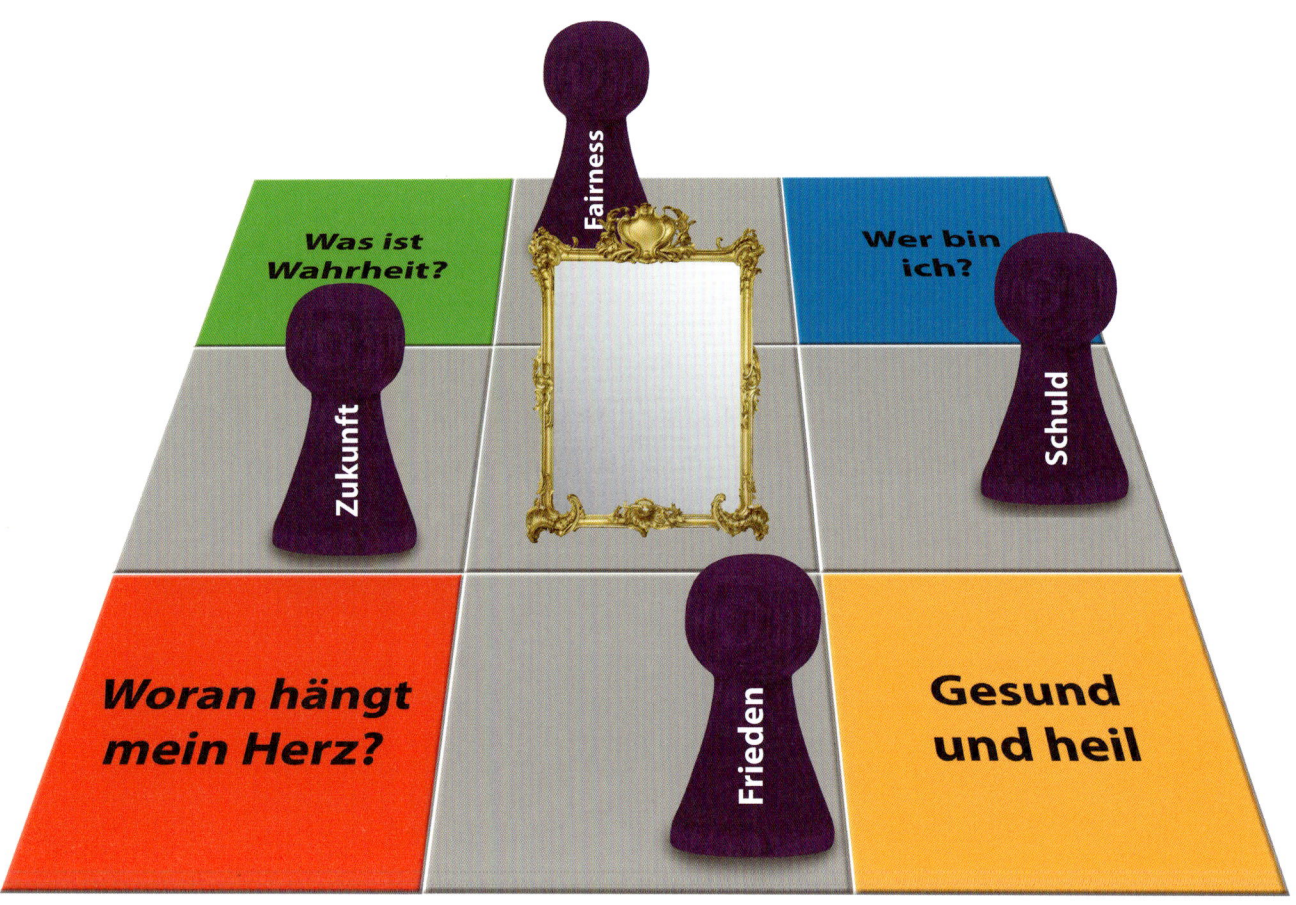

ICH WAR'S.

Kann ich auch anders?

Muss ich mich entschuldigen?

Muss man Entschuldigungen annehmen?

Ist dann alles wieder gut?

Macht Schuld krank?

Hat jede/r ein Gewissen?

Hat Gott ein gutes Gewissen?

Kapitel 2

»Beichte jetzt«, forderte Radio Energy Ende 2012 seine Hörer bzw. die User seiner Homepage auf und versprach: »Energy vergibt dir deine Sünden.« »Gebeichtet« wurden die unterschiedlichsten Vergehen, die dem jeweiligen »Sünder« bzw. der jeweiligen »Sünderin« einen finanziellen Verlust eingebracht hatten (z. B. Strafe, Entschädigungszahlung o. Ä.). Die gebeichteten Taten wurden von den übrigen Usern bewertet; wurde mehrheitlich für »vergeben« gestimmt, übernahm Energy die entstandenen Kosten. Hier ein Beispiel:

Chris hat eine Taube mit dem Luftgewehr abgeschossen, weil die Tauben ihm ständig auf den Balkon gesch… haben. Ein Nachbar hat ihn angezeigt, nun muss er 1400 Euro Strafe zahlen. Sollen wir Chris' Sünde vergeben?

Linda M.
Bloß nicht vergeben … wenn ich allen Menschen, die ich nicht mag, gleich in den Kopf schießen würde …

Gerhard A.
NICHT vergeben! So ein Tierquäler! Die Strafe ist noch viel zu niedrig. 5000 Euro wären richtig und dazu noch ein halbes Jahr Arbeit im Tierheim.

Elli G.
Vergeben … Tauben sind eklige Viecher.

Kathi M.
Da gibt's Menschen, die find ich noch viel ekliger.

Max B.
Nicht vergeben! Helft lieber anderen, die es verdient haben. Er hätte einfach vorher nachdenken müssen. Wenn ihr ihm jetzt das Geld bezahlt, dann denkt der doch, das war o.k., was er gemacht hat. Der Sinn der Strafe ist doch, dass er etwas lernt und es nicht wieder tut. Wenn ihr die Strafe übernehmt, dann sieht das so aus, als ob ihr das in Ordnung findet, Gesetze zu brechen. Spendet das Geld lieber an eine Hilfsorganisation, die können das gut brauchen und es macht mehr Sinn.

Enno S.
Tauben sind Flugratten. Dreckige Viecher, die Krankheiten übertragen. Ratten und Mäuse darf man auch töten – warum soll das bei Flugratten verboten sein?

Jan P.
Geh doch mal in die S-Bahn, da sitzen lauter hustende und schniefende Menschen – die sind auch Krankheitsüberträger. Hab mich schon x-mal angesteckt. Darf ich die jetzt auch einfach erschießen, wenn sie in meine Nähe kommen?

Anna S.
Jep … ich hasse Tauben.

Paul M.
Armselig, mit solcher Tierquälerei auch noch Quote machen zu wollen. Du solltest das Vierfache zahlen!

Jana P.
VERGEBEN! Der hat seinen Schrecken gekriegt, der macht das nie wieder.

Kim E.
Wie könnt ihr sowas überhaupt fragen? Das geht doch gar nicht. Ich kann's nicht fassen – mir ist ganz schlecht. Dem wünsche ich Pech bis an sein Lebensende, diesem miesen Typ, diesem Tiermörder.

Ariane Z.
Was macht ihr hier bloß für ein Theater??? So braucht ihr auch nicht rumzuheulen. Es war eine Taube … nix weiter. Der ist genug bestraft. Jetzt kann man auch nichts mehr ändern.

»Ich war's«?

Zwei Rücktritte

Am 1. März 2011 trat der damalige Verteidigungsminister **Karl Theodor zu Guttenberg** *aufgrund massiver Plagiatsvorwürfe bezüglich seiner Doktorarbeit von seinem Amt zurück; zuvor hatte er (am 18. Februar) erklärt:*

»Meine von mir verfasste Dissertation ist kein Plagiat*, und den Vorwurf weise ich mit allem Nachdruck von mir. Sie ist über etwa sieben Jahre neben meiner Berufs- und Abgeordnetentätigkeit als junger Familienvater in mühevoller Kleinstarbeit entstanden und sie enthält fraglos Fehler. Und über jeden einzelnen dieser Fehler bin ich selbst am unglücklichsten. Es wurde allerdings zu keinem Zeitpunkt bewusst getäuscht oder bewusst die Urheberschaft nicht kenntlich gemacht. Sollte sich jemand hierdurch oder durch inkorrektes Setzen und Zitieren oder versäumtes Setzen von Fußnoten bei insgesamt 1300 Fußnoten und 475 Seiten verletzt fühlen, so tut mir das aufrichtig leid. [...]«

Am 24. Februar 2010 trat **Margot Käßmann** *, gegen die wegen einer Autofahrt unter erheblichem Alkoholeinfluss ermittelt wurde, vom Amt der Ratsvorsitzenden der EKD* *und vom Amt der Landesbischöfin von Hannover zurück.*

»Am vergangenen Samstagabend habe ich einen schweren Fehler gemacht, den ich zutiefst bereue. Aber auch wenn ich ihn bereue und mir alle Vorwürfe, die in dieser Situation berechtigterweise zu machen sind, immer wieder selbst gemacht habe, kann und will ich nicht darüber hinwegsehen, dass das Amt und meine Autorität als Landesbischöfin sowie als Ratsvorsitzende beschädigt sind.
Die Freiheit, ethische und politische Herausforderungen zu benennen und zu beurteilen, hätte ich in Zukunft nicht mehr so wie ich sie hatte. [...] Ich kann nicht mit der notwendigen Autorität im Amt bleiben. [...] Aber mir geht es neben dem Amt auch um Respekt und Achtung vor mir selbst und um meine Gradlinigkeit, die mir viel bedeutet. Hiermit erkläre ich, dass ich mit sofortiger Wirkung von allen meinen kirchlichen Ämtern zurücktrete. [...]
Zuletzt: Ich weiß aus vorangegangenen Krisen: Du kannst nie tiefer fallen als in Gottes Hand. Für diese Glaubensüberzeugung bin ich auch heute dankbar.«

`Ich war's - also bin ich?`

»Wie stehe ich denn da?«

»Ich kann ihr nicht mehr unter die Augen treten.«

»Ich schäme mich in Grund und Boden.«

»Ich kann mein eigenes Spiegelbild nicht ertragen.«

»Ich gestehe.«

- »Ich war's.« – Tauschen Sie sich über entsprechende Situationen aus dem eigenen Leben und der Öffentlichkeit aus!
- Analysieren Sie das Plakat (S. 20)! Achten Sie auf die Körperhaltung des Mannes und überlegen / probieren Sie, welche anderen Körperhaltungen zum Satz »Ich war's« passen könnten!
- Entdecken Sie Haltungen in den Zitaten (oben)!
- »Das war schon so.« – Erstellen Sie gemeinsam eine Hitliste der beliebtesten Ausreden!
- Untersuchen Sie die beiden Stellungnahmen! Welche der Haltungen (oben) würden dazu passen? Lesen Sie dazu ggf. weitere, aktuellere Rücktrittsreden!
- »Ich habe einen Fehler gemacht.« – Prüfen Sie, welche Bedeutungsverschiebungen entstehen, wenn man hier Formulierungen einsetzt, in denen Begriffe wie Schuld, Verbrechen, Vergehen usw. vorkommen!
- Sich schämen – etwas gestehen: Beides hat mit Identität zu tun. Diskutieren Sie den Text von Huizing und das Merke!

Sich schämen

Widerfährt uns die Scham, dann entflammt die sprichwörtliche Schamröte, die Stimme versagt, man wird stumm, senkt den Blick, wird vielleicht anschließend bleich, möchte am liebsten im Boden versinken und unsichtbar werden (»man schämt sich zu Tode«), um den Blicken und Kommentaren der anderen nicht länger ausgesetzt zu sein. Plötzlich ist man in radikaler Weise mit sich selbst konfrontiert, vollständig auf sich zurückgeworfen, fühlt sich nackt, fragt sich, wie es zu dieser Bloßstellung in den Augen der anderen kommen konnte. *Klaas Huizing*

Wieder gut?

Die Asymmetrie der Vergebung

Es gibt Grundworte der menschlichen Sprache, die man sich nicht selber zusprechen kann. Sie verlieren ihren Ausdrucksgehalt, wenn sie nicht von anderen kommen. Wenn man sich selbst lobt, wie gut man etwas gemacht hat, hat das keinen Sinn und genauso hat es keinen Sinn, sich selbst das Wort »ich vergebe dir« zuzusprechen. Das Wort der Vergebung kann man sich nicht selber sagen, man bleibt darauf angewiesen, dass die oder der Andere einen neuen, aus der eigenen Kraft unableitbaren Anfang setzt. Darin wird nun eine tiefe Asymmetrie sichtbar, auf der unser Leben aufgebaut ist. Wir können vieles aus eigener Macht zerstören, das wir nicht aus ebenso freiem Entschluss wieder herstellen können. Im zwischenmenschlichen Bereich gilt nicht die Zuordnung von Schadensfall und Reparatur, sondern die von Schuld und Vergebung. Das wird in unmittelbaren Bezeugungen von Liebe und Freundschaft am deutlichsten, aber es gilt darüber hinaus für alles kommunikative Handeln, auch für den Bereich des Politischen und der gesellschaftlichen Öffentlichkeit im weitesten Sinn. Das erklärt auch, warum sich Politiker in der Regel so schwertun, öffentlich ihre »Fehler« einzugestehen. Diese wären ja nicht nur das Eingeständnis einer leicht korrigierbaren Fehlentscheidung, sondern das Bekenntnis zu einer Schuld, für die Vergebung zu erwarten in einer gnadenlosen Öffentlichkeit aussichtslos ist.

Eberhard Schockenhoff

WIEDERGUTMACHUNG   RACHE

SÜHNE   VERSÖHNUNG

STRAFE   VERGEBUNG

ENTSCHÄDIGUNG

info

Beichte

In der Beichte bekennt man Schuld und Versagen, entweder im persönlichen Gespräch mit dem Pfarrer / der Pfarrerin oder in Form des allgemeinen Sündenbekenntnisses im Gottesdienst. Darauf folgt der Zuspruch der Absolution, der Vergebung. In der katholischen Kirche ist die Beichte eines von sieben Sakramenten*. Auch wenn nach evangelischem Verständnis die Rechtfertigung unabhängig von jeder Leistung (also auch von der »Leistung« des Bekennens) ist, schätzte Martin Luther die Beichte wegen ihrer entlastenden Funktion für den Menschen.

»Nimm Platz – für eine inklusive Gesellschaft« hieß eine Aktion der Diözese Würzburg im Jahr 2011. 94 Stühle wurden von Menschen mit Behinderung, einzeln oder in Gruppen, kunstvoll gestaltet und ausgestellt. Dieser Stuhl trägt als Motto »Der werfe den ersten Stein«.

- Vergleichen Sie die Radio-Energy-Aktion (S. 21) mit der traditionellen Beichte: Welche Rolle spielen in ihr »Sünde«, »Beichte«, »Bekenntnis«, »Vergebung«?
- Untersuchen und bewerten Sie die Argumente in den Forumsbeiträgen!
- »Wir zeigen nicht mit dem Finger auf dich, sondern machen dein Gewissen rein«, versprach Radio Energy im Zusammenhang mit der Aktion (S. 21). Formulieren Sie eine vorläufige Erklärung zum Begriff »reines Gewissen«; genauer beschäftigen Sie sich damit auf S. 38 ff.
- Sammeln und vergleichen Sie mögliche entlastende Antworten auf ein Schuldeingeständnis, z. B. »Nix passiert«, »Kein Problem« … !
- Was muss nach einem Schuldeingeständnis passieren, damit es »wieder gut« ist? Erörtern Sie diese Frage anhand von Beispielen! Beziehen Sie dabei die nebenstehenden Begriffe ein und bedenken Sie die Perspektiven aller direkt und indirekt Beteiligten!
- Fassen Sie den Text von Schockenhoff zusammen und erklären Sie, was er mit der »Asymmetrie« der Vergebung meint!
- »Der werfe den ersten Stein« – heißt der Titel des oben abgebildeten Stuhls. Lesen Sie zunächst den zugrundeliegenden Bibeltext Joh 8,1–11 und analysieren Sie ihn vor dem Hintergrund dieser Doppelseite! Versuchen Sie dann, die Aussage des Kunstwerks zu deuten!

Natürlich ...

Täglich erschüttern Nachrichten von Gewalt und menschlicher Bosheit die Öffentlichkeit. Beispiele sehen Sie in den Randspalten der folgenden Doppelseiten. Warum tun Menschen solche Dinge? Haben sie überhaupt eine Wahl? In dem fiktiven Hearing und dem Artikel auf S. 28 werden Theorien zur Entstehung von Aggression und Gewalt nebeneinander gestellt. Eine davon sollten Sie besser kennen, um sie dann mit theologischen Erklärungsversuchen ins Gespräch bringen zu können.

Zwischen 2004 und 2006 kamen Hunderte von Fotos und Berichten an die Öffentlichkeit, die belegten, dass im Gefängnis Abu Ghraib* in der Nähe von Bagdad irakische Gefangene von Mitarbeitern amerikanischer Geheimdienste und Militärabteilungen gefoltert und vergewaltigt wurden.

- Notieren Sie für sich: Was empfinden Sie als »böse«? Gibt es bestimmte Bilder oder Vorfälle, die Ihnen dazu spontan einfallen?
- Beschäftigen Sie sich arbeitsteilig genauer mit den einzelnen »Rednern« des Hearings und mit ihren Ansätzen! Vergleichen Sie, welchen Spielraum für menschliche Freiheit die einzelnen Positionen gewähren! Überlegen Sie auch, welche Möglichkeiten zur Gewaltprävention ggf. in den Positionen stecken! Sie können die Ergebnisse auf Plakaten präsentieren.
- Prüfen Sie exemplarisch, inwieweit die Beispiele in den Randspalten durch die Theorien erklärt werden können! Beziehen Sie ggf. auch die Bilder und Vorfälle, die Sie zum ersten Impuls notiert haben, mit ein!

Dieter E. Zimmer, Hearing über Aggression

VORSITZENDER: Hiermit erkläre ich das internationale und interepochale Hearing über die Wurzeln menschlicher Gewalttätigkeit für eröffnet. Es ist mir eine Ehre, das Wort als erstem einem aus dem 17. Jahrhundert angereisten Gast zu erteilen, dem Philosophen und Staatstheoretiker Thomas Hobbes. Bitte.

HOBBES 👤 (grollend): *Sooft zwei Menschen ein und dasselbe wünschen, dessen sie aber beide nicht zugleich teilhaftig werden können, wird einer des andern Feind, und beide werden danach trachten, sich den andern entweder unterwürfig zu machen oder ihn zu töten. Allerdings, es ist merkwürdig, dass die Natur die Menschen so ungesellig gemacht und sogar einen zu des anderen Mörder bestimmt habe: und doch ergibt sich dies offenbar aus der Beschaffenheit ihrer Leidenschaften. Man denke nur: Warum verschließen wir Türen und Schränke, sobald wir uns schlafen legen? Warum gibt es Gesetze und Männer, die jede Gewaltsamkeit zu rächen befugt sind? Was hegen wir also für Gedanken von unseren Mitbürgern, Nachbarn und Hausgenossen? Edelmut und Güte sind so selten, dass man gar nicht mit ihnen zu rechnen braucht; das einzige, was den Menschen zurückhalten kann, ist Furcht, die Furcht vor Schaden oder Schande. Ich sage Ihnen, meine Herren: Wenn keine Macht sie im Zaume hält, dann ist der Naturzustand der Menschen ein Krieg aller gegen alle.*

VORSITZENDER: Danke, Herr Hobbes. Das war ja ein düsteres Bild. Wir wollen Ihre Theorien aus Respekt vor dem Alter hier nicht zur Diskussion stellen. Zumal da uns unser nächster Ehrengast, der mitten aus dem achtzehnten Jahrhundert herbeigeeilt ist, sowieso gleich ein ganz anderes Bild malen wird. Ich gebe das Wort dem Philosophen Jean-Jacques Rousseau. Bitte, Monsieur.

ROUSSEAU 👤 (säuselnd): Herr Hobbes hat einiges nicht wohl bedacht. *Selbst der halsstarrigste Verleumder menschlicher Tugenden* kann doch nicht abstreiten, dass der Mensch sehr wohl fähig ist zum Mitleid. *Er ist nämlich ausgestattet mit einem angeborenen Widerwillen, seinesgleichen leiden zu sehen.* Vor allem aber meint Herr Hobbes, dass der Mensch in seinem Naturzustand von bösen Leidenschaften getrieben wird, während ich der Ansicht bin, dass diese erst *aus der Gesellschaft entspringen.* Der wilde Mensch war gut. Er lebte *verstreut in den unermesslichen Wäldern, die die Erde damals bedeckten,* noch sprachlos und nackt und abgehärtet und recht gesund, und nur mit den Tieren wetteiferte er. *Da man weder Haus noch Hütte, noch Eigentum hatte, so wohnte ein jeder, wo er hinkam, und oft nur auf eine Nacht. Weiber und Männer vermischten sich, wie sie Gelegenheit und Lust hatten. Ebenso leicht gingen sie wieder auseinander.* Der wilde

Mensch brauchte seinesgleichen nicht. So fehlte ihm auch *die Begierde, anderen Übles zuzufügen.* Und ich will Ihnen jetzt verraten, was diesem paradiesischen Zustand ein Ende gemacht hat. *Der erste, welcher ein Stück Land einzäunte, sich in den Sinn kommen ließ zu sagen: Dieses ist mein, und einfältige Leute antraf, die es ihm glaubten, war der wahre Stifter der bürgerlichen Gesellschaft.*

VORSITZENDER: Danke, Herr Rousseau! Das hört sich alles ein bisschen romantisch an. Unser nächster Referent hat dazu 1939 eine Hypothese vorgetragen. Das Wort hat der Psychologe John Dollard.

DOLLARD 👤: Meine Herren, ich spreche hier für ein ganzes Team von Psychologen an der Universität Yale. Unsere Hypothese lässt sich in einem einzigen Satz zusammenfassen: *Aggression ist immer die Folge einer Frustration.* Sie haben sich nicht verhört: immer, immer! *Auftreten von aggressivem Verhalten setzt immer die Existenz einer Frustration voraus, und umgekehrt führt die Existenz einer Frustration immer zu irgendeiner Form der Aggression.*

VORSITZENDER: Würden Sie Aggression bitte doch einmal definieren?

DOLLARD: *Jede Verhaltenssequenz, deren Zielreaktion die Verletzung eines Organismus (oder Organismus-Ersatzes) ist.*

VORSITZENDER: Und Frustration?

DOLLARD: Ein Zustand, der eintritt, wenn eine Zielreaktion eine Interferenz erleidet.

VORSITZENDER: Also wenn jemand etwas tun möchte, und ein anderer kommt ihm in die Quere und hindert ihn daran?

DOLLARD: *Geht man von alltäglichen Beobachtungen aus, erscheint es plausibel, anzunehmen, dass die gewöhnlich beobachteten Formen aggressiven Verhaltens immer rückführbar sind auf irgendeine Art von Frustration. Häufig beobachtet man zwar bei Erwachsenen und selbst bei Kindern, dass sie sich unmittelbar nach einer Frustration anscheinend mit der Situation abfinden und sich ihr anpassen. Man darf jedoch nicht vergessen, dass eine der ersten Lektionen, die der Mensch aufgrund des sozialen Zusammenlebens lernt, darin besteht, seine offenen aggressiven Reaktionen unter Kontrolle zu bringen. Dies bedeutet jedoch nicht, dass solche Reaktionstendenzen dadurch beseitigt werden; vielmehr findet man, dass diese Reaktionen nicht zerstört werden, obgleich sie vorübergehend von ihrem unmittelbaren und logischen Ziel abgelenkt werden. Je größer die Frustration, desto stärker die* Aggressionstendenz.

VORSITZENDER: Ich glaube, wir können die Frustrations-Aggressions-Theorie hiermit verlassen. Das Wort erteile ich nun einem der Pioniere der Verhal-

Ruanda* 1994: In nur hundert Tagen töteten radikale Hutu ca. 800.000 Tutsi und gemäßigte Hutu, die sich weigerten, beim Morden mitzumachen. Drei Viertel der Tutsi-Bevölkerung wurden vernichtet; Nachbarn, Familienmitglieder, ehemalige Freunde schlachteten sich gegenseitig ab.

Umfragen zufolge fühlen sich mehr als die Hälfte der Verkehrsteilnehmer durch aggressives Verhalten anderer Autofahrer bedroht.

Wenn ein Baby traurig ist, weint das andere mit. Schon ganz kleine Kinder zeigen Mitgefühl. Etwas später geben sie gern etwas ab und versuchen, auf ihre eigene Weise zu helfen, zum Beispiel, indem sie einem traurigen Erwachsenen Spielzeug bringen, um ihn aufzumuntern.

(Un)menschlich –

In den 1960er-Jahren erlangte das Milgram-Experiment, in dem es um Mechanismen blin-den Gehorsams ging, Berühmtheit: Probanden sollten – angeblich zu wissenschaftlichen Zwecken – Elektroschocks in immer größerer Stärke verabreichen. Sie gehorchten, obwohl sie die Schreie der »Opfer« hörten und um die Gefährlichkeit der Stromstöße wussten. Das Experiment wurde mehrfach wiederholt, zuletzt 2010 in der wissenschaftlich und medienethisch umstrittenen fiktiven französi-schen Doku-Show »Le jeu de la mort«. Wie-derum war das Ergebnis, dass ca. 70 % bereit waren, den Opfern Schmerzen zuzufügen.

Ein anderes Experiment an der Stanford-Uni-versität (1971), das auch durch den Spielfilm »Das Experiment« bekannt geworden ist: Eine Gruppe von Probanden wurde nach dem Zufallsprinzip in Wärter und Gefangene aufgeteilt und einer simulierten Gefängnis-situation ausgesetzt. Binnen kürzester Zeit passten sich beide Gruppen ihrer Rolle an. Die Wärtergruppe entwickelte autoritäre und sadistische Verhaltensweisen und die Situation eskalierte derart, dass das Experiment abgebrochen wurde.

tensforschung, der 1963 mit seinem Buch »Das sogenannte Böse« die Aggressi-onsdebatte so befeuert hat wie kein zweiter. Konrad Lorenz, bitte!

LORENZ 👤: Ich möchte das Phänomen der Aggression aus der Sicht des Bio-logen angehen. Punkt eins. Aus der Sicht ihres Opfers ist eine Aggression ge-wiss eine unerfreuliche Tatsache. Das verstellt uns leicht den Blick dafür, dass Aggression, wenn auch nicht in jeder Form, ein biologisch sinnvolles Phäno-men ist. Hätte Aggression keine sinnvolle Funktion, so hätte der Artenwandel sie ausgemerzt oder gar nicht erst entstehen lassen. Gegenseitige Abstoßung verteilt die Tiere über den Lebensraum. *Wir dürfen als sicher annehmen, dass die gleichmäßige Verteilung gleichartiger Tiere im Raum die wichtigste Leistung der in-traspezifischen Aggression ist.* Hierher gehören alle Formen der territorialen Ag-gression: Jedes Tier verteidigt sein Revier, also den Teil des Lebensraums, den es zu seinem Überleben benötigt; die Konkurrenten müssen andere Reviere auf-suchen. Innerhalb der Gruppe etabliert die Aggression Rangordnungen und er-hält sie aufrecht. Die Rangordnung aber sorgt wiederum dafür, dass die Stärke-ren die meisten Nachkommen haben, dass also die natürliche Zuchtwahl zu *besonders großen und wehrhaften Familien- und Herdenverteidigern führt* und dass die größte Bedeutung innerhalb der Gruppe den erfahrensten Tieren zu-kommt. Damit aber bin ich schon bei Punkt zwei. Es haben sich vielfältige Tö-tungshemmungen entwickelt, die die Folgen der Aggressivität abmildern. Auch sind die innerartlichen Kämpfe zumeist so ritualisiert, dass sie nicht tödlich ausgehen. *Niemals haben wir gefunden, dass das Ziel der Aggression die Vernich-tung der Artgenossen sei.*

VORSITZENDER: Sehen Sie beim Menschen etwa natürliche Tötungshem-mungen?

LORENZ: Das Furchtbare ist, dass den Menschen eben keine *instinktive oder moralische* Hemmung daran hindert,* Waffen, Fernwaffen zu gebrauchen. Sei-ne *natürlichen Hemmungen waren und sind auf den körperlichen Kampf, auf die natürliche Bewaffnung abgestimmt.* Mit der kulturellen Entwicklung der Waf-fen haben sie nicht Schritt gehalten. Und nun zu Punkt drei. Herr Dollard sprach wie die meisten Psychologen immer von *Reaktionen.* Aggression aber ist keine bloße Reaktion, sie ist ein Trieb. *Gerade die Einsicht, dass der Aggres-sionstrieb ein echter, primär arterhaltender Instinkt ist, lässt uns seine volle Ge-fährlichkeit erkennen.* Wenn ein Organismus längere Zeit nicht aggressiv war, staut sich sein Aggressionstrieb. Sein Schwellenwert für aggressionsauslösen-de Reize sinkt. Eventuell kommt es sogar zu dem, was wir in der Verhaltens-forschung Leerlaufhandlungen nennen. In der Kriegsgefangenschaft habe auch ich manchmal einen Koller gekriegt. Da kommt es soweit, dass man seinen bes-ten Freund ohrfeigen könnte. Dagegen hilft nur, dass man *still aus der Baracke schleicht und einen nicht zu teuren, aber mit möglichst sinnfälligem Krach in Stü-cke springenden Gegenstand zuschanden haut.*

VORSITZENDER: Die Frage ist offenbar: Wie weit ist der biologische Rahmen gesteckt? Wie viel Freiheit besitzt das Gehirn? Ich bitte wieder einen Psychologen, Prof. Albert Bandura von der Stanford-Universität, um sein Statement.

BANDURA 👤: Danke. Was wir von Herrn Lorenz gehört haben, ist eine Triebtheorie der Aggression. Und nun halten Sie sich fest, meine Herren. *Die Aggression hat ihren Ursprung gar nicht im Innern.* Aggression stammt von außen, aus der Gesellschaft. Aggression wird gelernt. Welche Arten des sozialen Lernens gibt es? Es gibt einmal das Lernen durch eigene Erfahrung. Das wird reguliert durch die unterschiedliche Belohnung oder Bestrafung bestimmter Handlungen. Wenn Kinder für Aggressionen gelobt und belohnt werden, werden sie darin bestärkt. Ihr aggressives Verhalten wird verstärkt. Und es gibt das Lernen durch Nachahmung eines Modells. Das Modell – das Vorbild, wenn Sie so wollen – lehrt neue Verhaltensweisen, und es stärkt oder schwächt bestehende Hemmungen. Wenn das Kind andere bei Akten der Aggression beobachtet, Eltern, Mitschüler, Film- und Fernsehhelden, gehen diese Formen der Aggression potentiell in sein eigenes Verhaltensrepertoire über, und die Wahrscheinlichkeit, dass sie auch angewendet werden, ist dann besonders hoch, wenn die beobachteten Aggressionen unbestraft blieben oder sogar gerechtfertigt oder verherrlicht wurden. Im Falle der Aggression spielt das soziale Lernen am Modell die größere Rolle.

VORSITZENDER: Soweit maßgebliche Aggressionstheorien aus über drei Jahrhunderten. Und nun noch ein Experiment von ZIMBARDO, das Licht auf dieses Phänomen wirft *(der Vorsitzende schildert das Stanfordexperiment, vgl. S. 26 links unten):* Zimbardo wollte studieren, was die Sozialpsychologie »Deindividuation« nennt. Deindividuation, so definiert er, *ist jener subjektive Zustand und Prozess, bei dem der Einzelne sich von den anderen nicht unterschieden fühlt. In diesem Zustand achtet man weniger auf sich selber und kümmert sich weniger um das, was die anderen von einem denken. Dieser Zustand kann durch Bedingungen herbeigeführt werden, in denen sich der Einzelne anonym und ohne Verantwortung fühlt.* Soldaten und Polizisten werden vorsätzlich deindividuiert und anonymisiert: Bei Einsätzen agieren sie gemeinschaftlich, sind uniformiert, stecken in Rüstungen, hinter Schilden, unter Helmen und sind persönlich kaum erkennbar. Sie befinden sich in einer Situation herabgesetzter persönlicher Verantwortlichkeit; die Verantwortung liegt »oben«, bei dem jeweiligen Befehlshaber, und sie entsprechen ja nur der menschlichen Neigung zur Konformität: zu tun, was andere von ihnen erwarten, nicht aufzufallen. In der Kampfsituation sind sie außerdem noch stark erregt und nicht zum Denken aufgelegt. Und auch ihr Gegenüber wird deindividuiert und anonymisiert. Es ist dieser Zustand der Deindividuation, in dem der Mensch seine schlimmsten Brutalitäten verübt. Das wirksamste Mittel zur Verhinderung von Aggressionen wäre somit, Situationen zu verhindern, in denen Menschen ihre Individualität preisgeben.

»Das Böse« – ein beliebter Stoff für Krimis

Laut einer bundesweiten Studie des »Bündnisses gegen Cybermobbing« wurde jeder sechste Schüler in Deutschland schon einmal Opfer von Mobbing im Internet.

Denn wovon lebt der Mensch?
 Indem er stündlich
Den Menschen peinigt, auszieht,
 anfällt, abwürgt und frisst.
Nur dadurch lebt der Mensch,
 dass er so gründlich
Vergessen kann, dass er ein
 Mensch doch ist.
BERT BRECHT, DREIGROSCHENOPER

Am 12. September 2009 wurde Dominik Brunner am S-Bahnhof Solln von Jugendlichen totgeschlagen, nachdem er versucht hatte, Kinder vor ihren Attacken zu schützen. Auf den Prozess gegen diese Jugendlichen bezieht sich der folgende Artikel.

Voll schuldfähig?

Gehirnforschung Solln und Sühne

Deutschlands Strafgesetzbuch (§§ 20, 21) geht davon aus, dass manche Täter »wegen einer krankhaften seelischen Störung« oder einer »schweren anderen seelischen Abartigkeit« unfähig sind, »das Unrecht der Tat einzusehen oder nach dieser Einsicht zu handeln« – sie sind rechtlich gesehen ohne Schuld oder vermindert schuldfähig. Gilt ein solcher Täter als Gefahr für die Allgemeinheit, so kann er gemäß § 63 zum Maßregelvollzug in ein psychiatrisches Krankenhaus eingewiesen werden. Und dort bleibt er, bis Gutachter zu der Überzeugung kommen, dass er harmlos ist.

Doch die beiden U-Bahn-Schläger wurden für voll schuldfähig erklärt, weil laut psychologischen Gutachten »keine tiefgreifenden psychiatrischen Störungen« vorlagen.

Allerdings beobachteten die Experten Eigenschaften wie eine weitgehend verfestigte dissoziale Persönlichkeit, festgefahrene Neigungen zu delinquenten Handlungen, Entwicklungsstörungen, Alkohol- und Drogenprobleme, Ich-Bezogenheit, Impulsivität, Probleme, Regeln zu akzeptieren, Mangel an Interesse und Verständnis für andere Menschen, schwache soziale Intelligenz sowie ungehemmte, jähzornige Aggression insbesondere in Konfliktsituationen. Selbst die Anklage gab zu, die katastrophalen Umstände ihrer Jugend kämen strafmildernd in Betracht.

Hätten sich Sebastian L. und Markus Sch. also gegen ihre kriminelle Karriere entscheiden und ein sozial angepasstes Leben führen können? Oder wird hier von benachteiligten, missbrauchten, misshandelten, gestörten Kindern und Jugendlichen erwartet, sich wie Baron Münchhausen selbst am Schopf aus dem Sumpf herauszuziehen? Inzwischen

gibt es etliche Studien, die belegen, dass Patienten mit antisozialer Persönlichkeitsstörung deutliche Hirndefekte aufweisen. »Ihre Defizite gehen einher mit erkennbaren Abweichungen in bestimmten Hirnarealen, z. B. dem unteren Stirnhirn. Die Erkenntnisse der Hirnforschung reichen bei weitem aus, um Zweifel an der strafrechtlichen Schuld dieser Täter zu begründen.« (Gerhard Roth 👤)

Roths Meinung nach sollte das Strafrechtssystem grundsätzlich auf das traditionelle Schuldprinzip verzichten. Denn dieses mache nur Sinn, wenn Menschen über einen freien Willen im Sinne einer rein moralischen Entscheidungsfähigkeit verfügen. Diese Freiheit aber wird von manchen Philosophen und Wissenschaftlern in Frage gestellt. Es wäre demnach an der Zeit, sich von Begriffen wie Schuld und Sühne zu lösen und sich von der Vorstellung von Gut und Böse an sich zu verabschieden. Wie aber könnte ein solches Strafrechtssystem ohne Schuldprinzip aussehen?

Zuerst einmal würde man auf Vergeltung verzichten – laut Bundesverfassungsgericht eines der Ziele von Strafe. Es blieben die Ziele der Schadenskompensation, der Behebung der sozialen Störung, der Abschreckung und der Aufrechterhaltung der Norm.

Und auch ohne Berücksichtigung einer Schuld ließe sich der § 46 StGB anwenden, mit dem bereits jetzt die Höhe einer Strafe abgewogen wird: Umstände, die dabei berücksichtigt werden, sind unter anderem die Beweggründe und Ziele des Täters (Eigennutz oder zum Wohle anderer), das Maß der Pflichtwidrigkeit (Fahrlässigkeit oder Vorsatz) und seine Bemühungen, den Schaden wiedergutzumachen. »Ob ein Täter determiniert gehandelt hat oder nicht, ist dabei nicht relevant.« Eines aber sollte ganz anders sein im neuen Strafrechtssystem. Jedem Täter müsste angeboten werden, eine Therapie zu machen, statt sich der klassischen Bestrafung, der Geld- oder Freiheitsstrafe, auszusetzen.

Markus Schulte von Drach

Die christliche Tradition sieht den Menschen als schuldfähig an, ja sie erkennt seine Würde darin, dass er schuldig werden kann. [...] Es liegt schon eine ungeheure Verachtung darin, von jemandem zu sagen: »Lass ihn, er kann nicht anders.«
Dorothee Sölle

Er ist ein Mensch.

Interview der Zeitschrift Chrismon mit Nahlah Saimeh, Direktorin des Zentrums für Forensische Psychiatrie in Lippstadt, Westfalen, wo psychisch kranke oder suchtkranke Täter unter hohen Sicherheitsvorkehrungen therapeutisch behandelt werden, und Ingo Dalferth, Theologieprofessor.

Hatten Sie je das Gefühl, dem Bösen zu begegnen?

Nahlah Saimeh: Ich sitze immer einem Menschen gegenüber. Auch bei einem schweren Gewalttäter, einem Sexualstraftäter gilt: Er ist ein Mensch, ich bin ein Mensch. Da kommen zwei Wesen einer Art zusammen, die sehr viel mehr gemeinsam haben, als sie trennt. Sie haben ungeheuer zerstörerische Handlungen begangen, die man als moralisch böse verurteilen muss. Aber ich sehe nicht dem Bösen ins Auge.

Ist das Destruktive nicht das Böse? Was ist das Böse?

Saimeh: Für mich ist das, was man philosophisch oder moralisch als das Böse bezeichnen könnte, dasjenige Handeln, das sich gegen das Prinzip des Lebendigen richtet.

Ingo Dalferth: Wir denken das Böse meist in der Täterperspektive. Es wäre jedoch besser, es aus der Perspektive der Opfer zu betrachten: Von Bösem kann man überall dort reden, wo jemand so betroffen wird, dass etwas in seinem Leben oder sein Leben überhaupt sinnlos abgebrochen, ruiniert, zerstört wird, ohne dass daraus Anknüpfungspunkte für etwas anderes entstehen. Das Böse geschieht, wo nur kaputt gemacht wird.

Brauchen wir immer einen Schuldigen?

Dalferth: Wir brauchen die Unterscheidung, um Opfern und Tätern gegenüber gerecht zu sein. Sie suggeriert allerdings, es gäbe die einen, die nur Täter sind, und die anderen, die nur Opfer sind. Die eigentlichen Probleme treten jedoch auf, wo die Grenze mitten durch Menschen – und durch mich – hindurchläuft, wo wir beides sind: Täter und Opfer.

Saimeh: Ich kenne viele Täter, die in ihrer eigenen Biografie lange Zeit Opfer gewesen sind. Das rechtfertigt überhaupt nicht deren Taten. Aber für die Täter ist es häufig so, dass sie durch schwere Misshandlung und Vernachlässigung in den ersten zwölf Lebensjahren ausschließlich Opfer waren, bis sie dann zum Täter mutiert sind. Ich kenne einige Fälle, bei denen die beschriebene Grenze mitten durch ihre Person hindurchläuft.

Dalferth: Deshalb ist es immer zu einfach, wenn wir einen Täter als Bösewicht oder Monster bezeichnen, der ganz anders ist als wir. Es ist ein wichtiger Schritt zu erkennen, dass das Fremde auch auf meiner Seite zu finden ist. Was ich im anderen beschreibe, ist immer auch eine Selbstbeschreibung.

Wie kann man über ein schreckliches Erlebnis wegkommen?

Dalferth: Wenn mir etwas Schreckliches passiert ist oder ich etwas Schreckliches getan habe, kann ich nur dann weitergehen, wenn es mir gelingt, mich davon und von mir selbst zu distanzieren. Ich muss einen anderen Blick auf mich und das Erlebte finden. Sonst verharrt man ratlos davor. Man braucht einen Umweg. Das können neue Erfahrungen mit anderen Menschen sein, eine neue Umgebung, eine Therapie. Als Theologe setze ich hinzu: Wir brauchen den Umweg über Gott. Dann kommen andere nicht nur als Menschen mit bestimmten Tätigkeiten und erfreulichen oder abstoßenden Eigenschaften in den Blick, sondern als Nächste. Ich sehe sie Gott gegenüber in der gleichen Position wie mich selbst.

Ist der schwer gestörte Täter, der gerade einen anderen Menschen heimtückisch ermordet hat, Ihr Nächster?

Saimeh: Selbstverständlich ist er das in einem grundsätzlichen Sinn. Sonst könnte ich nicht tun, was ich tue. Die Medien neigen dazu, Täter zu dämonisieren. Das verstellt den Blick auf die banale Erfahrung, dass stets ein Mensch gehandelt hat. Der Mensch ist zum Bösen fähig.

- Die Forderung nach Therapie statt Strafe ruft bei manchen Unbehagen hervor. Artikulieren Sie mögliche Gründe und formulieren Sie Gegenargumente!
- In den Bereichen Justiz und Strafvollzug stehen immer auch Menschenbilder zur Debatte – zeigen Sie das an den Texten dieser Doppelseite! Greifen Sie dabei auch auf Gedanken zur Willensfreiheit und Hirnforschung in ⑪ zurück!
- Bringen Sie die These von Dorothee Sölle mit dem Text auf S. 28 in ein Gespräch!
- Fassen Sie das Interview auf dieser Seite in Thesen zusammen und belegen Sie einzelne Aussagen anhand von theologischen Einsichten aus den früheren Jahren! Weitere Materialien, um »das Böse« über den »Umweg über Gott« (Dalferth) zu verstehen, finden Sie auf S. 30–37.
- »Die Medien neigen dazu, das Böse zu dämonisieren.« – Sammeln Sie Beispiele und schreiben Sie zu einem Beispiel einen Leserbrief! (vgl. Medienethik ⑪)

Da ergrimmte Kain...

Der Präventivschlag

Kein Zweifel mehr: Mein eigener Bruder Kain will mich töten. Ich habe ihn genau gesehen, wie sich sein Gesicht zu einer hasserfüllten Fratze verzog, weil sein Opfer nicht so gnädig angenommen wurde wie meines. Und ich habe die Stimme gehört, die Stimme dessen, dem er und ich Opfer bringen, jeder sein eigenes, wie er Kain wegen seines Zornes zur Rede stellte und ihn vor der Sünde warnte. Dass die Sünde vor seiner Türe ruht und wartet und Verlangen nach ihm trägt. Und was diese Sünde ist, die Kain in sich herumträgt wie meine Schafe ihre ungeborenen Lämmer, das weiß ich ganz genau.

Lange genug leide ich schon Angst. Ich habe keine Hoffnung, seinen hinterlistigen Angriff abwehren zu können. Ich weiß, Kain ist stärker als ich; er ist nicht nur der Ältere, ich war immer schon schwächer, sondern auch das Umgraben seines Ackers stärkt ihm die Arme und den ganzen Körper weit mehr als mir das Aufziehen und Hüten der Schafe, das meine Arbeit ist. Außerdem hat er seine gefährlichen Geräte, den Spaten und seinen Pfahl mit der scharfen, im Feuer gehärteten Spitze. Und überhaupt, der, der den anderen unversehens überfällt, ist immer im Vorteil. Und doch ist er, dem wir unsere Opfer bringen, ich die Erstlinge meiner Herden, er seine Ähren und Früchte und sein Grünzeug, nur mir zugeneigt, nicht ihm. Das zeigt schon der Rauch unserer Opfer: Mein Opferrauch stieg, wie immer, geradeaus zum Himmel auf, der seine aber kroch wieder schwer und mit üblem Unkrautfeuergeruch am Boden hin und wollte sich nicht heben. Ich glaube, der Wille, der über uns ist, kann nicht wollen, dass dieser Erdbodenzerhacker auch mich mit seinen staubigen, kotverkrusteten Werkzeugen trifft und zerhackt, als Dünger für sein umgegrabenes Feld, auf dem er vielleicht schon den Boden locker gemacht hat für mein Grab.

Nein, so darf es nicht sein. Ich selbst muss den Vorteil wahrnehmen! Nicht er soll mich, sondern ich will ihn überraschen. Und weiß er Spaten und Pfahl zu handhaben, so habe ich doch mein Steinbeil, mit dem ich meine Herde vor den reißenden Tieren schütze. Er, der mein Opfer gnädig angenommen und das seine verschmäht hat, weiß es: Mein Bruder Kain ist nicht mehr besser als das reißende Raubzeug, das meinen Lämmern und Schafen nach dem Leben trachtet. Ärger noch, denn er hat es nicht auf ein Tier abgesehen, nein, auf mich, seinen eigenen Bruder. Aber er soll sich getäuscht haben! Da kommt er. Ja, ja; sein Gruß kann mich nicht betrügen. Damit will er mich nur in Sicherheit wiegen, aber die Zeiten sind vorbei. Er soll mir vom Leibe bleiben. Da: Auch das ist ein Anzeichen. Nie noch in letzter Zeit hat er meinen Blick lange ertragen. Und auch jetzt wendet er wieder den Kopf ab und sieht nicht mich an, seinen Bruder, sondern er blickt zurück auf seinen elenden Altar, von dem die Rauchschlange immer noch hinunterkriecht, zu Boden, dunkel und schwer. Jetzt muss es sein! Jetzt, solange er nichts als den unerlösten Rauch sieht ...

Wie schnell das gegangen ist; als ob ich es gar nicht getan hätte. Als ob es gar nicht wahr wäre. Aber es ist wahr: Da liegt er vor mir, auf dem Boden. Aus. Er wird keine Mordpläne mehr gegen mich hegen. Er wird nicht den Spaten hinterrücks gegen mich heben, und auch nicht den spitzen Pfahl. Sein Blut ist es, nicht das meine, das jetzt hier die Vertiefung im Stein füllt, fast wie drüben das Wasser den Tümpel dort, am Weg, auf dem meine Tiere zur Tränke gehen. Der Wille dessen, der mein Opfer angenommen und das seine verworfen hat, ist geschehen! Seine Stimme war es, die für mich und gegen ihn entschieden hat ...

Ja, seine Stimme. Ich höre sie. Sie spricht laut und vernehmlich. Aber was ruft sie? »Kain«, ruft sie, »Kain, wo ist dein Bruder Abel?« Hier bin ich, Herr, hier! Hab keine Angst mehr um mich: Hier stehe ich, Abel, dessen Opfer du gnädig angenommen hast. Und Kain, den du verworfen hast, liegt dort hinter mir. Seine eigene Sünde hat sich gegen ihn gekehrt. Ich habe sein Gesicht mit welkem Laub zugedeckt, dass seine starren Augen nicht den Himmel beleidigen. Nein, Herr, du irrst. Ich bin nicht Kain! Abel ist nicht mein Bruder, das bin ich selbst. Wieso fragst du mich, wo mein Bruder Abel ist? Du irrst dich! Da: Ich zeige ihn dir, meinen Bruder. Da liegt er. Ja, gewiss, das ist Kain, wer sonst? Warte: ich nehme das Laub von seinem Gesicht, dass du es selbst ...

Das kann doch nicht sein? Nie im Leben hat er mir so ähnlich gesehen. Fast als ... oder bilde ich mir das nur ein? Aber ich kenne doch mein Gesicht. Da drüben im Tümpel, der alles spiegelt, sehe ich es tagtäglich. Und jetzt soll er wie ich aussehen? Nein, das kann nicht sein ... Ich weiß, ich gehe zum Tümpel: Ich will mein eigenes Gesicht wieder sehen. Jetzt weiß ich, warum er sich irrt und mich Kain ruft.

Erich Fried

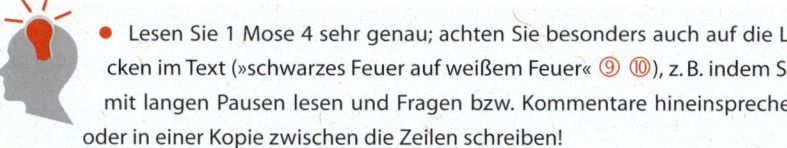

László Hegedűs, Kain und Abel, 1899

- ● Lesen Sie 1 Mose 4 sehr genau; achten Sie besonders auch auf die Lücken im Text (»schwarzes Feuer auf weißem Feuer« ⑨ ⑩), z. B. indem Sie mit langen Pausen lesen und Fragen bzw. Kommentare hineinsprechen oder in einer Kopie zwischen die Zeilen schreiben!

- ● Der Blick spielt in 1 Mose 4 eine wichtige Rolle; untersuchen Sie dieses Motiv im Text und deuten Sie es mithilfe der Gedanken von Lévinas ⑪!

- ● Beschreiben und deuten Sie das Bild; achten Sie auch hier auf das Motiv des Blicks!

- ● Wenden Sie unterschiedliche Aggressionstheorien (S. 24–27) auf die biblische Geschichte vom »ersten Mord« an!

- ● Meint Gott, Kain habe eine Wahl? Deuten Sie 1 Mose 4,7!

- ● Vergleichen Sie die Erzählung von Erich Fried (S. 30) mit dem Original: Verfolgen Sie, wie die Empfindungen des Ich-Erzählers sich entwickeln; achten Sie auch hier auf die Motive des »Sehens« und des »Anderen«! Betrachten Sie aus dieser Perspektive noch einmal das Bild!

- ● Formulieren Sie eine mögliche Aussageabsicht! Berücksichtigen Sie dabei auch die Entstehungszeit (1982!) und Erich Frieds ● politische Einstellung!

Der Andere ist vor mir da und darum wichtiger als ich. Ich sehe, dass er mich ansieht, und er sieht so auch mich. In seinem »Antlitz« zeigt sich eine unendliche Fremdheit, aus der mich »die ganze Menschheit« anblickt und sagt: »Du wirst keinen Mord begehen.« Die »Spur des Unendlichen« im Anblick des Anderen macht diesen für mich unendlich kostbar. Das zwingt mich in eine strikte »Verantwortung« für ihn.

EMMANUEL LÉVINAS ●

Giovanni di Paolo, *Vertreibung aus dem Paradies, 1445*

Und er trieb den Menschen hinaus und ließ lagern vor dem Garten Eden die Cherubim mit dem flammenden, blitzenden Schwert, zu bewachen den Weg zu dem Baum des Lebens. 1 MOSE 3,24

Die Geburt des »Nein«

In 1 Mose 3 werden wir Zeugen der Geburt des Neins, des Geistes der Verneinung. Gottes Verbot war das erste Nein in der Geschichte der Welt. Die Geburt des Neins und die der Freiheit gehören zusammen. Denn nun kann auch der Mensch »nein« sagen. Er sagt »nein« zum Verbot, er setzt sich darüber hinweg. Die Folge davon wird sein, dass er nun auch zu sich selbst »nein« sagen kann. Nachdem Adam und Eva vom Baum gegessen haben, heißt es: »Da wurden ihrer beiden Augen aufgetan, und sie wurden gewahr, dass sie nackt waren; und flochten Feigenblätter und machten sich Schürzen …« Plötzlich sieht sich der Mensch von außen, er ist nicht mehr in seinem Leib geborgen, er ist sich selbst auffällig geworden. Er sieht sich, er reflektiert und entdeckt nun, dass auch er gesehen wird. Er steht im Freien. Es beginnt das Drama der Sichtbarkeit. Die erste Reaktion: Zurückkehren in die Unsichtbarkeit. »Und Adam versteckte sich mit seinem Weibe vor dem Angesicht Gottes des Herrn unter die Bäume im Garten«.

Wer vor Scham in den Boden versinken möchte, will nicht nur eine Tat, sondern sich selbst, als ihr Urheber, ungeschehen machen. Er sagt »nein« zu sich selbst. Das ist die erste Spaltung des paradiesischen Selbstseins, das von nun an mit dem Nein infiziert bleibt. Aus Verneinungen werden schließlich Vernichtungen, was die Geschichte von Kain und Abel zeigt. Kains Opfer wurde von Gott zurückgewiesen, ihm gegenüber wurde also »nein« gesagt. Das lastet schwer auf Kain, er sucht Entlastung, indem er das »Nein« auf seinen Bruder abwälzt: Er tötet ihn. *Rüdiger Safranski*

Jenseits von Eden

info
Die biblische Urgeschichte

1 Mose 1–11 wird als Urgeschichte bezeichnet, um auszudrücken, dass es sich hier nicht um einen historischen Bericht über die Anfänge der Menschheit handelt, sondern um zeitlose, mythologische Erzählungen (aus unterschiedlichen Quellen zusammengesetzt), die zu erklären versuchen, wie es um die Welt steht, warum der Mensch ist, wie er ist, und worauf er hoffen darf (vgl. S. 13–15). Dabei wird ein dramatischer Bogen gespannt von der Erschaffung der Welt und des Menschen über die Vertreibung aus dem Paradies und den ersten Mord bis zur großen Flutkatastrophe (S. 34) und dem Scheitern des »Prestige- und Machtprojekts Babel«. Von »Sünde« ist dabei (außer in Gen 4,7) nicht explizit die Rede, aber geschildert wird die zunehmende Entfremdung des Menschen von Gott, seinen Mitmenschen, sich selbst und der Welt, in der er lebt; diese Entfremdung wird in der späteren Theologie als Sünde gedeutet.

Manche Theologen sehen die Urgeschichte mit 1 Mose 9 abgeschlossen: Dem Schöpfungsbund Gottes mit den Menschen korrespondiert der Noahbund, in dem Gott verspricht, diese Welt trotz der Bosheit der Menschen zu erhalten. Mit 1 Mose 12,1–12, der Segensverheißung an Abraham, beginnt die (historische) Geschichte Gottes mit seinem Volk Israel.

- Beschreiben Sie das Bild und deuten Sie seine Sicht der »Vertreibung aus dem Paradies«!
- Sammeln Sie alle Bilder und Assoziationen, die Ihnen zu »Adam und Eva« spontan einfallen; lesen Sie dann noch einmal 1 Mose 2f. und schlagen Sie nach, was Sie dazu schon besprochen haben ⑪!
- »Das erste göttliche Nein als Kompliment an die Freiheit des Menschen« – »das Drama der Sichtbarkeit« – Scham als »Nein zu sich selbst«: Erklären Sie diese Schlüsselgedanken Safranskis und philosophieren Sie darüber! Ziehen Sie dazu auch noch einmal die S. 30f. heran!
- Man kann 1 Mose 3 rückblickend als Erklärungsversuch für den »ersten Mord« in 1 Mose 4 lesen. Vergleichen Sie diese Erklärung mit ausgewählten Aggressionstheorien!

fremd geworden

Lernen Sünder zu sein

Die theologische Rede von der Macht der Sünde benennt präzise und erfahrungsnah die von Menschen hervorgebrachten und am Leben erhaltenen Abhängigkeiten, die paradoxerweise gerade aus dem Versuch resultieren, sich dessen vollständig zu bemächtigen, wovon Menschen leben, und damit die Grenzen des Geschöpflichen zu sprengen.

Das Sündersein des Menschen manifestiert sich in dem Versuch, das Leben aus eigener Macht zu meistern und zu sichern, und dabei eben das zu negieren, was Menschen selbst nicht hervorbringen können. Das Wesen der Sünde ist die Verleugnung der Geschöpflichkeit.

Gegen die Dominanz des Ideals menschlicher Selbstvervollkommnung steht das heilsame Wissen um das Sündersein des Menschen. Die Aufgabe besteht geradezu darin, dass Christen allererst lernen, Sünder zu sein, weil dies eben kein Wissen ist, das Menschen von Natur aus haben, und (weil es) auch nicht aus Erfahrungen unmittelbar abgeleitet werden kann. Dieses Lernen, ein Sünder zu sein, führt aber gerade nicht zu der Selbstverachtung, die die Folge des ständigen Scheiterns am Ideal der Selbstvervollkommnung ist, sondern dazu, das Sündersein nicht ernster zu nehmen als Gott es tut. Nicht das eigene Tun und Scheitern definiert einen Menschen; es geht vielmehr darum, Gottes Urteil gelten zu lassen. An die Stelle der Buchführung über das eigene Tun tritt das Bewusstsein, dass vor Gott kein Mensch gerecht ist, aber eben darum auch der Rechtfertigung bedarf.

Lernen Sünder zu sein, ist ein Erlernen christlicher Freiheit. Sie durchbricht die Selbsttäuschung, dass Freiheit aus der Verdrängung von Schuld und Sünde bestehe. Das Bewusstsein von Verfehlungen, das Eingeständnis, hinter den eigenen Plänen und den Erwartungen anderer zurückzubleiben, kann geradezu als eine conditio humana bezeichnet werden. Wer lernt, ein Sünder zu sein, öffnet sich auf Gott hin, weil von Sünde nur vor Gott die Rede sein kann. Insofern überbietet die christliche Rede von der Sünde die Semantik der Schuld in heilvoller Weise: Während Schuld einsam macht, führt das Wissen um das eigene Sündersein in die Gemeinschaft der Sünder, die theologisch allemal als begnadigte Sünder anzusprechen sind.

Wolfgang Schoberth

»Gott entfremdet, bist du dir selbst fremd.« Bernhard von Clairvaux

Siegfried Zademack, Entfremdung, 2004

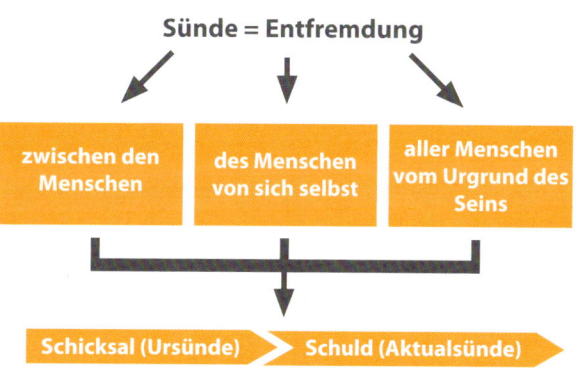

Sünde = Entfremdung

zwischen den Menschen	des Menschen von sich selbst	aller Menschen vom Urgrund des Seins

Schicksal (Ursünde) ▶ Schuld (Aktualsünde)

Paul Tillich beschreibt Sünde als mehrdimensionale Entfremdung, die sich in aktuellen Verfehlungen realisiert. [11]

- Wiederholen Sie mithilfe des Schaubilds die theologische Bedeutung von Sünde [11]!
- Nehmen Sie in dem Bild (oben) Platz – in Gedanken oder auf einer Kopie – und beschreiben Sie es aus dieser Perspektive!
- Deuten Sie es im Blick auf seinen Titel! Könnte das Bild auch »Sünde« heißen?
- Fassen Sie den Text von W. Schoberth in Thesen zusammen! Achten Sie dabei besonders auf die zahlreichen Unterscheidungen, die er vornimmt!
- Lernen Sünder zu sein – obwohl man doch schon einer ist? Wie soll das gehen? Formulieren Sie »Lerntipps«!

Gefährdungen

Die Sintflut, Mosaik aus der Markuskirche in Venedig, 13. Jh.

Alles soll sehr gut werden

Die Geschichte von der Sintflut und Noahs Arche hat Parallelen in der Umwelt Israels. In diesen Geschichten sind Menschheitserfahrungen von verheerenden Naturkatastrophen verarbeitet. Ihre »Absicht ist es, die Angst zu bewältigen, dass es jemals eine solche kosmische Katastrophe als ein von den Göttern bzw. vom Schöpfergott geschicktes Strafgericht geben werde. Um die Hoffnungsbotschaft, dass es eine solche Flut nie geben werde, zu vermitteln, wird erzählt, dass es einmal, »am Anfang«, vor der historischen Zeit, eine solche Flut gab. Der Schöpfergott sagt zu, dass er seine Schöpfung nie gewaltsam vernichten werde, auch nicht wegen der Bosheit der Menschen, wie groß diese auch immer sein mag. So kommt gerade in der Sintflutgeschichte deutlich zum Ausdruck, was Schöpfung als theologische Kategorie (im Unterschied zum naturwissenschaftlichen Schöpfungsbegriff) meint: Dass der Schöpfergott eine Beziehung der Liebe und Treue zur Erde hat und dass er grundsätzlich und unwiderruflich Ja zu dieser Erde und zu diesen Menschen sagt. Die biblische Erzählung von der Bedrohung der Welt durch eine chaotische Flut ist ein Anti-Mythos, der mit dem Mythos von der Erschaffung der Welt zusammen erst die dialektische Aussage über die Erde als Schöpfung Gottes ergibt: Gerade als die gefährdete und von menschlicher Gewalt bedrohte Erde ist sie von Gott geliebt, weil er über sie sein liebendes Schöpferwort spricht: »Siehe, alles soll sehr gut werden« 1 Mose 1,31.

Karl Löning / Erich Zenger

Ich will hinfort nicht mehr die Erde verfluchen um der Menschen willen; denn das Dichten und Trachten des menschlichen Herzens ist böse von Jugend auf. Ich will hinfort nicht mehr schlagen alles, was da lebt, wie ich getan habe. Solange die Erde steht, soll nicht aufhören Saat und Ernte, Frost und Hitze, Sommer und Winter, Tag und Nacht. 1 MOSE 8,21 F.

Gott schickt eine Sintflut und nur mit Noah und den Seinen macht er eine Ausnahme. Dieser eine Gerechte darf überleben. Noch einmal ein Anfang. Aber mit Gott hat sich nun eine Wandlung vollzogen. Er findet sich mit der Tatsache ab, dass es im Menschen »das Böse« gibt. Gott hat sein Geschöpf von Grund auf kennengelernt. Er wandelt sich, er ist nicht nur mächtig, er wird auch gnädig. Nach der Sintflut gilt auch für Gott der Grundsatz: Man muss lernen, mit dem Bösen zu leben. Vielleicht hat der göttliche Welterhalter im Spiegel des Menschen sogar gelernt, den bösen Anteil in sich selbst zu entdecken.

Rüdiger Safranski

Und vergiss nicht, das Menschenpärchen aus der Passagierliste zu streichen! Sonst war wieder alles nur umsonst.

- Erinnern Sie sich an Begegnungen mit der Geschichte von der Arche Noah in Ihrer Kindheit! Gibt es Dinge, die Ihnen schon damals fraglich waren? Welche Fragen möchten Sie heute stellen?
- Eine bedrohliche Geschichte oder eine Hoffnungsgeschichte? Untersuchen Sie die Materialien auf dieser Seite daraufhin und beziehen Sie sie auf 1 Mose 7–8!

Der Turmbau zu Babel

Die lange Zeit vorherrschende Auslegung las 1 Mose 11 etwa so: Früher gab es die eine Menschheit, alle hatten eine Sprache, alle verstanden einander. Doch dann wollten sich die Menschen in ihrer Hybris mit einem Bauwerk einen Namen machen, das bis an den Himmel reichen sollte. Gott bestrafte diesen Hochmut mit der Verwirrung der Sprachen. Weil die Menschen einander nun nicht mehr verstehen konnten, blieb das Bauwerk unvollendet, und die Menschen zerstreuten sich in viele Länder und viele Sprachen. Diese lange wie selbstverständliche Deutung hat eine Implikation, die schon früher aufmerksame Leser und Predigerinnen irritierte, so sehr sie als Kritik an hybrider Technologie und himmelsstürmenden Unternehmungen geeignet war. Denn wer die Geschichte so liest, muss die Existenz vieler Sprachen, vieler Völker, vieler Kulturen für eine Strafe Gottes halten. Aufmerksame Bibelleser hätten eigentlich merken müssen, dass die Trennung der Menschheit in viele Sprachen und Völker bereits in 1 Mose 10 berichtet worden ist. Die Turmbaugeschichte in Kap. 11 erzählt also nicht von der Ureinheit der Menschheit, sondern von einem Versuch, erneut eine Einheit herzustellen. Die eine Sprache in Babel ist keine Sprache wie Hebräisch neben Ägyptisch oder Akkadisch oder Deutsch neben Schwedisch oder Japanisch, vielmehr eine vereinheitlichte, eine eindeutige Sprache. Hinter der Erzählung stehen Erfahrungen mit den Imperien der Assyrer und Babylonier, die ein Reich mit einer von oben verordneten Einheitssprache errichten wollten. Gegen diese von oben verordnete Einheit (gezielt anachronistisch formuliert: ein Reich, ein Volk, ein Führer …) stellt Gott die Vielfalt der Menschen wieder her. Diese Vielfalt ist also gerade keine Strafe Gottes, sondern die »Gott sei Dank« wieder hergestellte Multikulturalität. Die Vielfalt der Worte, die Mehrdeutigkeit des Redens, all das, was Kommunikation unter Menschen zuweilen so schwer, doch allemal erst möglich und nötig macht, wird gerettet gegen das imperiale Konzept eindeutiger, vereinheitlichter Sprache. Die Turmbaugeschichte – so gelesen, biblisch gelesen – wäre also womöglich eine »postmoderne« Geschichte.   *Jürgen Ebach*

Wo es um Herrschaft geht, wird aus Spiel Ernst.

- Türme bauen fasziniert – der Turmbau zu Babel bildet die Grundlage vieler Spiele – suchen Sie Gründe!
- Fassen Sie die Deutung von Ebach in Thesen zusammen!
- »Von oben verordnete Einheit« als Gefahr – sammeln Sie Beispiele aus Geschichte und Gegenwart!
- Diskutieren Sie Ebachs Plädoyer für die Schwierigkeit des Verstehens! ⑩
- »Hybris*« – ein Leitmotiv von Mythen, Sagen, Tragödien. Sammeln Sie Beispiele und beschreiben Sie im Blick auf 1 Mose 1–11, worin die menschliche Hybris nach biblischem Verständnis besteht!
- Besorgen Sie sich das berühmte Bild über den Turmbau zu Babel von Brueghel ⑦ und deuten Sie es!

Ein Strategiespiel, bei dem die Spieler um die Wette an der Fertigstellung der sieben und am nie vollendeten achten Weltwunder, dem Turn von Babel, arbeiten.

Rechtfertigung

So halten wir nun dafür, dass der Mensch gerecht wird ohne des Gesetzes Werke, allein durch den Glauben.

RÖM 3,28

... SONDERN SCHLUG AN SEINE BRUST UND SPRACH: GOTT SEI MIR SÜNDER GNÄDIG!

SIEHE, DIESER DEIN BRUDER WAR TOT UND IST WIEDER LEBENDIG ...

SIMUL IUSTUS ET PECCATOR

... VERGEBUNG DER SÜNDEN UND DAS EWIGE LEBEN ...

SOLA GRATIA – SOLA FIDE – SOLO CHRISTO

... UND VERGIB UNS UNSERE SCHULD ...

NUN FREUT EUCH, LIEBEN CHRISTEN G'MEIN ...

Rechtfertigung und Gnade

Es ist wahr, die Sprache, Bilder und Vorstellungen, mit denen die Rechtfertigungslehre das Evangelium formuliert, sind uns oft fremd. Was haben Rechtsgeschäfte mit dem persönlichen Verhältnis zu Gott zu tun? Und setzt uns die »Rechtfertigung des Gottlosen« nicht fortwährend auf die Anklagebank? Viele halten das für typisch protestantisch: Zerknirscht sein, sich kasteien – und lehnen es ab.

Zu Recht, wenn das wirklich die Absicht der Rechtfertigungsbotschaft wäre. Aber: Als er diese Botschaft verstanden hatte, hörte der Mönch Martin Luther gerade damit auf, sich zu kasteien, und pries statt dessen fröhlich die Freiheit eines Christenmenschen vom Gesetz des Gutseinmüssens. Und er folgte damit dem Apostel Paulus 👤: Freiheit, Freude, ein »neues Leben«, weil seit Jesus Christus das Verhältnis zwischen Mensch und Gott nicht mehr von menschlichen Möglichkeiten bestimmt wird, sondern von Gott selbst. Denn Gott schenkt die »Gerechtigkeit, die vor Gott gilt« (Römer* 3,21) jedem Menschen, der sie nur haben will: »aus Gnade«, »im Glauben«. Umgekehrt besagt die Rechtfertigungsbotschaft das Ende jedes Leistungszwanges vor Gott!

Die Rechtfertigungsbotschaft beantwortet letztlich die Frage: Wer bin ich? Und der rechtfertigende Glaube besteht darin, die Beantwortung dieser Frage in Gottes Hand zurückzulegen, weil Gott mir selber sagt: Du bist mir recht.

Wollen wir aber vom Prinzip »anzuerkennende Leistung« für uns selbst wirklich und endgültig Abschied nehmen? Können wir das willentlich wollen? Die Reformatoren waren da sehr realistisch. Luther sprach vom »unfreien Willen«, ja behauptete, auch der gerechtfertigte Christ sei in dieser Hinsicht zugleich noch Sünder. – Der Sachverhalt ist im Grunde einfach: Kann man beispielsweise Angst willentlich loswerden? Nein. Kann man sein Wollen nicht wollen? Natürlich nicht. Kann man auf sein Selbstkönnenwollen verzichten und es dann ein für allemal loshaben wollen? Auch das nicht. Jemand anderes als wir selbst müsste uns »ein neues Herz und einen neuen Geist« (Hes 36,26) schenken, das die verkrampfte Selbstwidersprüchlichkeit jenes Selbstseinwollens erkennt und vor sich selbst zugeben kann. Dann kann es sich in Loslassen verwandeln, in Seinlassen, in Sichverlassen auf Gott.

Walter Sparn

Kirche in der urbanen Welt der Moderne

Die Lehre von der Rechtfertigung allein aus Glauben, die im Zentrum christlich-protestantischer Glaubenslehre steht, formuliert die ethisch-religiöse Lebensposition des Christentums besonders trefflich. Und die Geschichten von und über Jesus zeigen, wie von ihr auf gewinnende Weise erzählt werden kann. Jesus hat vorgemacht, durch sein Auftreten, mit seinen Gleichnisgeschichten, wie eine sinngewisse Lebensansicht und Weltanschauung gewonnen werden kann. Er hat gezeigt, dass die Würde eines Menschen, der Grund dafür, dass er Anerkennung, Wertschätzung und Liebe verdient, nicht in dem besteht, was er hat und was er kann und wie er aussieht, sondern darin, dass er als Gottes Geschöpf und sein Ebenbild da ist. Vom Haben führt die christliche Lebenseinstellung zum Sein, vom Sinn, den einer sich selbst verschafft, zu dem, in dem er sich im Licht göttlicher Anerkennung vorfindet. Du darfst sein, der du bist. Mehr braucht es nicht. Dass der Mensch allein aus Glauben und nicht aufgrund seiner verdienstvollen Werke gerechtfertigt ist, meint diesen Blickwechsel. Ich schaue nicht darauf, was ich alles geleistet und in Szene gesetzt habe bzw. noch tun und in Szene setzen muss, um das Gefühl zu haben, mein Leben lohne sich, habe Sinn, sei ein erfülltes, gelingendes Leben. Ich schaue mich selbst so nicht mehr an und nicht die andern. Der Glaube, der rechtfertigt, ist der Glaube an den Gott im Menschen, in Jesus, in jedem Menschen. Es ist der Glaube an den unendlichen Wert jedes einzelnen, seine unverletzliche Würde. Dieser religiöse Glaube, der zugleich eine ethische Lebensform ist, führt dazu, dass ich mich selbst anerkannt wissen kann und andre anerkenne, unabhängig von meinem Vermögen und meinen Leistungen, der Hautfarbe, des Geschlechts, der nationalen und auch religiösen Zugehörigkeiten.

Der Glaube deutet das Leben als unverdientes Geschenk. Wer zu dieser Lebensdeutung findet, der kann unverkrampft zu sich selber stehen und offen auf andere zugehen. Der beste Beleg dafür ist der [ehemalige] Titelsong von Big Brother: »Zeig mir dein Gesicht. Zeig mir wer du wirklich bist …« Er formuliert die existentielle Wahrheit des Glaubens an die Rechtfertigung allein aus Gnade, des Glaubens also an vorbehaltlose Anerkennung – im säkularen* Gewand, ohne die biblische Vorgabe. Dann höre ich: Sei, der du bist. Der Christ kann die biblische Vorgabe hinzufügen und damit Auskunft geben über den transzendenten* Grund der Selbstgewissheit, die in ihm ist. Du bist unbedingt wichtig. Du bist von Grund auf frei. Tue, wozu du jetzt gebraucht wirst.

Wilhelm Gräb

● Mit Rechtfertigung haben Sie sich in den vergangenen Jahren immer wieder beschäftigt. Erinnern Sie sich anhand der Satz- und Textfragmente (S. 36) an bisherige Einsichten und schreiben Sie eine kurze Zusammenfassung!

● Lesen Sie Röm 3,21–28 und markieren Sie Verständnis- und Zugangsschwierigkeiten!

● Sparn und Gräb versuchen, die alten Begriffe und Bilder neu zu übersetzen. Entdecken Sie in ihren Texten die klassischen Topoi der Rechtfertigungslehre (Gesetz, Gnade, Sünde, »allein durch Christus« …) und prüfen Sie, ob die Aktualisierung Sie überzeugt und heutige Lebenswirklichkeit trifft! Ergänzen oder korrigieren Sie ggf.!

● Kehren Sie noch einmal zur Radio-Energy-Seite (S. 21) zurück und verfassen Sie aus der Perspektive der Rechtfertigungslehre einen Forumsbeitrag!

● Beziehen Sie das ZEIT-Cover auf die Ausführungen von Sparn und Gräb; verfassen Sie hierzu einen Leserbrief!

● Vervollständigen Sie das Ihnen bekannte Zitat von der »Freiheit eines Christenmenschen« ⑪ ! Entdecken Sie die Grundgedanken dieses Zitats in den Materialien dieser Seite!

Gewissensbisse

Pumuckl und der Wellensittich

Meister Eder hat einen Wellensittich in Pflege; das passt Pumuckl überhaupt nicht, und er lässt den Vogel heimlich fliegen. Als der Besitzer, der kleine Fritz, den Wellensittich holen will, ist der Käfig leer und der Vogel lässt sich nicht einfangen.

Meister Eder: Ja Pumuckl, da sitzt du, statt dass'd hilfst. Dabei hab ich schon gedacht, du hast vielleicht den Vogel runtertrieb'n.

Pumuckl: O, o, ooo, ich hab so ein komisches Gefühl im Hals, also was, ein Gefühl, das ich gar nicht kenne … es drückt, drückt im Hals, also, *(M. Eder: Aha)* und es drückt so ganz traurig, drückt es, was *ist* das nur?

Weißt du, was des is?

Nein.

Des ist dein schlechtes Gewissen.

Was ist denn das, ein ein schlechtes Geww… wissen?

A schlimme Krankheit.

Ja?

Die kommt zum Beispiel, wenn man was angestellt hat und wenn man dann sieht, wie jemand deswegen fast weinen muss – so wie der Fritz jetzt grad.

Ui, Ui – dann hat der arme Pumuckl eine Schlechte-Gewissen-Krankheit. Ohohohoh, haben das alle sichtbaren Wesen?

Jaja, und wie. Aber, da kann man was dagegen tun.

Ja dann, sag mir schnell, was, sag mir schnell, was!

Ja, man muss es wieder gut machen, was man angestellt hat. Also, du musst jetzt schnell den Vogel einfangen. […]

Und dann, dann geht die schlimme Krankheit weg?

Vollständig weg.

Ja, also, dann, dann probier ich das gerne. Scheußliches Gefühl ist das …

schlech-te ge-wis-sen, das

lat. conscientia mala

kämpft für das Gute: Unermüdlich prangert es die bösen Taten der anderen Monster an, hält sie dem Opfer vor und verteidigt so die alten, längst verschütteten Werte der wahren Menschlichkeit. Das Schlechte Gewissen kommt immer – leider jedoch meistens zu spät.

Gewissen

Ich bin immer hinter dir,
jeden Tag von früh bis spät.
Ich bin in deiner Nähe,
ganz egal, wohin du gehst.
Ich bin das schlechte Gefühl,
das du hin und wieder kriegst
und das du ohne Schwierigkeit
einfach zur Seite schiebst.

An deinem letzten Tag hol ich dich ein,
nehm dich fest in meinen Griff.
Dann kommst du nicht mehr an mir vorbei
und ich zeig dir dein wahres Ich.
Den tausend Lügen von dir wirst du dich stelln,
all den Tricks und Spielerein.

Ich bin dein Gewissen,
ich lass dich nicht allein.
Ich bin die Zecke,
die in deinem Nacken sitzt.
Mich wirst du nicht los,
ob du willst oder nicht.
Dein Schlaf ist heut noch tief und fest,
weil du meinst, du kommst ohne mich aus,
aber glaube mir: Selbst du
wachst irgendwann mal auf.

An deinem letzten Tag hol ich dich ein,
nehm dich fest in meinen Griff.
Dann kommst du nicht mehr an mir vorbei
und ich zeig dir dein wahres Ich.
Den tausend Lügen von dir wirst du dich stelln,
all den Tricks und Spielerein.

Ich bin dein Gewissen,
ich lass dich nicht allein.
Die Toten Hosen

● Tragen Sie Situationen zusammen, in denen man alltagssprachlich von einem »schlechten Gewissen« spricht!

● Analysieren und erklären Sie das »schlechte Gewissen«, wie es in den Materialien dieser Seite zum Ausdruck kommt, mithilfe der philosophischen Ansätze auf S. 39! Könnte man mit diesen Ansätzen auch ein »gutes Gewissen« begründen?

● Stellen Sie Bezüge zum »Ich war's« auf S. 20 und 22 her!

Immanuel Kant 👤

Das Gewissen ist für ihn »das Bewusstsein eines inneren Gerichtshofes im Menschen«. Es ist der Ort, an dem die Pflicht (der »kategorische Imperativ«) sich gebietend, als Richter, zu Wort meldet:

Jeder Mensch hat Gewissen und findet sich durch einen inneren Richter beobachtet, bedroht und überhaupt im Respekt (mit Furcht verbundener Achtung) gehalten, und diese über die Gesetze in ihm wachende Gewalt ist nicht etwas, was er sich selbst (willkürlich) macht, sondern es ist seinem Wesen einverleibt. Er kann sich zwar durch Lüste und Zerstreuungen betäuben oder in Schlaf bringen, aber nicht vermeiden, dann und wann zu sich selbst zu kommen oder zu erwachen, wo er alsbald die furchtbare Stimme desselben vernimmt. Er kann es in seiner äußersten Verworfenheit allenfalls dahin bringen, sich daran gar nicht mehr zu kehren, aber sie zu hören kann er doch nicht vermeiden. *Die Metaphysik der Sitten, 1797*

Sigmund Freud 👤

Ein ursprüngliches, sozusagen natürliches Unterscheidungsvermögen für Gut und Böse darf man ablehnen. [...] Das Böse ist anfänglich dasjenige, wofür man mit Liebesverlust bedroht wird; aus Angst vor diesem Verlust muss man es vermeiden.

Man heißt diesen Zustand »schlechtes Gewissen«, aber eigentlich verdient er diesen Namen nicht, denn auf dieser Stufe ist das Schuldbewusstsein offenbar nur Angst vor dem Liebesverlust, soziale Angst.

Beim kleinen Kind kann es niemals etwas anderes sein, aber auch bei vielen Erwachsenen ändert sich nicht mehr daran, als dass an Stelle des Vaters oder beider Eltern die größere menschliche Gemeinschaft tritt. Darum gestatten sie sich regelmäßig, das Böse, das ihnen Annehmlichkeiten verspricht, auszuführen, wenn sie nur sicher sind, dass die Autorität nichts davon erfährt oder ihnen nichts anhaben kann, und ihre Angst gilt allein der Entdeckung. Mit diesem Zustand hat die Gesellschaft unserer Tage im Allgemeinen zu rechnen. Eine große Änderung tritt erst ein, wenn die Autorität durch die Aufrichtung eines Über-Ichs* verinnerlicht wird. Damit werden die Gewissensphänomene auf eine neue Stufe gehoben, im Grunde sollte man erst jetzt von Gewissen und Schuldgefühl sprechen.

Jetzt entfällt auch die Angst vor dem Entdecktwerden und vollends der Unterschied zwischen Böses tun und Böses

wollen, denn vor dem Über-Ich kann sich nichts verbergen, auch Gedanken nicht. [...]

Wir kennen also zwei Ursprünge des Schuldgefühls, den aus der Angst vor der Autorität und den späteren aus der Angst vor dem Über-Ich.

Das Unbehagen in der Kultur, 1930

Friedrich Nietzsche 👤

Ich nehme das schlechte Gewissen als die tiefe Erkrankung, welcher der Mensch unter dem Druck jener gründlichsten aller Veränderungen verfallen musste, die er überhaupt erlebt hat, jener Veränderung, als er sich endgültig in den Bann der Gesellschaft und des Friedens eingeschlossen fand. Nicht anders als es den Wassertieren ergangen sein muss, als die gezwungen wurden, entweder Landtiere zu werden oder zugrunde zu gehen, so ging es diesen der Wildnis, dem Krieg, dem Herumschweifen, dem Abenteuer glücklich angepassten Halbtieren; mit einem Male waren alle ihre Instinkte entwertet und »ausgehängt«.

Alle Instinkte, welche sich nicht nach Außen entladen, wenden sich nach Innen – dies ist das, was ich die Verinnerlichung des Menschen nenne: damit wächst erst das an den Menschen heran, [...] was man später seine Seele nennt.

Jene furchtbaren Bollwerke, mit denen sich die staatliche Organisation gegen die alten Instinkte der Freiheit schützte, brachten zuwege, dass alle jene Instinkte des wilden, freien, schweifenden Menschen sich rückwärts, sich gegen den Menschen selbst wandten. Die Feindschaft, die Grausamkeit, die Lust an der Verfolgung, am Überfall, am Wechsel, an der Zerstörung – alles das gegen die Inhaber solcher Instinkte sich wendend: das ist der Ursprung des »schlechten Gewissens«. Der Mensch, dies an den Gitterstangen seines Käfigs sich wund stoßende Tier, das man »zähmen« will, [...] dieser Narr, dieser sehnsüchtige und verzweifelte Gefangene wurde zum Erfinder des schlechten Gewissens. *Jenseits von Gut und Böse, 1886*

Gewissens-

Aus dem Drehbuch zum Film »Sophie Scholl. Die letzten Tage«

47. Wittelsbacher Palais, Vernehmungszimmer, Tag, innen: Sophie bekommt zu ihrer Überraschung von Mohr eine Tasse Bohnenkaffee zu trinken. Er schiebt ihr eine Tasse hin und schenkt aus einer Thermoskanne ein. Wegen seiner Magenschmerzen trinkt er selbst keinen Kaffee und raucht auch nicht.

Mohr: Hier, trinken Sie.

Sophie: *(überrascht)* Das ist ja echter Bohnenkaffee!

Sophie trinkt in kleinen Schlucken den Kaffee. Mohr fasst Sophie ins Auge:

Mohr: Es geht Ihnen doch auch um das Wohl des deutschen Volkes, Fräulein Scholl?

Sophie: Ja.

Mohr: Sie haben nicht feige eine Bombe gegen den Führer gelegt, wie dieser Elser im Bürgerbräukeller. Sie haben zwar mit falschen Parolen, aber mit friedlichen Mitteln gekämpft.

Sophie: Warum wollen Sie uns denn dann überhaupt bestrafen?

Mohr: Weil das Gesetz es so vorschreibt! Ohne Gesetz keine Ordnung.

Sophie: *(sehr engagiert)* Das Gesetz, auf das Sie sich berufen, hat vor der Machtergreifung 1933 noch die Freiheit des Wortes geschützt und heute bestraft es unter Hitler das freie Wort mit Zuchthaus oder dem Tod. Was hat das mit Ordnung zu tun?

Mohr: Woran soll man sich denn sonst halten als an das Gesetz, egal, wer es erlässt?

Sophie: An Ihr Gewissen.

Mohr: Ach was! *(deutet auf den Gesetzesband, mit dem er beim ersten Verhör hantiert hat)* Hier ist das Gesetz und hier *(er deutet auf Sophie)* sind die Menschen. Und ich habe als Kriminalist die Pflicht zu prüfen, ob beide deckungsgleich sind, und, wenn das nicht der Fall ist, wo die faule Stelle ist.

Sophie: Das Gesetz ändert sich. Das Gewissen nicht. [...]

Mohr: Sie sind doch Protestantin?

Sophie: Ja.

Mohr: Die Kirche fordert doch auch, dass die Gläubigen ihr folgen, selbst wenn sie Zweifel haben?

Sophie: In der Kirche ist jeder freiwillig, aber Hitler und die Nationalsozialisten lassen einem keine andere Wahl!

Mohr: Warum gehen Sie für falsche Ideen, so jung wie Sie sind, ein derartiges Risiko ein?

Sophie: Wegen meines Gewissens.

Mohr: Ich kann nicht verstehen, dass Sie mit Ihren Gaben nicht nationalsozialistisch denken und fühlen. Freiheit, Wohlstand, Ehre, sittlich verantwortliches Staatswesen, das ist unsere Gesinnung!

Sophie: Handeln Sie sittlich verantwortlich, wenn Sie uns bloß wegen eines Flugblatts festhalten, verhören und drakonisch bestrafen? Hat Ihnen denn nicht auch das furchtbare Blutbad die Augen geöffnet, das die Nationalsozialisten im Namen von Freiheit und Ehre in ganz Europa angerichtet haben? [...]

Mohr: Sie müssen sich daran gewöhnen, dass endlich eine neue Zeit angebrochen ist. Was Sie sagen, ist romantisch und hat mit der Realität nichts zu tun.

Sophie: Was ich sage, hat natürlich mit der Wirklichkeit zu tun, mit Sitte, Moral und Gott.

Mohr reagiert emotional und faucht sie an.

Mohr: Gott gibt es nicht.

Mohr geht ans Fenster, blickt hinaus. Er zündet sich eine Zigarette an, inhaliert. Nach einer Pause.

Mohr: Mord an Juden ... an Kindern ... das ist alles Quatsch.

Wieder Pause. Er zweifelt selbst. Mohr wendet sich Sophie wieder zu und blickt sie lange an. Mit veränderter, ruhiger Stimme sagt er schließlich:

Mohr: Ist es denn nicht so gewesen, dass Sie sich auf Ihren Bruder verlassen haben, dass es richtig war, was er getan hat, und Sie einfach nur mitgemacht haben? Sollen wir das nicht noch ins Protokoll aufnehmen? Sonst kann keiner mehr etwas für Sie tun.

Sophie erkennt, das ist eine goldene Brücke, die man bei der

Gestapo nicht so leicht gebaut bekommt. Nach einer Pause:

Sophie: Nein, Herr Mohr, weil es nicht stimmt.

Mohr ringt förmlich um eine Erklärung, die ihr helfen könnte.

Mohr: Ich will Ihnen doch nur helfen, Fräulein Scholl. Sehen Sie, ich habe einen Sohn, der ist sogar noch ein Jahr jünger als Sie, Fräulein Scholl, der hatte auch manchmal Flausen im Kopf, aber jetzt steht er an der Ostfront, weil er einsieht, dass er seine Pflicht tun muss.

Seine Hand wandert zu seinem Magen. Diesen winzigen Augenblick der Schwäche nutzt Sophie und sagt mit weicher Stimme:

Sophie: Gauben Sie denn noch an den Endsieg, Herr Mohr?

Mohr zögert, weicht der Antwort aus.

Mohr: Mensch, Fräulein Scholl, wenn Sie das alles bedacht hätten, da hätten Sie sich doch nie zu solchen Handlungen hinreißen lassen? Es geht um Ihr Leben!

Sophie starrt Mohr an. Sie weiß, dass es um ihr Leben geht, sie kann nicht anders. Mohr sieht ihre betroffene Sprachlosigkeit und setzt nach. Mohr liest Sophie den Text seines letzten Vorhaltes aus dem Gestapo-Protokoll vor:

Mohr: Hier … für das Protokoll halte ich Ihnen das vor: *(zitiert)* »Sind Sie nach unseren Aussprachen nicht doch zur Auffassung gekommen, dass Ihre Handlungsweise gemeinsam mit Ihrem Bruder gerade in der jetzigen Phase des Krieges als ein Verbrechen gegenüber der Gemeinschaft, insbesondere aber unserer im Osten schwer und hart kämpfenden Truppen anzusehen ist, das die schärfste Verurteilung finden muss?«

Sophie sieht, wie Mohr das Blatt sinken lässt und sie fast bittend anschaut. Sie antwortet zunächst nicht. Sophie ringt mit sich.

Sophie: Nein, von meinem Standpunkt aus nicht.

Mohr: Ihr eigener Verlobter liegt im Lazarett! Einen Fehler einzugestehen heißt nicht seinen Bruder zu verraten …

Sophie: … wohl aber die Idee. Ich würde es genauso wieder machen, denn nicht ich, sondern Sie haben die falsche Weltanschauung.

Sophie blickt in das steinerne Gesicht des Gestapo-Beamten.

Sophie: Ich bin nach wie vor der Meinung, dass ich das Beste für mein Volk getan habe, ich bereue es nicht und ich will die Folgen auf mich nehmen.

Sophie weiß, dass sie eine große Chance nicht genutzt hat. Mohr seufzt, schüttelt den Kopf. Er nimmt das Telefon ab und wählt.

Mohr: Protokollführerin zur Niederschrift … ja, sagen Sie dem Chef, wir sind dann fertig.

Sophie und Mohr starren sich an. Mohr wendet sich ab und löscht seine Zigarette. Er geht an das Waschbecken und wäscht sich die Hände.

Denkmal für die Weiße Rose* vor der Münchner Universität: Die Flugblätter wurden in den Boden eingelassen.

Hans Scholl, Sophie Scholl und Christoph Probst im Sommer 1942

- ● Informieren Sie sich über die historischen Hintergründe dieser Filmszene!
- ● Analysieren Sie den Filmausschnitt, wenn möglich unter Einbeziehung der filmischen Mittel!
- ● Stellen Sie (ausgehend von der Textfassung des Drehbuchs) in einer Grafik Mohrs und Sophies Prinzipien gegenüber!
- ● Vergleichen Sie die Bedeutung von Gewissen in dieser Szene mit den Gewissensverständnissen auf S. 38 f.!
- ● Hätte das Gewissen Sophie auch eine andere Entscheidung nahelegen können? Und hatte Mohr kein Gewissen? Diskutieren Sie!

Solange sie ihre Beweggründe glaubhaft darlegen können, dürfen Soldaten Befehle verweigern.

Mit Gewissen begabt

Der Mensch sieht, was vor Augen ist, Gott aber sieht das Herz an.
1 SAM 16,7 B

Erforsche mich, Gott, und erfahre mein Herz; prüfe mich und erfahre, wie ich's meine!
PS 139,23

Gewissensfreiheit

Art 1 Menschenrechte*: Alle Menschen sind frei und gleich an Würde und Rechten geboren. Sie sind mit Vernunft und Gewissen begabt und sollen einander im Geist der Brüderlichkeit begegnen.

Aus GG Art 4 (1): Die Freiheit des Glaubens, des Gewissens und die Freiheit des religiösen und weltanschaulichen Bekenntnisses sind unverletzlich.
(3) Niemand darf gegen sein Gewissen zum Kriegsdienst mit der Waffe gezwungen werden.

Eine Gewissensentscheidung ist »jede ernste sittliche, d. h. an den Kategorien von Gut und Böse orientierte Entscheidung, die der einzelne in einer bestimmten Lage als für sich bindend und innerlich unbedingt verpflichtend erfährt, so dass er gegen sie nicht ohne ernste Gewissensnot handeln könnte.« (BVerfGE 12,45)

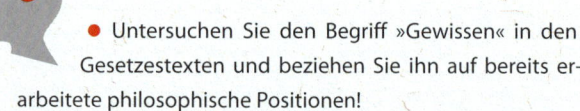

- Untersuchen Sie den Begriff »Gewissen« in den Gesetzestexten und beziehen Sie ihn auf bereits erarbeitete philosophische Positionen!
- Fassen Sie den Text von Schröder in Thesen zusammen!
- Die Steuern nicht bezahlen, weil davon Kriegseinsätze bezahlt werden / ein Zeitschriftenabo nicht mehr bezahlen, weil man den Inhalt der Zeitschrift ablehnt / eine Blutspende aus religiösen Gründen für sein Kind ablehnen … diskutieren Sie diese Beispiele und sammeln Sie weitere, bei denen die Berufung auf das Gewissen strittig ist!
- Diskutieren Sie S. Scholls Berufung auf ihr Gewissen (S. 40) vor dem Hintergrund des Schröder-Textes! Könnte man ihr auch »subtile Tyrannei« vorwerfen?
- »Weil wir niemandem ins Herz sehen können«. – Finden Sie theologische Begründungen für diesen Gedanken!

Gewissensfragen

Aus einem Vortrag von Richard Schröder, Theologe und Bundesverfassungsrichter a. D.

Bei Gewissensfragen oder Bekenntnisfragen geht es um ein Entweder-Oder, aber außerdem entscheide ich zugleich mit, wer ich bin oder sein will. Die Berufung auf die Gewissensfreiheit ist schwer oder gar nicht überprüfbar, weil wir niemandem ins Herz sehen können. Die Berufung auf die Gewissensfreiheit erfolgt aber immer nur dann, wenn jemand für sich eine Ausnahme verlangt, also im Konfliktfall. Deshalb muss die Besorgnis ernst genommen werden, eine exzessive Berufung auf die Gewissensfreiheit könnte, wenn ihr nach Art 4 regelmäßig, ohne Überprüfung, ob eine Gewissensfrage vorlag, stattgegeben wird, das Rechtssystem selbst gefährden, da es ja den Grundsatz der Gleichheit vor dem Recht aushebelt, und selbstverständlich immer nur, wenn es um Lästiges, nämlich Pflichten geht. Mit diesen Fragen sind die Gerichte und auch das Verfassungsgericht befasst, wenn es zu Konflikten kommt, bei denen sich eine Seite auf die Gewissensfreiheit beruft. Wem gar nichts heilig ist, wer also gar keine Tabus kennt, der wird für seine Mitmenschen unheimlich, weil niemand weiß, woran er mit ihm ist. Das ist die Weigerung, überhaupt ein Gewissen haben zu wollen. Es gibt aber auch die umgekehrte Strategie, Ermessensfragen zu Bekenntnis- oder Gewissensfragen zu stilisieren. Das ist die Strategie des Fanatismus, der jeden Kompromiss verweigert, weil es angeblich immer ums Ganze geht. Das vereinfacht die Orientierung, weil man bloß dafür oder dagegen sein muss, während es einige Mühe kostet, und auch angreifbar macht, das Für und Wider einigermaßen gerecht abzuwägen. Auch wenn sich solcher Fanatismus aufs Gewissen beruft, bleibt er doch, was er ist: eine subtile Tyrannei, »mein Wille geschehe – und deiner nicht und frag nicht, warum.« Die Berufung auf das Gewissen enthebt nicht der Pflicht, vor einem Wohlmeinenden die Gründe der Gewissensentscheidung darzulegen.

zum Denken verpflichtet

Hannah Arendt 👤 »Das Denken« (1973)

Die Idee, sich mit dem Denken zu beschäftigen, ist in ihr entstanden, als sie Adolf Eichmann 👤 vor Gericht in Jerusalem erlebte. Damals war sie wie vor den Kopf geschlagen angesichts dieses Mannes, der ungeheuerliche Taten begangen hatte und doch offenbar ganz gewöhnlich und durchschnittlich war. Auf diese Seichtheit wollte sie hinweisen, als sie von der »Banalität des Bösen« sprach.

Nun will Hannah Arendt der Frage nachgehen, welche Ursache dieses Böse hat, das so banal in Erscheinung tritt. Hannah Arendt meint, dass die Wurzeln des Bösen im Denken selbst liegen. Darum fragt sie: »Könnte vielleicht das Denken als solches – die Gewohnheit, alles zu untersuchen, was sich begibt oder die Aufmerksamkeit erregt, ohne Rücksicht auf die Ereignisse und den speziellen Inhalt – zu den Bedingungen gehören, die die Menschen davon abhalten oder geradezu dagegen prädisponieren, Böses zu tun?« Hannah Arendt beantwortet diese Frage mit Ja. Zu den Bedingungen des Denkens gehört für sie die von Sokrates gemachte Entdeckung, dass Denken nichts anderes ist als ein »stummes Zwiegespräch«. Wer denkt, der zieht sich zwar von der Welt und den Menschen zurück, er ist allein, aber er ist nicht einsam. Denn er begibt sich in Gesellschaft mit sich selbst und macht dabei die Erfahrung, dass er sich im Denken aufspaltet und sozusagen »Zwei-in-einem« ist.

So wie man Umgang mit anderen Menschen hat, so hat man im Denken also Umgang mit sich selbst. Auch hier gibt es ein Hin und Her von Frage und Antwort, von Rede und Widerrede. In dieser ursprünglichen »Dualität« können sich beide Seiten nicht voneinander abkoppeln, sie müssen zusammen »unter einem Dach« wohnen und sich irgendwie arrangieren. Oder anders gesagt: Ich muss mit mir auskommen.

Diese Notwendigkeit, in Übereinstimmung mit sich selbst zu sein, ist für Hannah Arendt die Quelle für das, was man üblicherweise Gewissen nennt. Dieses Gewissen, verstanden als inneres Gespräch, hält mich davon ab, Unrecht zu tun. Denn wer, so fragt Hannah Arendt, möchte schon mit einem Mörder oder Lügner zusammenleben müssen?

Wann immer jemand zu denken beginnt, setzt er dieses Zwiegespräch in Gang und weckt seinen inneren Partner. Ihm kann man nicht entkommen – es sei denn man hört auf zu denken. Das ist für Hannah Arendt bei Menschen wie Eichmann der Fall. Darum nennt sie ihn »gedankenlos«. *nacherzählt von A. Prinz*

Der Denker von Rodin in einer Fotomontage

Man hat doch nichts verbrochen.
Man ist ja auch nur ein Mensch.
Man lügt vielleicht schon mal.
Man muss sehen, wo man bleibt.
Man muss ja Rücksicht nehmen.
Man kann nicht, wie man will.
Man kann nicht aus seiner Haut.
Man kann nicht alles wissen.
Man schlägt sich so durch.
Man kann nichts dafür.
ICH
Lothar Zenetti

- ● Vergleichen Sie Hannah Arendts Überlegungen mit den Ansichten zum Gewissen auf den vorigen Seiten!
- ● Beziehen Sie das Zenetti-Gedicht auf Arendts Gedanken und formulieren Sie es zu einem Selbstgespräch um!
- ● Hannah Arendts These von der »Banalität des Bösen« hat für Aufsehen gesorgt. Informieren Sie sich über ihre Person und ihr Werk! Beziehen Sie ihre Position auf die Aggressionstheorien S. 24–27!
- ● Wie kann man »denken« in Hannah Arendts Sinn lernen? Entwickeln Sie Perspektiven für Unterricht, Schule und Bildung und formulieren Sie einen Abschnitt für eine Abiturrede!

gewissenlos – gedankenlos?!

Immer wieder

»Schon wieder!«

»Ein Teufelskreis.«

»Ich schaffe es einfach nicht.«

»Eigentlich wüsste ich es ja besser.«

Info

In Röm 7,7–25 beschreibt Paulus — hier ein Motiv der antiken Tragödie aufgreifend — in sehr emotionaler Diktion den tiefen Konflikt zwischen Wollen und Tun. Dieser Konflikt enthält seine ganze Schärfe dadurch, dass das »Ich« das »Gesetz«, d.h. Gottes Weisung für ein gutes Leben, genau kennt. An diesem Gesetz scheitern alle guten Vorsätze immer wieder, doch das liegt nicht am Gesetz, sondern daran, dass der Mensch aus seiner Entfremdung von Gott und den Menschen (»Sünde«) nicht herauskommt — ein Teufelskreis, der nur durch Christus aufgebrochen werden kann (V. 25).

Paulus spricht in diesem Zusammenhang vom »geistlichen« und vom »fleischlichen« Menschen und meint dabei nicht (im Sinne eines körperfeindlichen Dualismus) »Körper« und »Seele«, sondern die beiden widerstreitenden Seiten im Menschen: der Mensch, der Gott liebt, und der Mensch, der in seinem verkehrten Leben gefangen ist. Mit dem »Ich« spielt Paulus wohl einerseits auf seine eigene Biographie an (vgl. Gal 1; Apg 9 ⑦), andererseits macht er grundsätzliche Aussagen über den Menschen.

Denn das Gute, das ich will, das tue ich nicht; sondern das Böse, das ich nicht will, das tue ich. Wenn ich aber tue, was ich nicht will, so tue nicht ich es, sondern die Sünde, die in mir wohnt. So finde ich nun das Gesetz, dass mir, der ich das Gute tun will, das Böse anhängt. Denn ich habe Lust an Gottes Gesetz nach dem inwendigen Menschen. Ich sehe aber ein anderes Gesetz in meinen Gliedern, das widerstreitet dem Gesetz in meinem Gemüt und hält mich gefangen im Gesetz der Sünde, das in meinen Gliedern ist. Ich elender Mensch! Wer wird mich erlösen von diesem todverfallenen Leibe? Dank sei dir durch Jesus Christus, unsern Herrn! RÖM 7,19–25 A

Antoni Tàpies, Petjades sobre fons blanc, 1965

Allergy, Teufelskreis

Schnell und schneller drehst Du Dich / Im Kreis der Emotionen / Keiner trägt dafür die Schuld / Du hast Dich selbst betrogen / Viel zu lang im falschen Spiel / Dein Lachen ist erfror'n / Sahst wie der sich're Sieger aus / Hoch gesetzt und doch verlor'n / *Schenk Dir selbst die Freiheit / Gefangen bist Du nicht / Leb ein bess'res Leben / Bevor Dein Wille bricht* / Auf zu neuen Ufern / Verlass Dein altes Bild / Und zeichne Dir ein neues / Das Deine Sehnsucht stillt / Wieviele Runden willst Du noch / Auf alten Bahnen zieh'n / Start und Ziel, sie bleiben gleich / Musst aus dem Teufelskreis entflieh'n / Löse die Umklammerung / Und such nach neuen Wegen / Die Zeit ist längst schon reif dafür / Stemm' Dich nicht dagegen / *Schenk Dir selbst die Freiheit ...*

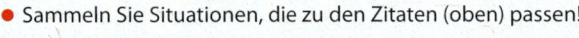

- Sammeln Sie Situationen, die zu den Zitaten (oben) passen!
- Lesen Sie den gesamten Text Röm* 7,7–25; schreiben Sie schwierige Begriffe und Ihnen fremde Gedanken heraus, formulieren Sie Fragen!
- Probieren Sie ein Texttheater zu Röm 7 oder geben Sie den widerstreitenden Kräften im Menschen eine Stimme!
- Interpretieren Sie das Bild und beziehen Sie es auf den Bibel- und den Liedtext!
- Vergleichen Sie die Aussagen des Liedtextes mit denen des Paulus!
- Lassen Sie sich durch Röm 7 zu einem eigenen Liedtext inspirieren!

Zitate Luthers zum Gewissen

»Mein Gewissen ist gefangen in Gottes Wort. Ich kann und will nichts widerrufen, weil weder sicher noch geraten ist, etwas wider das Gewissen zu tun.«

»So oft Gottes Wort gepredigt wird, macht es weite, fröhliche, sichere Gewissen, denn es ist eine Botschaft der Gnade und der Vergebung.«

»Wer mit Traurigkeit, Verzweiflung oder anderem Herzeleid geplagt wird und einen Wurm im Gewissen hat, derselbe halte sich ernstlich an den Trost des göttlichen Wortes, danach so esse und trinke er und trachte nach Gesellschaft und Gespräch gottseliger und christlicher Leute, so wird's besser mit ihm werden.«

»Verlacht den Feind und sucht Euch jemand, mit dem Ihr plaudern könnt [...] oder trinkt mehr, oder scherzt, treibt Kurzweil oder sonst etwas Heiteres. Man muss bisweilen mehr trinken, spielen, Kurzweil treiben und dabei sogar irgendeine Sünde riskieren, um dem Teufel Abscheu und Verachtung zu zeigen, damit wir ihm ja keine Gelegenheit geben, uns aus Kleinigkeiten eine Gewissenssache zu machen [...] Wenn ich doch so etwas wie eine aufzufallende Sünde aufzuweisen hätte, nur um damit den Teufel zu foppen, damit er erkennt, dass ich keine Sünde anerkenne und mir keiner Sünde bewusst bin!«

»Erlöster müssten mir die Christen aussehen, wenn ich an ihren Erlöser glauben sollte.« Nietzsche

info

Martin Luthers Gewissensverständnis

Martin Luther bestritt, dass der Mensch (wie im Mittelalter gelehrt wurde) eine naturhafte Anlage habe, das Gute irrtumsfrei zu erkennen (und das Gute dann auch zu wollen). So lange das Gewissen nicht »an Gottes Wort gebunden« ist, ist es ein »irrendes« Gewissen, das den Menschen, der auf sich selbst schaut, anklagen und schuldig sprechen muss. Christus hat dieses Gewissen entmachtet: Im Glauben darf der Mensch dessen gewiss sein, dass ihm – unverdienterweise – seine Sünde vergeben ist. Das solchermaßen getröstete und befreite Gewissen vertraut auf Gott und lässt sich von seinem Willen in Pflicht nehmen.

Das Gewissen ist der Ort im Menschen, an dem sich entscheidet, woran der Mensch gebunden ist. Das, was Luther unter gutem Gewissen, unter einem befreiten Gewissen versteht, gibt es nur im Glauben, im Vertrauen auf das Wort Gottes. Erst der Glaube macht das Gewissen frei, schafft Gewissensfreiheit. Allerdings muss das befreite, getröstete, mutige Gewissen beständig gegen das schlechte, anklagende Gewissen kämpfen, sowie der Glaube sich in beständigem Widerstreit mit dem Unglauben befindet.

Das im Vertrauen auf Gott befreite und deshalb freie Gewissen kann auch zur Freiheit gegenüber äußeren Zwängen befähigen; es kann auch z. B. dazu motivieren, gegenüber menschlichen Autoritäten »Gewissensfreiheit« zu verteidigen.   *Karl F. Haag*

- Beziehen Sie die Lutherzitate und die Bildmontage (von der EKD anlässlich der Lutherdekade veröffentlicht) auf die Info und ziehen Sie Verbindungen zur Rechtfertigungslehre!
- Entdecken Sie Motive aus Luthers Biographie in seinen Gedanken zum Gewissen! ⑧
- Vergleichen Sie Luthers Verständnis von »Gewissensfreiheit« mit den philosophischen Gewissenstheorien und den Aussagen Sophie Scholls (S. 39–41)!
- Luther war nicht nur Prediger, Übersetzer und Verfasser theologischer Schriften, sondern auch ein begnadeter Seelsorger. »Übersetzen« Sie seine Ratschläge in den Zitaten links für ein modernes Ratgeberbuch!

Zur Verantwortung

Ausschnitt aus dem Film »Die letzte Stufe«

5. Szene:
Bonhoeffer hat sich dem Widerstand angeschlossen. In der Wohnung seines Schwagers Dohnany wird ein Attentat vorbereitet, das Gersdorff  ausführen soll. Dohnany übergibt G. den Sprengsatz.

Dohnany: Kommen Sie näher, von Gersdorff! *(bereitet die Bombe vor)* Beste britische Chemikalien. Abwehrbestände. Scharf gemacht wird sie hier und gezündet hier.
Gersdorff: In Ordnung.
Bonhoeffer *(erschrocken)*: In die Manteltasche? Moment mal – Sie wollen die in Ihrer Manteltasche zünden? Das ist doch Selbstmord!
Gersdorff: Aber ich nehm ihn mit in den Tod.
Bonhoeffer: Warum zeigt ihr mir das alles? Warum bin ich hier?
Gersdorff *(zu B.)*: Wird Gott mir vergeben?
Bonhoeffer: Ich weiß es nicht. Ich weiß nur, dass unser Gott gnädig ist und verzeiht.
Gersdorff: Segnen Sie mich bitte?
Bonhoeffer *(nach längerem Nachdenken, freundlich, aber ohne Segensgeste)*: Denken Sie immer an die Worte Jesu: Größere Liebe hat niemand als der, der sein Leben lässt für seine Freunde.

- Sehen Sie, wenn möglich, die Filmszene an und analysieren Sie den Dialog!
- Fassen Sie Bonhoeffers eigenen Text zusammen und beziehen Sie ihn auf den Filmausschnitt! Bei der Entschlüsselung des Textes kann eine Skizze helfen, in der Sie die Gegensätze visualisieren: natürliches Gewissen – befreites Gewissen ; Autonomie – jenseits des Ichs usw.

Dietrich Bonhoeffer , Über das Gewissen

Aus: Die Geschichte und das Gute
Richtig ist, dass es niemals geraten sein kann, wider das eigene Gewissen zu handeln. Darin ist sich alle christliche Ethik einig. Aber was bedeutet das? Das Gewissen ist der aus einer Tiefe jenseits des eigenen Willens und der eigenen Vernunft sich zu Gehör bringende Ruf der menschlichen Existenz zur Einheit mit sich selbst. Es erscheint als Anklage gegen die verlorene Einheit und als Warnung vor dem sich selbst Verlieren. Es ist primär nicht auf ein bestimmtes Tun, sondern auf ein bestimmtes Sein gerichtet. [...]
Der Gewissensruf im natürlichen Menschen ist der Versuch des Ich, sich in seinem Wissen um Gut und Böse vor Gott, vor den Menschen und vor sich selbst zu rechtfertigen und in dieser Selbstrechtfertigung bestehen zu können. [...]
Die große Veränderung tritt in dem Augenblick ein, in dem die Einheit der menschlichen Existenz nicht mehr in ihrer Autonomie* besteht, sondern – durch das Wunder des Glaubens – jenseits des eigenen Ich und seines Gesetzes, in Jesus Christus gefunden wird. [...]
Das natürliche – und sei es das rigoroseste – Gewissen erweist sich nun als die gottloseste Selbstrechtfertigung, es wird überwunden durch das in Jesus Christus befreite Gewissen, das zur Einheit mit mir selbst in Jesus Christus ruft. Jesus Christus ist mein Gewissen geworden. Das bedeutet, dass ich die Einheit mit mir selbst nur noch in der Hingabe meines Ich an Gott und die Menschen finden kann. [...]
Das vom Gesetz befreite Gewissen wird das Eintreten in fremde Schuld um des anderen Menschen willen nicht scheuen, es wird sich vielmehr gerade so in seiner Reinheit erweisen. Das befreite Gewissen ist nicht ängstlich, wie das an das Gesetz gebundene, sondern weit geöffnet für den Nächsten und seine konkrete Not. [...]
Wer in Verantwortung Schuld auf sich nimmt – und kein Verantwortlicher kann dem entgehen – der rechnet sich selbst und keinem anderen diese Schuld zu und steht für sie ein, verantwortet sie. Er tut es nicht in dem frevelnden Übermut seiner Macht, sondern in der Erkenntnis, zu dieser Freiheit genötigt und in ihr auf Gnade angewiesen zu sein.

Motiv der Fastenaktion 2013 »7 Wochen ohne«

Ohne Schuld?

Eine Theologie des Kreuzes stellt jedes ethische Konzept vor die Frage, ob Handeln überhaupt ohne Schuld möglich ist. Schließt nicht das Wahrnehmen von Verantwortung unter den komplexen Bedingungen der Geschichte zwangsläufig Schuld ein – oder zumindest die ständige Bereitschaft, handelnd schuldig zu werden? Gibt es in Fragen der Medizinethik, der Friedens- und Sicherheitspolitik, der Welternährung oder der Energiegewinnung Handlungsalternativen, die klar in Gut oder Schlecht zu trennen sind? Lassen sich persönliche Konflikte in jedem Fall schuldfrei auflösen?

Dem Menschenbild der Bibel entspricht weder moralische Schwarz-Weiß-Malerei noch wertfreie Prinzipienlosigkeit, sondern die im Einzelfall mühsame und oft strittige Unterscheidung des relativ Besseren vom Schlechteren. Ethik enthält immer das Moment des »Trotzdem« und setzt die im Kainsmal* symbolisierte Beziehungstreue Gottes zum sündigen Menschen voraus. Politiker können unter folgenschweren Abwägungen leiden. Soldaten, die in der Friedenserhaltung dienenden Einsätzen Menschen getötet haben, können in eigenen Schuldvorwürfen gefangen sein und den Lebensmut verlieren.

Der Theologe Dietrich Bonhoeffer war an der Vorbereitung des Hitler-Attentates vom 20. Juli 1944 beteiligt. Die Bereitschaft, handelnd Schuld zu übernehmen, verstand er als praktische Einstimmung in das Evangelium von Gottes Liebe, die im Kreuz alles trägt: »Wer sich in der Verantwortung der Schuld entziehen will, löst sich aus der letzten Wirklichkeit des menschlichen Daseins, löst sich aber auch aus dem erlösenden Geheimnis des sündlosen Schuldtragens Jesu Christi und hat keinen Anteil an der göttlichen Rechtfertigung, die über diesem Ereignis liegt.« Nicht schuldig werden und sich aus moralischer Verstrickung heraushalten zu wollen, ist für Bonhoeffer selbstsüchtiger Verrat am christlichen Glauben, dient es doch dem moralischen Egoismus und sucht eigene Gerechtigkeit abseits des Kreuzes Jesu.

Klaus Beckmann

- Analysieren Sie das Plakat und setzen Sie es in Beziehung zum Plakat der 7-Wochen-ohne-Aktion 2011, das Sie von S. 20 kennen!
- Fassen Sie den Text von K. Beckmann in Thesen zusammen!
- Setzen Sie den Text in Beziehung zu Beckmanns Aufgabe als Militärpfarrer, u. a. in Afghanistan!
- Schuldlos geht es nicht – sammeln Sie Beispiele (einige sind im Text genannt); bearbeiten Sie in Gruppen »uneindeutige« Situationen und beurteilen Sie sie aus der Sicht eines evangelischen Gewissensverständnisses!

»Esto peccator et pecca fortiter, sed fortius fide et gaude in Christo.«
Martin Luther

Klaus Beckmann als Militärpfarrer in Afghanistan bei der Taufe eines Soldaten

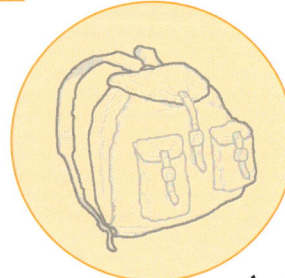

im Zusammenhang

Armstrong beim TV-Geständnis: Oprahs Beicht-Imperium

Des Dopings überführt: Armstrong gesteht vor laufender Kamera in der Oprah Winfrey Show und bezieht Stellung.

Von Marc Pitzke (Spiegel online, 16. Januar 2013)

Lance Armstrong 👤 hat TV-Beichtmutter Oprah Winfrey 👤 für sein Doping-Geständnis gewählt. Kein Zufall: Die Talk-Queen herrscht über eine Vermarktungsmaschine aus Schuld, Sühne, Profit. Und auch sie braucht das Interview. Gemeinsam verklären sie Dopingbetrug zum Hollywood-Drehbuch – Happy End inklusive.

In der katholischen Kirche verheißt das Sakrament* der Beichte Erlösung von »Todsünden und lässlichen Sünden«, per priesterlicher Lossprechungsformel. Im US-Mediengeschäft verheißt das Sakrament der TV-Beichte Erlösung von VIP-Sünden und PR-Desastern – und die Hohepriesterin, die die Sünder losspricht, heißt Oprah Winfrey.

»Du gehst nicht zu Oprah, um zu gestehen«, weiß Don Van Natta, der den Fall Armstrong als Reporter des US-Sportsenders ESPN eng begleitet. »Du gehst zu Oprah, um Vergebung zu finden.« Oder zumindest inszenierten Schulderlass und ein letztes Millionenpublikum.

Zitate aus dem Interview (Übersetzung):

Armstrong: … Ich möchte einleiten, indem ich sage: Jetzt ist es zu spät. Für die wahrscheinlich meisten Leute ist es zu spät, und das ist meine Schuld. Ich sehe die ganze Situation als eine große Lüge, und ich habe viele davon *(Lügen, Anm.)* wiederholt …

***

Sie sagten vorhin, dass Sie nicht glaubten, dass es möglich war, ohne Doping zu gewinnen.

Nicht in der Generation. Ich bin nicht hier, um über andere in der Generation zu sprechen, das wurde hinreichend dokumentiert. Ich habe die Kultur nicht erfunden, ich habe aber auch nicht versucht, sie aufzuhalten. Das ist mein Fehler und das tut mir leid. Der Sport bezahlt jetzt den Preis dafür. Das tut mir leid.

***

Welche charakterliche Schwäche ließ Sie alles riskieren?

Ich glaube, es war einfach dieses rücksichtslose Verlangen, zu gewinnen, um jeden Preis. Es kam mir im Radsport zugute und während der Krankheit, aber das Ausmaß, das

es annahm, ist eine Charakterschwäche. Und dann ist da diese Unnachgiebigkeit, diese Frechheit und Arroganz.

***

Ich habe einige Fehler in meinem Leben gemacht, das steht fest. *(O. W. zeigt einen alten Videoclip, in dem sich L. A. ziemlich arrogant präsentiert.)* Das ist nicht einer, an den ich oft denke. Aber jetzt, wo ich es sehe …

Ist es Ihnen peinlich, wenn Sie sich das jetzt ansehen, schämen Sie sich, fühlen Sie sich gedemütigt?

Es ist mir zweifellos peinlich. Das war mein letzter Tag bei der Tour, ich zog mich direkt danach aus dem Wettkampfsport zurück. Und damit verabschiedest du dich? Das kannst du wirklich besser, Lance! Das war lahm!

***

War Doping eine große Sache für Sie, hat es sich unrecht angefühlt?

Damals? Nein.

Sie haben es nicht einmal als falsch empfunden.

Das ist beängstigend.

Haben Sie sich schlecht dabei gefühlt?

Nein. Das ist noch beängstigender.

Fanden Sie, dass Sie betrügen würden?

Nein. Das ist wohl das Beängstigendste.

***

Ich war in einer Art Rausch (»in the zone«). Es war nicht die perfekte Welt und das war auch nicht die glücklichste Zeit meines Lebens. Ich kann Ihnen im vollen Ernst sagen, dass ich heute glücklicher bin als damals, aus einer Reihe an Gründen.

- Arbeiten Sie aus den Interviewzitaten Themen des Kapitels (Schuld, Scham, Geständnis, »Wieder gut«, Gewissen usw.) heraus!
- Die Fernsehbeichte als Ritual: Vergleichen Sie diese mit dem christlichem Verständnis von Sünde und Vergebung!
- Finden Sie andere Beispiele des Umgangs mit »Sündern« in den Medien!
- Entwerfen Sie einen Leserbrief, in welchem Sie das Ritual der Fernsehbeichte aus medienethischer Perspektive bewerten!

»PRÜFT ALLES!«

Hilft Denken beim Handeln?

Kommt es auf mich an?

Heiligt der Zweck die Mittel?

Ist der Gute glücklich?

Ist gut, was zu mir passt?

Ist gut gemeint gut genug?

Brauchen Christen Gesetze?

Wer trägt die meiste Verantwortung?

Kapitel 3

»Prüft alles ...

Zufriedenheit im Job:
Wenn Geld und Macht nicht mehr locken

WAHLBETEILIGUNG
höher als bei letzter Wahl

EKD mahnt:
Kinder und Jugendliche vor Übergriffen im Internet schützen

»Da musste ich einfach eingreifen.«

Wie werde ich glücklich?

Passt das zu mir?

Hätte ich mich früher anders entschieden?

Was würden meine Eltern und Freunde sagen?

Würde sich ein Mann anders entscheiden?

Was würde Jesus tun?

Gibt es die richtige Entscheidung?

Was passiert danach?

Wo liegen die Grenzen?

Was hat das mit mir zu tun?

Entscheidet letztlich die Weltsicht?

KLAGE gegen Luftsicherheitsgesetz zugelassen –
Abschussrecht im **BEDROHUNGSFALL** wird geprüft

*»Entschuldigung. Der Bus kam einfach nicht. Ich
habe über 20 Minuten warten müssen.«*

Spicker

werden immer trickreicher

Was kann ich verän- dern?

Muss ich mich ent- scheiden?

Entscheidet letztlich die Weltsicht?

Macht Christsein einen Unter- schied?

Wie viele ziehen daraus einen Nutzen?

Was wäre mir das wert?

Und wenn ich damit unglücklich bin?

Welche Normen bringen mich weiter?

Was genau ist hier eigentlich die Frage?

Was verändert ein System?

Sind Ausnahmen erlaubt?

Wer ist verantwort- lich?

Was sagt mein Gewissen?

Gutes Leben

Da also jede Erkenntnis und jeder Entschluss nach irgendeinem Guten strebt, welches ist das oberste aller praktischen Güter? Im Namen stimmen wohl die meisten überein. Glückseligkeit nennen es die Leute ebenso wie die Gebildeten und setzen das Gut-Leben und das Sich-gut-Verhalten gleich mit dem Glückseligsein. Was aber die Glückseligkeit sei, darüber streiten sie.

Aristoteles, Nikomachische Ethik

info

Was ist Ethik?

Ethik wird allgemein meist als Theorie menschlicher Lebensführung oder als Reflexionstheorie von Moral*, also als eine Form kritischen Nachdenkens verstanden. ⑩ Allerdings kann ihr Gegenstand nicht nur die Frage sein »Wie soll ich handeln?« (I. Kant) bzw. entscheiden, sondern auch, was gutes Leben ist und wie ich leben sollte, um glücklich zu sein. Dieses Verständnis geht auf den Begründer wissenschaftlicher Ethik, Aristoteles 👤, selbst zurück und bezeichnet eher eine Lebenskunst. Hinter beiden Fragerichtungen der Ethik stehen Vorstellungen eines sinnvollen menschlichen Lebens und Erfahrungen, dass Leben als misslungen empfunden werden kann. Nimmt man solche Fragen in den Blick, die sich eher auf Einzelpersonen beziehen, spricht man von *Individualethik*. *Sozialethik* hingegen untersucht überindividuelle, insbesondere gesellschaftliche bzw. globale Zusammenhänge.

Glück als Schulfach

Die Inhalte sind an allen Schulen ähnlich und geprägt von Erkenntnissen aus Psychologie und Soziologie, aber auch von Praktischem: Auf dem Stundenplan stehen das Zusammenspiel in der Gemeinschaft, sich das Glück im Alltag bewusst zu machen, die eigenen Stärken und Schwächen zu entdecken und sich selbst Ziele zu setzen, sich im eigenen Körper wohlzufühlen, Gesundheit, Ernährung, Sport – aber ohne Leistungsdruck –, Theaterspielen. Ernst Gehmacher, Soziologe und Glücksforscher in Wien, fasst das prägnant zusammen: »Ich spreche immer von den drei großen F: Fitness, Freunde und Freude an dem, was man tut.«

Nicole Walter

Es gibt eine »Diktatur des Glücks«

Grundsätzlich ist es ja erfreulich, dass Glück einen so hohen Stellenwert hat. Zu lange ging es in der Geschichte nur um Pflicht. Aber man kann alles übertreiben: Wenn Menschen sich unter Druck gesetzt fühlen, unbedingt glücklich zu sein, und deswegen erst unglücklich werden, dann läuft was falsch. Es gibt nämlich etwas Wichtigeres als Glück: den Sinn im Leben. Sinn erwächst u. a. aus dem Engagement für andere Menschen. Am stärksten empfindet man Sinn, wenn man liebt. Egal, wen oder was. Wenn eine Liebe verloren geht, fühlen sich Menschen in einer absoluten Sinnlosigkeit und Verzweiflung. Daraus kann man folgern: Sinn entsteht da, wo es Beziehungen gibt.

Wilhelm Schmid, Autor des Buches »Unglücklich sein«

Hilfreiche Fragen?

- Bewerten Sie die Fragen auf dem Spielfeld! – Welche könnten sich noch im Stapel auf S. 50 befinden?
- Suchen Sie nach Gemeinsamkeiten zwischen einzelnen Fragen! – Prüfen Sie, ob sie sich auf die Schritte ethischer Urteilsfindung* von E. Tödt ⑩ beziehen lassen!

Ethik in der Schule

- Identifizieren Sie Situationen im Rahmen der Schule, in denen Ethik (Info) zum Thema wird!
- Der Ethikkurs beschäftigt sich mit »Glück« im Rahmen von »Sinnorientierung und Lebensgestaltung«. Stellen Sie Zusammenhänge zu obigen Textauszügen her und spekulieren Sie über Inhalte! Erinnern Sie sich, ob bzw. in welchen Zusammenhängen in Religion schon von Glück die Rede war!
- Glück als Schulfach? Diskutieren Sie, ob Glück lehrbar ist!

Anlässe ethischen Nachdenkens (S. 50 f.)

- Beschreiben Sie S. 50 f. und formulieren Sie Deutungsansätze: Überlegen Sie mögliche Ziele des Spiels und unterschiedliche Möglichkeiten, wie man auf diesem Spielfeld »vorankommen« kann! Welche Funktionen könnten die Würfel übernehmen?
- Oberhalb des Spielfelds sind Problemstellungen angedeutet, in denen ethisches Nachdenken nötig wird. Ordnen Sie sie nach Kriterien wie Alltagsnähe, Bedeutsamkeit, Komplexität, Lebensstil etc. und tauschen Sie sich über die Gründe für Ihre Entscheidungen aus!
- Untersuchen Sie, was die auf S. 50 f. angedeuteten Situationen bzw. Problemstellungen gemeinsam haben!
- Beziehen Sie Ihre Ergebnisse auf die Inhalte dieser Seite!

Welten des »als ob«

Alle kulturellen Medien geben uns Zutritt zu Welten, an denen wir teilhaben können, wenn wir bereit sind, uns auf ihr Grundprinzip einzulassen: das »so tun als ob«. Mit der Formulierung des »so tun als ob« benennen wir generell eine kulturelle Haltung, die die Existenz von Menschen bewohnter künstlicher Welten möglich macht.

Klaus Spieler

Der Unterricht als Proberaum

Der Raum des Unterrichts ist gleichsam ein Raum, in dem erprobt und getestet wird, welche tragfähigen Urteile sich zu spezifischen Themen einstellen. Der Lernraum der Einübung ist also ein artifizieller Raum, der freilich auf mögliche zukünftige Urteile ausgreift, ohne diese vorwegnehmen zu können. Die Bestimmung als »artifiziell« bedeutet aber keineswegs eine Abwertung; vielmehr ermöglicht es gerade diese »Künstlichkeit«, sich im Raum von möglichen Urteilen aufzuhalten. Im Unterricht kann dies gemeinsam geschehen; diese Erfahrung, dass der einzelne mit dem Urteilen nicht mit sich selbst allein bleibt, macht die Besonderheit dieser Lernform der Einübung an der Schule aus.

Zugleich zeigt sich in der Einübung auch der *Raum*, auf Bewertungen und Urteile zurückzugreifen, die sich bereits bewährt haben und das gute Leben vor Augen führen, das in der jetzt-dringlichen Situation neu zur Disposition steht. [...] Dabei stoßen [Schülerinnen und Schüler] vor allem auf Unterscheidungen, die es ihnen ermöglichen, sich mit guten Gründen orientieren zu lernen. Weil ethisches Urteilen und Handeln nicht vertretbar ist und auf die unausweichlich eigene Kompetenz und das je eigene Urteil ausgerichtet ist, muss seine Wahrnehmung vielfältige Faktoren reflektieren. Das Einüben ethischen Argumentierens dient also in Lernprozessen dem Erwerb moralischer Haltungen und leitet zu einer differenzierten Wahrnehmung der Möglichkeiten an, die sich in Hinsicht einer dringlichen Situation stellen. Letztlich könnte man das ethische Lernen als die Einübung in Unterscheidungen verstehen, die den Einzelnen dazu befähigen, das, was sich im Leben vollzieht, wahrzunehmen und auf dem Hintergrund solcher Unterscheidungen zu reflektieren. Dabei werden vorläufige Urteile möglich [...].

Ingrid Schoberth

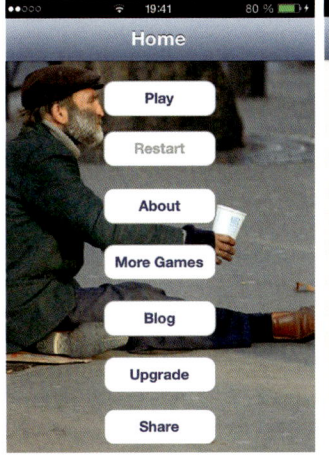

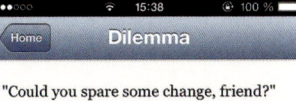

Seit mehreren Jahren gibt es sog. Serious Games, bei denen sich der Spieler aktiv in den Entscheidungsprozess des Spiels einbringt und dabei gleichzeitig Informationen zu unterschiedlichen Themen sammelt. In dieser Rollenspiel-App entscheidet der Spieler in einer Reihe ethischer Dilemmata*, was die richtige und was die falsche Entscheidung ist: »... Er trägt Lumpen und ich kann seine Schnapsfahne riechen. Wenn ich ihm das Geld gebe, wird er sich wahrscheinlich gleich eine Menge Alkohol besorgen. Das ist aber sehr voreingenommen (von mir) und er ist ohnehin wirklich vom Glück verlassen. Nach einer kleinen inneren Auseinandersetzung entscheide ich (mich): Dem Landstreicher Geld zu geben, ist ...«

- Geben Sie die Problemstellung der App (oben) in eigenen Worten wieder und begründen Sie, ob es sich Ihres Erachtens um ein Spiel handelt!
- »Play«: Wie würden Sie entscheiden?
- »Restart« und »Blog«: Begründen Sie, ob diese Buttons nicht eigentlich überflüssig sind!
- »More Games«? Diskutieren Sie, ob Serious Games ein sinnvolles Genre sind!
- Das »so tun als ob« ist für K. Spieler eine grundlegende menschliche Fähigkeit. Prüfen Sie seine These an Beispielen!
- Fassen Sie I. Schoberths Überlegungen in drei bis vier Thesen zusammen! – Diskutieren Sie, ob man den Religionsunterricht als eine künstliche Spielewelt im Sinne K. Spielers verstehen kann!
- Sie beschäftigen sich in den nächsten Stunden mit Ethik. Sammeln Sie, was ist Ihnen dabei wichtig ist!

Ohne »als ob« keine Spielräume.

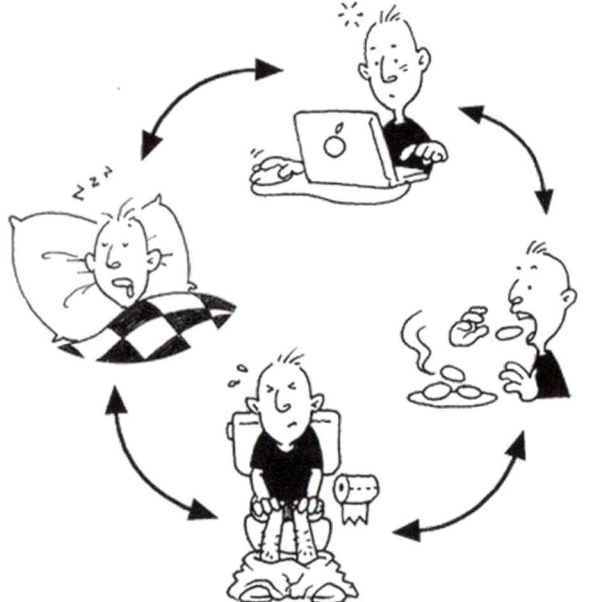

»Auf dich kann man sich einfach verlassen.«
»Das macht man einfach so.«
»Dein großer Bruder ist immer pünktlich!«
»Vielen Dank fürs Aufhalten!«

Routinen, Tugenden

Ethik im Alltag

Der Alltag unseres verantwortlichen Wählens von Einzelaktionen und Regeln des Interagierens verläuft weithin in Formen der Routine. Wir würden unseren Alltag nicht meistern können, wenn wir nicht in routinierter Weise mit den durchschnittlichen Anforderungen fertig werden könnten. Zwar wird durch solche Routine der Charakter des Wählens und damit auch der Verantwortlichkeit unserer Lebensführung nie außer Kraft gesetzt, aber glücklicherweise werden wir nicht bei allen verantwortlichen Entscheidungen unseres Alltags auch tatsächlich zur Verantwortung gezogen.

Denn zum Glück kommen solche Situationen der expliziten Rechenschaftspflicht nur unter besonderen Bedingungen zustande, nämlich nur dann, wenn wir ausdrücklich auf unser Handeln angesprochen werden oder aber wenn es zu einer Hemmung in unserer Alltagsroutine des Wählens kommt. Solche Situationen bringen uns zur Besinnung auf die Gründe unseres Wählens und auf die uns leitenden Kriterien der Vorzugswürdigkeit just der von uns gewählten oder zu wählenden Möglichkeiten unseres Verhaltens oder unserer Verhaltensregeln gegenüber der Möglichkeit, ein anderes Verhalten oder eine andere Verhaltensregel zu wählen. Auf solche Herausforderungen braucht man nicht immer prompt und sofort, »wie aus der Pistole geschossen«, zu antworten, aber schließlich kann man die Antwort nicht vermeiden.

Eilert Herms

info
Tugend

Tugend (ahd. *tugund:* Tüchtigkeit, Brauchbarkeit) ist in der antiken Philosophie ein zentraler Begriff (griech. *arete,* lat. *virtus*) und bezeichnet das »Ideal der (Selbst-) Erziehung zu einer menschlich vortrefflichen Persönlichkeit«, die ein gutes Leben ermöglicht. »Tugend ist eine durch fortgesetzte Übung erworbene Lebenshaltung, das sittlich Gute zu verfolgen, so dass es weder aus Zufall noch aus Gewohnheit oder sozialem Zwang, sondern aus Freiheit einer sittlich gebildeten Persönlichkeit heraus geschieht.« (O. Höffe) Dabei sind Tugenden wie Klugheit, Gerechtigkeit, Tapferkeit, Hilfsbereitschaft, Sanftmut, Wahrhaftigkeit, Höflichkeit und Einfühlsamkeit im Blick. In der Gegenwart ist der Begriff umstritten, sofern darunter sog. Sekundärtugenden wie Sparsamkeit, Fleiß, Pünktlichkeit, Disziplin verstanden werden, die zum reibungslosen Ablauf einer bürgerlichen Gesellschaft beitragen, aber auch für Unmenschlichkeit missbraucht werden können (wie z. B. in der Zeit des Nationalsozialismus).

- Diskutieren Sie die Unterscheidung zwischen sog. Primär- und Sekundärtugenden und wenden Sie sie auf die Zitate oben an! Ergänzen Sie eigene Beispiele!
- Charakterisieren Sie die Sicht auf Alltag, die in der Karikatur zum Ausdruck kommt, und imaginieren Sie Gegenmodelle!

- Gehen Sie in Gedanken den heutigen oder gestrigen Tag durch: Wo haben Sie echte Entscheidungen getroffen? Und wo sind sie zum Thema geworden? – Beziehen Sie Ihre Beobachtungen auf die Überlegungen von E. Herms!
- E. Herms spricht einerseits von »Wählen« und »Gründen«, andererseits von »Routine« – Prüfen Sie, ob sich diese Spannung auflösen lässt!
- Man unterscheidet zwischen Alltags*-, Entscheidungs*- und Konfliktethik*[10]. Diskutieren Sie unter Bezug auf Materialien von S. 50 f., wie sinnvoll diese Unterscheidung ist!
- In der Antike wird ein tugendhaftes Leben als Grundlage eines glücklichen Lebens angesehen. Prüfen Sie ausgehend von der Info Zusammenhänge zwischen Alltagsroutinen und Tugenden!

Werte machen stark

Logo der bayernweiten und schulartübergreifenden Intiative des Kultusministeriums. Im Lehrplan heißt es z. B.: »Wer ein Gymnasium erfolgreich besucht, [...] erfährt eine Werteerziehung, die ihn seiner selbst sicher macht und ihn zur gesicherten Urteilsbildung befähigt.«

Was sind Werte, was Normen?

Werte und Normen werden in der öffentlichen Debatte und in der Erziehungsliteratur ständig in einem Atemzug genannt, als wären sie irgendwie dasselbe. Ich behaupte: Werte sind attraktiv und Normen sind restriktiv. Normen schließen bestimmte Möglichkeiten, die ich eigentlich hätte, als moralisch* oder rechtlich unzulässig aus. Werte sind etwas ganz anderes. Werte sind attraktiv. Man kann auch sagen, sie sind konstitutiv, das heißt, Werte bringen mich überhaupt erst auf Ideen, bestimmte Sachen zu tun, indem ich z. B. ein intensives personales Vorbild habe, an dem ich mich orientiere, und dadurch überhaupt erst auf die Idee komme, über mein bisheriges Ich irgendwie hinauszuwachsen.

Werte sind für mich auch nicht einfach Wünsche, auch nicht, wie Ökonomen meinen, langfristige oder langfristig stabile Wünsche, sondern Vorstellungen über das Wünschenswerte. Sie sind nicht emotional neutrale Vorstellungen. Sie sind selber hochgradig emotional besetzt. Eine Definition von Wert lautet deshalb: Werte sind stark emotional besetzte Vorstellungen darüber, was eigentlich wahrhaftig des Wünschens wert ist. *Hans Joas*

- ● »Was wahrhaftig des Wünschens wert ist.« – Sammeln Sie Beispiele für Joas Definition und prüfen Sie seine Unterscheidung von Normen und Werten!
- ● Berichten Sie von Erfahrungen mit Werteerziehung!
- ● Beziehen Sie Ihre Erfahrungen auf die Überlegungen von H. Joas und W. Sparn (rechts)!
- ● Deuten Sie das Logo oben und überprüfen Sie anhand der Texte, ob man dieses variieren könnte bzw. sollte!

Biblische Anmerkung: »Darum bin ich vor dem HERRN wert geachtet und mein Gott ist meine Stärke.« Jes 49,5

Wie entstehen Werthaltungen?

Ich beginne mit zwei Erfahrungen: Wir wissen alle, was aus guten Vorsätzen wird. Bis zum 6. Januar bleiben die guten Vorsätze für das neue Jahr lebendig, länger meistens nicht. Umso mehr gilt das auch in der Erziehung und im Verhalten gegenüber anderen. Menschen fühlen sich nicht deshalb an Werte gebunden, weil ihnen jemand gesagt hat: »Du sollst dich gefälligst an diesen Wert gebunden fühlen!« Moralpredigten sind ein besonders ineffektives Verfahren der Werteerziehung. Woran aber liegt das? Es liegt daran, dass Wertbindungen notwendig ein passivisches Moment enthalten. Ich drücke das am liebsten mit einem altmodisch gewordenen deutschen Wort aus: »Ergriffensein«. Der Begriff ist treffender als der Ausdruck »Wahl«, der heute häufig in der wissenschaftlichen Literatur vorkommt. Natürlich treffen wir Wahlentscheidungen, weil uns etwas als gut oder schlecht vorschwebt, aber wir kommen nicht zu unseren Vorstellungen über das, was gut oder schlecht ist, durch Wahlentscheidungen, sondern weil uns etwas in irgendeiner Weise packt oder ergreift.

Nun die zweite Erfahrung: Wenn wir etwas als Wertbindung erleben, haben wir dabei kein Gefühl der Unfreiheit, sondern eher ein intensives Gefühl äußersten »Bei-sich-Seins«. Der Begriff »Bindung« könnte auch so klingen: »Eigentlich bin ich frei, aber unglücklicherweise habe ich Wertbindungen, die meine Freiheit einschränken.« Das beschreibt aber nicht die subjektive Erfahrung an dem Punkt, an dem wir uns an etwas gebunden fühlen. So wie in dem Luther-Zitat: »Hier stehe ich. Ich kann nicht anders. Gott helfe mir. Amen.« Natürlich hätte er anders gekonnt. Und es hätte ihm viele, zumindest kurzfristige Vorteile gebracht. Es soll vielmehr heißen: »Ich kann sonst morgen nicht mehr in den Spiegel schauen.« Das Wichtige an diesem zweiten Punkt ist, obwohl Wertbindungen intensive Bindungen sind, geben sie uns das Gefühl, ganz besonders mit uns identisch zu sein und nicht etwas abschneiden zu müssen von dem, was wir sind. *Hans Joas*

Wertbewusstes Verhalten ist keine unmittelbar bezweckbare Folge christlich-religiöser Orientierung, sondern eine nur mittelbare. Wertvolles Verhalten ist, um den biblischen Ausdruck zu gebrauchen, »Frucht« des Glaubens. *Walter Sparn*

Auszüge des Interviews vom 2. 5. 2013 wurden in fast allen Tageszeitungen mit einem Foto publiziert. Hier der Aufmacher der B. Z. Online mit dem Hinweis: »Uli Hoeneß gibt sich im Interview reumütig.«

Auszüge aus einem Interview mit Uli Hoeneß

DIE ZEIT: Bereuen Sie, was Sie getan haben?

Uli Hoeneß: Ja, ich bereue das, unendlich. Ich habe eine große Torheit begangen, einen Riesenfehler, den ich so gut wie möglich korrigieren will. Wissen Sie, nur eine Sache ist wirklich gut an meiner katastrophalen Situation. Ich hatte all die Jahre ein schlechtes Gewissen wegen dieses Kontos in der Schweiz. Immer hatte ich im Hinterkopf: Du musst das lösen, du musst das bereinigen. Diese Gedanken waren immer da, und damit ist jetzt Schluss.

Ab 2001 waren 20 Millionen Mark auf Ihrem Konto. Sie konnten jetzt richtig loslegen.

Hoeneß: In den Jahren 2002 bis 2006 habe ich richtig gezockt, ich habe teilweise Tag und Nacht gehandelt, das waren Summen, die für mich heute auch schwer zu begreifen sind, diese Beträge waren schon teilweise extrem. Das war der Kick, das pure Adrenalin. Dieses Geld war für mich virtuelles Geld, wie wenn ich Monopoly spiele. Rücken Sie vor auf die Schlossallee. So war das für mich. Ich habe nie unversteuertes Geld in die Schweiz geschafft.

Da gibt es den Erfolgsmanager, da gibt es den sozialen Wohltäter, und da gab es den Moralisten, der immer darauf Wert legte, dass er Klartext sprach und absolut verlässlich war. Wie passt das zu dem Zocker, der Steuern hinterzieht?

Hoeneß: Es gibt zwei Uli Hoeneß, eigentlich drei. Einer ist der seriöse, konservative Geschäftsmann, beim FC Bayern, bei unserer Wurstfabrik. Der zweite Uli Hoeneß ist auch privat sehr konservativ, nur klassische Geldanlagen, wenn Aktien, dann halte ich sie mindestens drei bis zehn Jahre. Dieser Uli Hoeneß ist wie Warren Buffett, er denkt langfristig und strategisch. Und dann gibt es den dritten Uli Hoeneß, der dem Kick nachgejagt ist, der ins große Risiko ging. Vielleicht steckt dahinter auch die Sehnsucht, die Wirklichkeit zu vergessen, auszubrechen. Das geht an der Börse gut.

Normalerweise …

Das Verlangen der Menschheit nach Storys

Stellen Sie sich vor, wie viele Prosaseiten an einem einzigen Tag auf der ganzen Welt umgeblättert, wie viele Theaterstücke aufgeführt, wie viele Filme gezeigt werden; stellen Sie sich den unversiegbaren Strom an Fernsehkomödien und -dramen vor; vierundzwanzig Stunden gedruckte und gesendete Nachrichten; Gutenachtgeschichten für Kinder; Kneipenprahlereien, den Gartenzaunklatsch im Internet, das unstillbare Verlangen der Menschheit nach Storys. Die Story ist nicht nur unsere fruchtbarste Kunstform, sie konkurriert mit allen Tätigkeiten – Arbeit, Spiel, Essen, körperliche Bewegung – in unseren wachen Stunden. Wir erzählen Storys und nehmen Storys auf in demselben Ausmaß, wie wir schlafen – und selbst dann träumen wir. Warum? Warum verbringen wir so viel von unserem Leben in Storys? Weil, wie der Kritiker Kenneth Burke uns sagt, Storys Rüstzeug für das Leben sind. Tag für Tag suchen wir nach einer Antwort auf die zeitlose Frage, die Aristoteles  in der Nikomachischen Ethik stellt: Wie soll ein Mensch sein Leben führen? *Robert McKee*

»Eva geht es gar nicht gut. Sie hat schlimme Migräneanfälle. Das ist schon blöd für mich, weil ich selbst noch in der Probezeit bin. Aber ihre Eltern sind weit weg und wollen auch nichts mit ihr zu tun haben, seit ihrer Trennung. Und die Kleine ist ja erst 14 Monate. Wenn ich da nicht einspringen würde, hätte sie niemanden.«

»Die Aufsicht hat sich doch eh nicht dafür interessiert, ob jemand sein Handy rausnimmt oder im Heft nachschaut.«

- Im Verlauf des Interviews sagt Hoeneß: »Ich habe Riesenmist gebaut, aber ich bin kein schlechter Mensch.« Kommentieren Sie die Auszüge vor dem Hintergrund von Kapitel 2!
- Das obige Foto von U. Hoeneß wurde eigentlich am 2.10.12 im Rahmen eines Basketballbundesligaspiels geschossen. Bewerten Sie seine Verwendung aus medienethischer Sicht!
- Für R. McKee hat das Verlangen nach fremden »Storys« eine zentrale ethische Dimension! – Diskutieren Sie seine Sicht unter Einbezug eigener Erfahrungen!
- Und die eigenen »Storys«? Untersuchen Sie ihre Funktion in den Zitaten oben sowie im Interview!

Wenn dich nun dein Sohn morgen fragen wird: Was sind das für Vermahnungen, Gebote und Rechte, die euch der HERR, unser Gott, geboten hat?, so sollst du deinem Sohn sagen: Wir waren Knechte des Pharao in Ägypten, und der HERR führte uns aus Ägypten mit mächtiger Hand [...] und führte uns von dort weg, um uns hineinzubringen und uns das Land zu geben, wie er unsern Vätern geschworen hatte. Und der HERR hat uns geboten, nach all diesen Rechten zu tun, dass wir den HERRN, unsern Gott, fürchten, auf dass es uns wohlgehe unser Leben lang, so wie es heute ist.   5 Mose 6,20–24

Zum narrativen Fundament der Ethik

Erzählungen sind dadurch charakterisiert, dass sie den Hörer in der Imagination in die erzählte Situation versetzen und ihn diese gleichsam mit seinem inneren Auge *wahrnehmen* lassen, so dass er an deren Erlebnisqualität teilhat. Das bedeutet, dass auch Erzählungen den Hörer mit seiner kognitiven Fähigkeit beanspruchen, mit dem Erzählten entsprechende Vorstellungen zu verbinden. Andererseits sind daran die Affekte beteiligt.

Doch was jemanden zu der Einsicht bringt, dass es richtig ist, z.B. einem erkrankten Angehörigen zu helfen, ist nicht eine affektive Reaktion auf dessen vorgestellte Situation, sondern das *Erfassen* dieser Situation aufgrund von deren narrativer Schilderung, an dem Kognition und Affekt gleichermaßen beteiligt sind: Der Angehörige befindet sich in einer Notlage und ist auf Hilfe angewiesen. Dies ist der Grund, warum es moralisch richtig ist, ihm zu helfen. Daher besteht die *Begründung* für dieses Urteil darin, dass diese Situation vor Augen geführt wird. Das geschieht dadurch, dass sie *geschildert* wird, und insofern macht es Sinn, von einer *narrativen Begründung* zu sprechen.

»Wahrnehmen« hat eine dreistellige Struktur: X nimmt Y als F (als erniedrigend, grausam, auf Hilfe angewiesen usw.) wahr. Davon, als was etwas wahrgenommen wird, hängt ab, wie es bewertet bzw. wie darauf reagiert wird. Diese Struktur ist von grundlegender Bedeutung für das Verständnis der moralischen Orientierung. Keine Situation ist in ihrer Singularität wie die andere, und so gibt es eine unendliche Vielzahl möglicher Situationen, mit denen wir konfrontiert werden können. Wie ist es möglich, sich angesichts dieser unendlichen Komplexität moralisch in der Welt zurechtzufinden? Ermöglicht wird dies durch die Struktur der Wahrnehmung, die uns in einzelnen Situationen und Handlungen bestimmte moralisch relevante »Grundmuster« – Fürsorglichkeit, Grausamkeit, Leiden usw. – sehen lässt, die in vielen einzelnen Situationen und Handlungen begegnen können und die uns auf die betreffende Situation bzw. Handlung in einer bestimmten Weise eingestellt sein lassen und entsprechende Verhaltensreaktionen provozieren können. Auf diese Weise reduziert sich die unendliche Mannigfaltigkeit realer oder potentieller Situationen auf das in moralischer Hinsicht Wesentliche. Dies trifft sich mit den Einsichten der Emotionsforschung, wonach Emotionen im Sinne affektiv gehaltvoller Wahrnehmungen die unendliche Komplexität der Welt auf das für unser Leben Wesentliche reduzieren und den Dingen Bedeutsamkeit verleihen. Würden wir lediglich über rein kognitive Fähigkeiten verfügen, wären wir angesichts dieser Komplexität vollkommen orientierungslos. Dies steht in Gegensatz zu einer heute verbreiteten Auffassung, wonach die Moral nicht in der Wahrnehmung, sondern in Überzeugungen fundiert ist.   *Johannes Fischer*

Wenn wir sagen sollen, warum wir so und nicht anders handeln, erzählen wir in der Regel die Story unserer Verstrickung in bestimmte Umstände, an denen bestimmte Personen zu einer bestimmten Zeit an einem bestimmten Ort beteiligt waren. Ohne unser Verstricktsein in Geschichten zu thematisieren, können wir unser Handeln nicht erklären. Es formt unsere Identität und infolgedessen auch unser Handeln. Zu fragen ist freilich, in welcher Weise dies geschieht. Es bedarf der kritischen Prüfung.   *Marco Hofheinz*

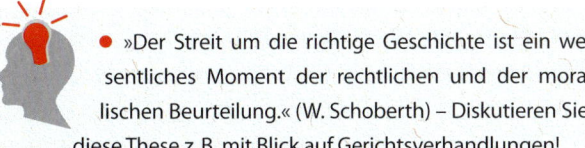

- »Der Streit um die richtige Geschichte ist ein wesentliches Moment der rechtlichen und der moralischen Beurteilung.« (W. Schoberth) – Diskutieren Sie diese These z. B. mit Blick auf Gerichtsverhandlungen!
- Fassen Sie die Überlegungen Fischers und Hofheinz' zusammen und wenden Sie sie auf die Beispiele auf S. 56 an!
- Erinnern Sie sich an Situationen, wo Erzählen in der Familie eine wichtige Rolle spielt! – Sammeln Sie ausgehend von dieser Doppelseite Argumente für eine »narrative Ethik«*!

Verantwortung fängt beim Erzählen an!

Ich bin eben so!

Woher kommt die Fähigkeit zur Moral?

»Schließlich entsteht unser moralisches Gefühl oder unser Gewissen; ein äußerst kompliziertes Empfinden, entsprungen den sozialen Instinkten, geleitet von der Anerkennung unserer Mitmenschen, geregelt von Verstand, Eigennutz und, in späteren Zeiten, von tiefen religiösen Gefühlen, und befestigt durch Erziehung und Gewohnheit.«

Charles Darwin ☻ (1871)

»Ein ursprüngliches, sozusagen natürliches Unterscheidungsvermögen für Gut und Böse darf man ablehnen. Das Böse ist oft gar nicht das dem Ich Schädliche oder Gefährliche, [es kann] im Gegenteil auch etwas [sein], was ihm erwünscht ist, ihm Vergnügen bereitet. Darin zeigt sich also fremder Einfluss …«

Sigmund Freud ☻ (1930)

»Unsere genetischen Anlagen sind mit dem biologischen Auftrag verbunden, sie im sozialen Zusammenleben zu entfalten – die Evolution hat diesen Zusammenhang so entstehen lassen.«

Joachim Bauer, Hirnforscher (2011)

»Moral ist dem Menschen nicht angeboren, er muss sie erwerben. Moral ist erlernbar und – was für Pädagogik noch mehr zählt – lehrbar; bleibt nur die Frage nach dem Wie.«

Wilhelm Peterßen, Erziehungswissenschaftler (2002)

»Der Moralinstinkt wächst von Natur aus in jedem Kind.«

Henrik Walter, Neurologe und Philosoph (2007)

»Eine Person tat, was sie tat, weil sie im fraglichen Augenblick nicht anders konnte, sonst hätte sie anders gehandelt.«

Wolf Singer, Hirnforscher (2004)

- Einige der obigen Positionen zum Ursprung von Moral kennen Sie bereits (Kap 2, ⑪). – Formulieren Sie den Satz in der Sprechblase (ganz oben) aus der jeweiligen Perspektive der Forscher um! – Diskutieren Sie, welche Position Sie am ehesten überzeugt!
- Vergleichen Sie Ergebnisse Ihrer Diskussion mit der Info!

info

Entwicklung moralischen Urteilens

- Die kognitive (nach der Erkenntnisfähigkeit) fragende Entwicklungspsychologie geht vom Menschen als Vernunftwesen aus und befasst sich u. a. damit, wie bei ihm die Fähigkeit zur moralischen Begründung im Verlauf seiner Entwicklung entsteht. Zentrales Ergebnis der Forschungen ist, dass sich moralisches Denken entwickelt und dies – ähnlich wie bei der kognitiven Reifung – in Stufen geschieht, wobei die Fähigkeit zur Perspektivübernahme steigt.

- Das bekannteste Modell stammt von **Lawrence Kohlberg**: Aus der Analyse von Begründungen bei der Beurteilung von moralischen Konflikten in sog. Dilemma*-Situationen schließt er auf sechs Entwicklungsstufen, deren Reihenfolge unabänderlich sei (kein Überspringen, keine Rückwärtsentwicklung). Es ist zu beachten, dass Kohlberg nicht Ergebnisse von Antworten auswertet (also wie jemand handeln soll), sondern die hinter den Aussagen stehenden Begründungsmuster (Warum soll sich jemand so oder so verhalten? Welche sozialen Zusammenhänge spielen dabei eine Rolle?):

- In der **präkonventionellen Phase** sind die Kriterien für Gut und Böse von Autoritäten festgelegt, wobei eine egozentrisch-egoistische Perspektive vorherrscht.
1. Stufe: Orientierung aus Angst vor Strafe bzw. durch Hoffnung auf Belohnung (heteronome* Moral*).
2. Stufe: Prinzip einer gewissen Wechselseitigkeit (»Wie du mir, so ich dir.«).

- Die **konventionelle Phase** orientiert sich stärker an den Perspektiven anderer bzw. des Gesellschaftssystems.
3. Stufe: Orientierung an interpersonellen Beziehungen (goldene Regel oder »gutes Kind«-Schema).
4. Stufe: Orientierung am sozialen System (»Wenn das jeder täte!«, Einhaltung von Recht und Gesetz).

- Die **nachkonventionelle, autonome* Phase** zielt auf allgemeingültige Begründungen zum Wohl aller.
5. Stufe: Orientierung am Sozialvertrag* (z. B. Bezug auf unveräußerliche Grundrechte* oder allgemeine Gerechtigkeitsprinzipien, die zu einzelnen Gesetzen in Widerspruch stehen können).
6. Stufe: Orientierung an universellen Prinzipien (wie z. B. Kants kategorischem Imperativ (S. 65) – diese Stufe ist ein idealisiertes Konstrukt).

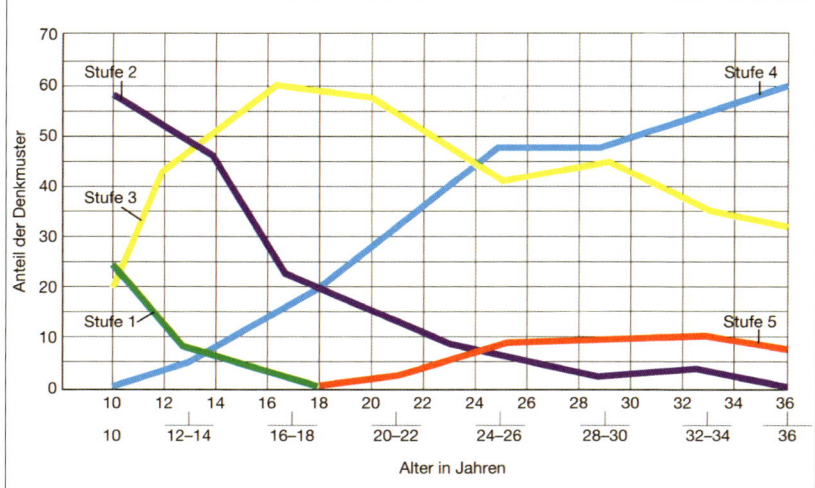

Auftretenshäufigkeit der einzelnen Stufen in unterschiedlichen Altersgruppen

ES GEHT DAS GERÜCHT UM, DASS ES NOCH EINE SECHSTE STUFE GIBT ...

UPPS

- ● Analysieren Sie die Statistik und erarbeiten Sie, welche ergänzenden oder präzisierenden Erkenntnisse sie in Bezug auf die Info (S. 58) enthält! – Deuten Sie die Karikatur auch vor diesem Hintergrund!
- ● Versuchen Sie, die Stufen Kohlbergs z. B. auf die Diskussion im Forum zur Radio-Sündenvergebungsaktion auf S. 21 anzuwenden! – Halten Sie mögliche Probleme fest und beurteilen Sie, ob es höherwertige moralische Urteile gibt!
- ● Kohlbergs Modell ist umstritten. Carol Gilligan 👤 kritisiert z. B., dass Frauen stärker mit Blick auf soziale Beziehungen argumentieren (Stufe 3), während Männer eher Individuen gegen Individuen bzw. Rechte gegen Rechte setzen (Stufe 4). Eine »Moral der Fürsorge« sei aber nicht weniger wertvoll! Diskutieren Sie unter Einbezug eigener Erfahrungen!
- ● Unterscheiden Sie individuelle Moral und Ethos mithilfe der Überlegungen K. F. Haags und stellen Sie Zusammenhänge zu S. 55 her!
- ● Man ist uneins darüber, welche Konsequenzen sich aus den Forschungsergebnissen für das moralische Lernen im Unterricht ergeben. Einige fordern, dass man nach der sog. »Plus-1-Konvention« die Schüler und Schülerinnen dazu anregt, die nächsthöhere Stufe in ihr Denken einzubeziehen. Andere sehen im Aufzeigen von Gegenargumenten – gleich auf welcher Stufe – eine optimale Herausforderung für eine Weiterentwicklung. – Stellen Sie eigene Überlegungen an!
- ● Rechts sehen Sie eine Liste mit Vorschlägen zur Verbesserung der Moral. Stellen Sie sich vor, an Ihrer Schule findet im Rahmen der Werteinitiative (vgl. S. 55) eine Schulveranstaltung statt: Formulieren Sie (unter Berücksichtigung der Doppelseite) Gedanken zur Eröffnung, in denen Sie auf Möglichkeiten moralischer Bildung im Schulbereich eingehen!

Vorschläge zur Verbesserung der Moral

Belohnung wirkt besser als Strafe.
Strafe muss sein.
Kinder brauchen Grenzen.
Das Positive verstärken.
Konsequent und mit Feingefühl.
Kinder die Konsequenzen spüren lassen.
Öfter loben als kritisieren.

Was ist individuelle Moral? Was Ethos?

Die **Moral** eines Menschen ist zunächst einmal nicht etwas Individuelles, sondern jenes Setting von normativen Vorstellungen und Regelungen, von Überzeugungen und Einstellungen, die ihn mit der Gesellschaft, in der er lebt, verbinden. Die Moral ist jenes Setting von normativen Vorstellungen, die man vernünftigerweise akzeptiert, denen man aufgrund eines komplexen Sozialisationsprozesses zustimmt.

Das **Ethos** eines Menschen ist gleichsam jener Raum von Überzeugungen, in dem er beheimatet ist, der ihm vertraut ist, wo er etwas spürt von den Quellen seines Lebens, von dem, was ihn in seinem Leben, Lieben und Leiden trägt, von wo ihm grundlegende Orientierung und sein Maßstab für das, was gut ist, zukommt, wo er das findet, was unabdingbar zu ihm als Person gehört, was für sein Selbstverständnis tragend ist (vielleicht kann man auch sagen: das, was ihn in seinem Gewissen bindet). *Karl F. Haag*

Verantwortlich?

Lena Gercke, ein Model, wirbt für verantwortungsvolles Fahren.

»Freiheit, Verantwortung und Gemeinsinn« – Auszug aus einer Rede Joachim Gaucks* bei der Friedrich-Ebert-Stiftung, 23. März 2011

Wir begreifen, dass das [d.h., sich für andere einzusetzen] nicht alle Menschen in gleicher Richtung tun, aber dass sie etwas Gemeinsames haben, nämlich die Fähigkeit, Freiheit als Verantwortung zu leben. Wenn Freiheit jung ist, darf sie uns einfach nur Spaß machen. Wir dürfen auch mal explodieren. Es ist eine kurze Phase, es ist Befreiung. Aber nach der Befreiung kommt jene Freiheit der Erwachsenen und wir geben ihr den Namen Verantwortung.

Das ist diese Haltung, die auch so viele unterschiedliche Menschen miteinander verbinden kann. Wenn es uns gelingt, die unterschiedlichen Interessen und Inhalte – übrigens auch Glaubensinhalte –, die unterschiedlichen Orientierungen und künstlerischen Schwerpunkte mal zu sehen als das jeweils besondere Bemühen der vielen unterschiedlichen Menschen, die eine Lebensform des Verantwortlichseins für mich selber und für andere zu leben, dann hätten wir einen Grundstock, auf dem wir Gemeinsamkeiten sehr breit basiert aufbauen könnten.

Über die Verantwortung des Menschen

Der Mensch ist geschaffen und berufen, ein freies Wesen zu sein, verantwortlich vor Gott und seinem Nächsten. Alle Tendenzen innerhalb des Staates und der Gesellschaft, die den Menschen der Möglichkeit des verantwortlichen Handelns berauben, sind eine Verleugnung des Willens Gottes über den Menschen und Seines Erlösungswerkes.

Weltkirchenkonferenz 1948, Amsterdam

info

Verantwortung

Verantwortung bezeichnet zum einen eine (zugeschriebene oder als gegeben angesehene) *Rechenschaftspflicht*, also eine Pflicht zur Antwort: Weil er (aufgrund seines Berufs) verantwortlich ist, muss z.B. ein Lehrer gegenüber den Erziehungsberechtigten über das Verhalten des Kindes im Unterricht Auskunft geben.

Zum anderen kann die *Übernahme von Verantwortung* gemeint sein (vgl. Kap. 2). Das Übernehmen der Rechenschaftspflicht und ihrer Folgen kann auch für Dritte geschehen, z.B. wenn ein Vorgesetzter für das Verhalten von Mitarbeitern gegenüber Geschädigten Verantwortung übernimmt, obgleich er selbst nicht direkt an deren Verhalten beteiligt war.

Sieht man von Rechtsfragen ab, meint Verantwortung also eine Art ethische Verpflichtung. Allerdings ist nicht immer klar, wem gegenüber man verantwortlich ist, insbesondere dann, wenn es um die eigene Existenz bzw. das Leben als Ganzes geht. Als grundsätzliche Voraussetzung für eine Verantwortlichkeit eines Wesens wird Freiheit (Autonomie*) angesehen.

- Ich habe Verantwortung, weil … / Ich habe keine Verantwortung, weil … / Ich hätte Verantwortung, wenn … Führen Sie die Sätze fort oder führen Sie ein Streitgespräch zu den ersten beiden Sätzen! Beziehen Sie dabei auch Ihre Erkenntnisse aus Kap. 2 mit ein!
- Die Fakten sind eindeutig: Alle acht Stunden stirbt ein/e 18- bis 24-Jährige/r im Straßenverkehr. Analysieren und bewerten Sie das Plakat zur Kampagne »Fahr mit Verantwortung«!
- Offensichtlich versteht es sich nicht von selbst, dass Menschen verantwortlich sind (vgl. auch Kap 2, S. 28 bzw. 29). Analysieren Sie die Überlegungen von J. Gauck und der Weltkirchenkonferenz, wie hier jeweils eine Verantwortlichkeit des Menschen begründet wird und welche Konsequenzen sie hat!
- Wiederholen Sie M. Luthers Verständnis von christlicher Freiheit ⑪ und beziehen Sie es auf die Rede Gaucks!
- Enträtseln Sie das Merke mithilfe der Info! Welche Antworten gibt J. Gauck und welche die Weltkirchenkonferenz?

»Verantwortung« – aber wer stellt die Frage?

»Liebe ist die Verantwortung eines Ichs für ein Du.«
MARTIN BUBER

»Wo Freiheit ist, ist Verantwortung, und wo Verantwortung ist, da ist Schuld. «
KARL JASPERS

Ethische und existentielle Verantwortlichkeit

Die Frage lautet: Wofür sind Menschen verantwortlich, wenn sie zwar Handlungen willentlich wählen, aber ihr Wollen nicht willentlich ändern können? Von *ethischer* Verantwortlichkeit spreche ich dort, wo die Verantwortlichkeit sich auf Handlungen bezieht, die ein Handlungssubjekt hätte wählen können, wenn es dies gewollt hätte und dies zumutbar gewesen wäre. Bin ich verantwortlich, wenn ich zu spät komme, 1. weil ein Verkehrsstau war? oder: 2. weil eine Lokomotive ausfiel? oder 3. weil durch schwere Unwetter der Verkehr zum Erliegen kam? In allen drei Fällen wird man fragen, ob dies vorhersehbar war. Die *existentielle* Verantwortlichkeit bezieht sich auf das, was wir *sind* und von dem wir gerade *nicht* sagen können, es sei ein Resultat unserer Wahl aus mehreren gegebenen Möglichkeiten, was aber unser Sein (mit) ausmacht und möglicherweise sogar die Grundrichtung unseres Wollens bestimmt. Wer den Begriff »Verantwortlichkeit« *nur* mit Wahlfreiheit verbinden kann, wird gegen diesen Verantwortungsbegriff protestieren. Aber es ist nicht von der Hand zu weisen, dass wir auch für *das* Verantwortung übernehmen müssen, was uns bestimmt und was uns ausmacht, obwohl wir es nicht in der Hand haben. »Verantwortlichkeit« bedeutet nach diesem Verständnis Selbstübernahme. Diese Form existentieller Verantwortungsübernahme ist ein wichtiges Reifungsresultat, weil sie dazu hilft, die Rolle des »Sozialisationsopfers« hinter sich zu lassen und nicht nur im Guten, sondern auch im Bösen das als Eigenes zu übernehmen, was uns von Gott, durch Schicksalsschläge, durch Glücksfälle oder von Menschen *mitgegeben* wurde. Und wenn sich die existentielle Verantwortlichkeit so auswirkt, dass der Versuch unterbleibt, die eigene Lebensproblematik samt der mit ihr verbundenen kreatürlichen Angst auf andere Menschen abzuschieben, dann ist damit ein erheblicher Gewinn erzielt, der auch *ethisch* relevant ist.

Winfried Härle

Gott stellt Adam und Eva zur Rede. Fensterscheibe der Kathedrale St. Michael und Gudula, Brüssel

Die erste Frage

Die Frage Gottes »Adam, wo bist du?« (1 Mose 3,9) ist die erste Frage, der der Mensch sich stellen muss. Sie markiert den Riss, sein Erschrecken – über sich selbst: Wir Menschen, die wir immer mehr über alles, über »Gutes und Böses«, wissen wollen – wir müssen auch immer mehr wissen und können den Entscheidungen des Lebens und ihren Folgen gar nicht mehr ausweichen. […]
Der Engel mit dem feurigen Schwert markiert die Unumkehrbarkeit des Weges: Der einfache Weg zurück in die naive Unschuld ist nicht mehr drin. Wir sind nun in dieser Welt und hier verantwortlich – für »Gut und Böse«, das wollten wir ja. Wir müssen es wollen, wollen wir erwachsen sein.

Hermann Aichele

- 1 Mose 2.3 als Ur-Erzählung zur Frage der Verantwortung des Menschen? Untersuchen Sie die Bibelstelle mit diesem Fokus! Berücksichtigen Sie dabei die Deutung H. Aicheles und Ihr Vorwissen (S. 32, ⑪ etc.)! Halten Sie Erkenntnisse, Fragen und Spannungen fest!
- Der Begriff Verantwortungsethik wird auf S. 63 erklärt. Beurteilen Sie 1 Mose 3 aus verantwortungsethischer Sicht!
- W. Härles Überlegungen werden nicht nur Zustimmung ernten. – Erarbeiten Sie die Argumentationsstruktur und vergleichen Sie seine Überlegungen mit den Positionen von S. 60!
- Bringen Sie die Zitate von Jaspers und Buber miteinander ins Gespräch!

Sichtweisen

Und die Zeit tickt!

Die zwei verhörenden Polizisten sitzen dem Gefangenen gegenüber, während die Uhr an der Wand erbarmungslos tickt. Sie wissen, dass ihnen die Zeit davonläuft. Der 6-jährige entführte Junge wird nicht lange überleben, in dieser Kiste ohne Luftzufuhr. Doch der Entführer will nicht sagen, wo der Junge versteckt ist. Vielleicht hält der Kleine noch drei oder vier Stunden durch, länger sicher nicht. Der Entführer grinst und sagt kein Wort.

Das Grundrecht* als Abwehrrecht und als staatliche Schutzpflicht

Das Abwehrrecht und die staatliche Schutzpflicht sind gegenläufige Funktionen des Freiheitsgrundrechts. Sie sichern das identische grundrechtliche Gut. Aber sie sichern es nach verschiedenen Seiten. So fordert das Recht auf Leben und körperliche Unversehrtheit in seiner Abwehrfunktion vom Staat, sich aller Maßnahmen zu enthalten, die diese Güter verletzen können. In seiner Schutzfunktion verlangt es von ihm positive Leistungen dahin, privaten Übergriffen auf Leben und Gesundheit zu wehren und physische Gewaltsamkeit aus dem Rechtsleben zu verbannen. Das Abwehrrecht richtet sich gegen Gefahren, die aus staatlichem Handeln entstehen können, etwa aus einem Polizeiexzess; die Schutzpflicht gegen Gefahren, die aus einem Unterlassen erwachsen, etwa Indolenz [Gleichgültigkeit, Passivität] der Polizei bei akuter Bedrohtheit von Leib und Leben eines Bürgers.

Der Staat ist gehalten, das Opfer vor dem Übergriff des Störers zu schützen. Doch in Wahrnehmung dieser grundrechtlich fundierten Pflicht stößt er wiederum in den Grundrechten auf Grenzen seiner Möglichkeiten. Denn der Schutz der Grundrechte des Opfers kann mit Abwehrrechten des Störers (oder eines unbeteiligten Dritten) kollidieren.

Josef Isensee

»Die Polizisten sollten sich so verhalten wie in allen anderen Situationen, in denen ein Verdächtiger verhört wird. Sie können doch nicht plötzlich Ausnahmen machen.«

»Wenn sie eine Ausnahme machen und sich nicht streng an die Gesetze halten würden, fände ich das in so einem extremen Fall richtig. Natürlich darf es keine allgemeine Foltererlaubnis geben, aber hier geht es ja um das Leben eines Kindes, das man vielleicht noch retten kann.«

»Es muss doch in erster Linie darum gehen, einen Menschen zu retten. Ich würde überlegen, was dafür unternommen werden muss. Wenn z. B. die Androhung von Folter Aussicht auf Erfolg hätte – warum nicht?«

»Man sollte abwägen: Was ist insgesamt der schlimmste anzunehmende Schaden und der beste anzunehmende positive Effekt für alle Betroffenen. Unterm Strich kann ich nicht sehen, dass ein paar Minuten der Angst oder auch von gewissen Schmerzen für den Entführer mehr Gewicht haben als die quälenden Stunden der Angst des Kindes und aller, die sich um es sorgen. Außerdem stünde die mögliche Rettung seines Lebens klar über allen denkbaren negativen Folgen für den Verbrecher.«

»Die Polizisten handeln im Auftrag des Staates, der verpflichtet ist, menschliches Leben zu schützen. Allerdings garantieren das Grundgesetz und das Völkerrecht, dass dabei unter keinen Umständen die Würde des Menschen angetastet wird. Als höchstes Rechtsgut gilt sie unbedingt und man kann sie deshalb auch nicht gegen andere wichtige Rechte und Güter, wie z. B. das Recht auf Leben, abwägen. Das muss die Grundlage all ihrer Entscheidungen sein.«

»Polizisten haben sich an die Gesetze zu halten. Punkt.«

»Für mich wäre entscheidend, ob es ihnen gelingt, das Kind tatsächlich zu retten oder nicht. Wenn sie z. B. den Verdächtigen mit unrechtmäßigen Mitteln zum Sprechen bringen, so dass das Kind noch rechtzeitig gefunden werden kann, wäre das verhältnismäßig. Wenn das Kind aber nicht gerettet wird, hätten sie noch mehr Leid in der Welt erzeugt.«

»Ich finde die Absicht dahinter schon wichtig. Man muss die Sache doch unterschiedlich beurteilen, ob die Polizisten z. B. Schläge androhen, weil sie eher sadistisch veranlagt sind, oder weil sie aus Verzweiflung handeln und das Kind retten wollen.«

info

Grundmodelle ethischen Argumentierens

Ethischen Urteilen können unterschiedliche Begründungsmuster zugrundeliegen, je nachdem, woran sich gutes Leben bzw. gutes Handeln letztlich orientieren soll. In der philosophischen Tradition sind zu ihrer Unterscheidung verschiedene Begriffe eingeführt worden. Diese werden nicht immer einheitlich verwendet und stellen zudem gewisse Idealisierungen dar: Beispielsweise können Modelle, die oft als schroffe Gegensätze verstanden werden, in der Ausformung einer konkreten Ethik durchaus auch Gemeinsamkeiten aufweisen. Zudem können mehrere dieser Ansätze miteinander verbunden werden.

Gemeinsam ist allen Modellen, dass sie davon ausgehen, dass der Mensch die Fähigkeit zur Selbstbestimmung (Autonomie* im Gegensatz zur Heteronomie*) besitzt, also insofern frei ist, als er sich mithilfe von Vernunft und Willen zu allen inneren und äußeren Zwängen in ein Verhältnis setzen kann.

Für die Vertreter **deontologischer Ethik** (von griech. *to deon:* das Gesollte, Verpflichtende) folgt das Gute aus bestimmten Prinzipien: Diese gelten unbedingt und uneingeschränkt – also normativ: Sie stellen ein unbedingtes Sollen dar (wie Kants kategorischer Imperativ, S. 65). Der Wert einer Handlung bemisst sich deshalb nicht (primär) an deren Zielen oder Folgen.

Vertreter der **Gesinnungsethik** sehen den Maßstab zur Beurteilung in der inneren Einstellung, also in dem, was man willentlich beabsichtigt hat: War meine Absicht gut oder schlecht?

Tugendethiker sehen eine Handlung als gut an, wenn diese auf eine ethisch verantwortliche Haltung zurückgeht. Hier geht es also um als positiv anzusehende Charaktereigenschaften, die »aus dem Herzen« kommen. Hintergrund der Tugendethik ist die Frage nach dem guten Leben. Die dafür notwendigen Tugenden (wie z. B. Klugheit, Tapferkeit, Gerechtigkeit) kann man nach Aristoteles  dadurch finden, dass man das Mittlere zwischen zwei Extremen wählt (z. B. Großzügigkeit als Mittleres zwischen Verschwendung und Geiz).

In **teleologischen** (griech. *telos:* Ziel, Zweck) bzw. **konsequentialistischen** (lat. *consequi:* folgen, nachfolgen) Modellen geht es um die Ziele bzw. um die erwartbaren oder tatsächlichen Folgen einer Handlung.

Diese beiden Denkansätze werden deshalb meist als Gegensätze zu den vorherigen Ethiken angesehen.

Zum Teil wird als Bezeichnung für solche Folgenethiken auch der von Max Weber eingeführte Begriff der **Verantwortungsethik** verwendet. Dieser zielt darauf ab, ob man die (absehbaren) Folgen einer Handlung verantworten kann.

Teilweise wird auch der Begriff der **Güterethik** in diesem Sinne verstanden: Was soll im Leben erstrebt werden? Daneben meint man damit die Suche nach einem höchsten Gut bzw. hohen Gütern, die gegeneinander abgewogen werden (z. B. eine Güterabwägung zwischen Meinungsfreiheit und dem Schutz der Persönlichkeit).

Von **Situationsethik** (oder situativer Ethik) spricht man, wenn die Vorstellung vorherrscht, dass nicht so sehr universale Prinzipien für ein Urteil ausschlaggebend sind, sondern eher die Situation des individuell und geschichtlich einmaligen Einzelfalls.

Der eine fragt

Der eine fragt: Was kommt danach?
Der andere fragt nur: Ist es recht?
Und also unterscheidet sich
Der Freie von dem Knecht.

THEODOR STORM

- Das fiktive Verhör-Beispiel (S. 62) hat einen realen Hintergrund. Analysieren Sie die ethische Problemlage unter Einbezug der rechtlichen Rahmenbedingungen, wie sie in den Ausführungen des Staatsrechtlers J. Isensee deutlich werden!
- Diskutieren Sie, wie sich die Polizisten verhalten sollten! – Vergleichen Sie Ihre Sichtweisen mit den Zitaten auf S. 62!
- Identifizieren Sie in den vorgebrachten Argumenten Grundmodelle ethischen Argumentierens (Info)!
- Begründen Sie am Beispiel, welche der Modelle sich nahestehen bzw. sich kombinieren lassen!
- Beziehen Sie das Storm-Epigramm (oben) auf die Grundmodelle! Es wird diskutiert, wie der Schluss zu deuten ist.
- »Das kann jeder sehen, wie er will!« – Beleuchten Sie diese Aussage differenziert vor dem Hintergrund des Beispiels und der Grundmodelle ethischen Argumentierens!

Nichts ist gut als …

Sog. Verlachformate erzielen sowohl im Fernsehen als auch auf Videoplattformen relativ hohe Zuschauerzahlen.

Schadenfreude ist die schönste Freude

Es gibt Leute, die behaupten, das Schönste an der Weihnachtszeit sei die Vorfreude. Totaler Quatsch! Das Schönste ist der Moment, wenn die Kinder die Geschenke auspacken. Wildes Zerren, hektisches Reißen, Papier fliegt in Fetzen durchs Wohnzimmer – dann der bange Blick auf den Inhalt. Man stelle sich nun den Blick eines Fünfjährigen vor, wenn er statt der ersehnten Playmobil-Ritterburg eine vergammelte Banane auspackt: Exakt diesen Blick hat der amerikanische Comedian Jimmy Kimmel eingefangen. Er rief Eltern in seiner Fernsehshow dazu auf, ihre Kinder ein Vorab-Weihnachtsgeschenk auspacken zu lassen, die Reaktionen zu filmen und das Ergebnis bei Youtube hochzuladen. Statt der Produkte vom Wunschzettel war nur Schrott in den Päckchen: ein angebissenes Toastbrot, eine Zwiebel, eine halbleere Saftflasche.

Die Gesichter der Kinder sind sehenswert: von purer Fassungslosigkeit über brutale Wut bis zu tiefer Trauer. Einerseits sehr grausam, andererseits auch sehr lustig.

Schadenfreude ist viel erfrischender als Vorfreude.

Titus Arnu für sueddeutsche.de

Nichts ist gut als …

Es ist überall nichts in der Welt, […] was ohne Einschränkung für gut könnte gehalten werden, als allein ein guter Wille. Verstand, Witz, Urteilskraft, und wie die Talente des Geistes sonst heißen mögen, oder Mut, Entschlossenheit, Beharrlichkeit im Vorsatze, als Eigenschaften des Temperaments, sind ohne Zweifel in mancher Absicht gut und wünschenswert; aber sie können auch äußerst böse und schädlich werden, wenn der Wille, der von diesen Naturgaben Gebrauch machen soll und dessen eigentümliche Beschaffenheit darum Charakter heißt, nicht gut ist.

Der gute Wille ist nicht durch das, was er bewirkt oder ausrichtet, nicht durch seine Tauglichkeit zu Erreichung irgend eines vorgesetzten Zweckes, sondern allein durch das Wollen, d. i. an sich, gut, und, für sich selbst betrachtet, ohne Vergleich weit höher zu schätzen als alles, was durch ihn zu Gunsten irgend einer Neigung, ja, wenn man will, der Summe aller Neigungen, nur immer zu Stande gebracht werden könnte.

I. Kant, Grundlegungsschrift

Zum Begriff des sittlich Guten bei Kant

Kant beginnt mit einer allerdings versteckten Begriffsbestimmung. Durch sie wird der Begriff des Sittlichen bestimmt und von allen anderen Begriffen des Guten abgehoben. Was ohne Einschränkung gut ist, ist nach Kant in keiner Weise relativ, sondern schlechthin und absolut gut. Alle Konkurrenten sind nicht schlechthin gut, vielmehr zweischneidig; sie lassen ebenso einen guten und wünschenswerten wie einen schädlichen und bösen Gebrauch zu. Dagegen ist es der Wille, der als guter oder schlechter darüber entscheidet, welche der beiden Richtungen der Gebrauch nimmt. Im Gegensatz zur überlieferten Moralphilosophie besteht das schlechthin Gute somit nicht in einem höchsten Gegenstand des Willens, etwa wie bei Aristoteles 👤 im Glück, sondern im guten Willen selbst.

Ottfried Höffe

• Titus Arnu scheint sog. Verlachformate zu mögen. Formulieren Sie Zustimmung oder Anfragen unter Einbezug eigener Erfahrungen! – Prüfen Sie Ihre Ansichten später vor dem Hintergrund von S. 64–67!

• »Es ist nichts in der Welt gut als …« – Probieren Sie eigene Ergänzungen aus und vergleichen Sie sie mit Kants Bestimmung (oben rechts)!

• »Alle Konkurrenten sind zweischneidig.« (Höffe) Prüfen Sie diese Behauptung an den von Kant hierzu ausgeführten Beispielen!

• Wie kann man herausfinden, was »ohne Einschränkung gut« ist? – Philosophieren Sie!

• Auf dieser Seite bleibt offen, worin der gute Wille konkret besteht. Hier hilft die Info (S. 65) weiter!

Info

Das Ziel der kantischen Ethik

Nach der Beschäftigung mit der »theoretischen Vernunft«, bei der es um die Erkenntnisfähigkeit geht ⑪, widmet sich Kant 🔴 in der *Grundlegung der Metaphysik der Sitten* der »**praktischen Vernunft**«. Indem er unter Vernunft die Fähigkeit versteht, das Sinnlich-Natürliche zu übersteigen, zielt sie in praktischer Hinsicht darauf, sich beim Handeln von z.B. Trieben, Wünschen oder bloßen Ansichten zu emanzipieren. Kant hat somit eine Ethik im Blick, die die **Mündigkeit** und die **Freiheit** (Autonomie*) des Menschen ermöglicht.

Kant sucht hierfür nach einem geeigneten Ansatz: Er soll den Menschen als Vernunftwesen ernst nehmen. Er soll möglichst exakt angeben, wofür der Mensch als ein Wesen, das Beschränkungen hat, tatsächlich verantwortlich gemacht werden kann. Und er soll ihm zugleich eine möglichst unfehlbare Hilfe an die Hand geben, die ihn in praktischer Hinsicht leitet.

Der kategorische Imperativ

Voraussetzung für das Erreichen dieser Ziele ist die Bestimmung des *schlechthin* Guten. Denn nur so gibt es ein Richtmaß, an dem man sich *unbedingt* orientieren kann. Eine solche Orientierungshilfe lässt sich nach Kant allerdings nicht widerspruchslos inhaltlich-konkret angeben oder herleiten. Die Lösung liegt vielmehr in einem *formalen* Beurteilungskriterium für wahrhafte Sittlichkeit: dem **kategorischen Imperativ.** Dieser fordert zu einem sittlichen Handeln auf, das *kategorisch,* also *ohne Einschränkung* gültig ist, und gibt danach an, worin dieses besteht, nämlich in der Orientierung an einer Maxime, die sich verallgemeinern lässt. Er lautet in seiner Grundform: »**Handle nur nach derjenigen Maxime, durch die du zugleich wollen kannst, dass sie ein allgemeines Gesetz werde.**«

Somit berücksichtigt Kant, dass Menschen nicht immer vernünftig handeln, es aber durch eine probeweise Überprüfung ihrer Handlungsgrundsätze (Maximen) können und sollen. Wenn diese Grundsätze auch für die Allgemeinheit gelten können, ist sichergestellt, dass man frei von Willkür oder Befindlichkeiten handelt. Imperative, die sich dagegen nicht verallgemeinern lassen, weil sie nur Mittel zu einem bestimmten Zweck sind (»Trinke Wasser, wenn du abnehmen willst!«), nennt Kant hypothetische Imperative.

Ein Anwendungsbeispiel

Will man prüfen, ob man ab und zu schwarzfahren darf, muss man die diesem Handeln zugrundeliegende Maxime (nicht die Handlung selbst!) benennen und ihre Verallgemeinerbarkeit prüfen. Sie könnte lauten: *Ich darf, wenn ich es möchte, auf Kosten anderer Leistungen beanspruchen, auch wenn sie mir rechtlich nicht zustehen. Als versuchsweise Vorschrift eines allgemeinen Gesetzes hieße dieses: Jeder soll auf Kosten anderer Leistungen jederzeit in Anspruch nehmen können, ohne diese zu bezahlen.* Da man durch dieses Gesetz weder einen Anspruch auf eine Entlohnung noch die Pflicht zu Leistungen hätte, kann man dies weder widerspruchsfrei wollen noch denken.

Die Beschränkung auf den guten Willen

Der kategorische Imperativ ermöglicht es also, sich selbst mithilfe des eigenen Willens einen objektiven Maßstab zur Beurteilung der Frage nach dem richtigen Handeln zu geben. Dabei kann niemand mit Sicherheit wissen, dass die Folgen einer Handlung auch tatsächlich gut sind. Z. B. könnte man auf dem Weg zum Fahrkartenautomaten mit jemandem kollidieren, der sich deshalb verletzt. Indem Kant nur den guten Willen als uneingeschränkt gut bestimmt, bewahrt er den Menschen davor, auch für jede Folge einer Handlung die moralische Verantwortung übernehmen zu müssen. Im Gegensatz zu einer reinen Gesinnungsethik (S. 63) fordert er allerdings, dass es sich beim guten Willen um ein Wollen unter »*Aufbietung aller Mittel, soweit sie in unserer Gewalt sind*«, handelt.

Der Mensch als Selbstzweck

Kant formuliert weitere Varianten des kategorischen Imperativs, von denen die Selbstzweckformel die wichtigste ist: »*Handle so, dass du die Menschheit sowohl in deiner Person, als in der Person eines jeden anderen jederzeit zugleich als Zweck, niemals bloß als Mittel brauchst.*«

- Erarbeiten Sie aus der Info und Ihren Erkenntnissen zu S. 64 ein vorläufiges Schaubild zu Kants Ethik!
- Der hypothetische Imperativ »Stiehl, damit du mehr besitzt!«, kann keine Maxime eines allgemeinen Gesetzes sein. Wie steht es mit: »Rauche nicht!«?
- Erläutern Sie die Selbstzweckformel und beziehen Sie sie auf die Video-Aktion der Kimmel-Show! (S. 64)

Pflicht
des
Fahrgastes
ist es, sich auf dem
Wagen einen festen Halt
zu verschaffen.
Etwaige Schäden, die
durch Außerachtlassung
eintreten,
sind selbst verschuldet.

Pflicht

Wer möchte diesen Erdenball
Noch fernerhin betreten,
Wenn wir Bewohner überall
Die Wahrheit sagen täten.
Ihr hießet uns, wir hießen euch
Spitzbuben und Halunken,
Wir sagten uns fatales Zeug,
Noch eh' wir uns betrunken.
Da lob' ich mir die Höflichkeit,
Das zierliche Betrügen.
Du weißt Bescheid, ich weiß Bescheid;
Und allen macht's Vergnügen.
Wilhelm Busch

Zwei Abwandlungen
Zwei berühmte Philosophen des 20. Jh.s haben versucht, Kants kategorischen Imperativ zeitgemäß zu formulieren:
›Handle so, dass die Wirkungen deiner Handlung verträglich sind mit der Permanenz echten menschlichen Lebens auf Erden‹; oder negativ ausgedrückt: ›Handle so, dass die Wirkungen deiner Handlung nicht zerstörerisch sind für die künftige Möglichkeit solchen Lebens‹; oder einfach: ›Gefährde nicht die Bedingungen für den indefiniten Fortbestand der Menschheit auf Erden‹; oder wieder positiv gewendet: ›Schließe in deine gegenwärtige Wahl die zukünftige Integrität des Menschen als Mit-Gegenstand deines Wollens ein.‹
Hans Jonas

Der kategorische Imperativ bedarf einer Umformulierung: Statt allen anderen eine Maxime, von der ich will, dass sie allgemeines Gesetz sei, als gültig vorzuschreiben, muss ich meine Maxime zum Zweck der diskursiven Prüfung ihres Universalitätsanspruchs allen anderen vorlegen. Das Gewicht verschiebt sich von dem, was jeder (Einzelne) ohne Widerspruch als allgemeines Gesetz wollen kann, auf das, was alle in Übereinstimmung als universale Norm anerkennen wollen.
Jürgen Habermas

- Vergleichen Sie, was »Pflicht« auf dem Schild und bei Kant bedeutet!
- Formulieren Sie ausgehend von W. Buschs Gedicht Anfragen an Kants Ethik!
- Informieren Sie sich über H. Jonas 👤 und J. Habermas 👤 und diskutieren Sie ihre »Abwandlungen« oben!

info

Legalität und Moralität

Kants Ethik stellt eine deontologische Pflichtethik dar. **Pflicht** meint bei Kant die Orientierung des Willens an Gesetzen, die man sich selbst mithilfe der Vernunft gegeben und als sittlich geboten anerkannt hat. Allerdings kann die Erfüllung des Gebotenen aus unterschiedlichen Motiven heraus geschehen: Ehrlichkeit kann bspw. aus Angst vor Nachteilen oder aus Sympathie für ein Gegenüber motiviert sein. Solche Handlungen, die aus Neigung geschehen oder als Mittel zur Erfüllung eines Zwecks, nennt Kant *pflichtgemäß:* Man handelt aus **Legalität.** Demgegenüber zeichnen sich Handlungen, die aus Pflicht geschehen, dadurch aus, dass sie das Gebotene um seiner selbst willen einhalten, also nur deshalb, weil es das Gute bzw. Gebotene ist. Hier spricht Kant von einem Handeln aus **Moralität.** Dieses hat einen wahren sittlichen Wert.

Handeln aus Legalität ist deshalb nicht unbedingt unsittlich oder schlecht. Es kann z. B. die Umsetzung von Maximen erleichtern. Aber es geht Kant darum, dass man nicht nur deshalb jemandem helfen soll, weil man ihn kennt und mag, sondern jedem, der in einer vergleichbaren Situation ist, in der er Hilfe benötigt. Wirklich autonom* handelt derjenige, der auch dann an einer Maxime wie Hilfsbereitschaft festhält, wenn ihn nicht schon die natürliche Neigung oder die gesellschaftliche Konvention dazu anhalten.

Menschenwürde

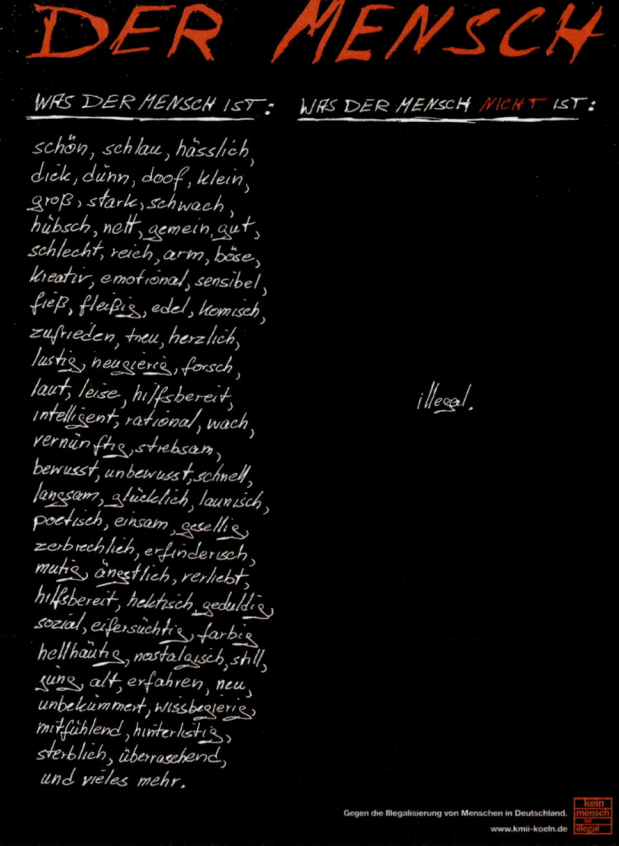

Jan Derksen für das Kölner Netzwerk »kein mensch ist illegal«

Was ist Würde?

Im Reich der Zwecke hat alles entweder einen Preis oder eine Würde. Was einen Preis hat, an dessen Stelle kann auch etwas anderes, als Äquivalent, gesetzt werden; was dagegen über allen Preis erhaben ist, mithin kein Äquivalent verstattet [erlaubt], das hat eine Würde. [...] Diese Schätzung gibt also den Wert einer solchen Denkungsart als Würde zu erkennen, und setzt sie über allen Preis unendlich weg, mit dem sie gar nicht in Anschlag und Vergleichung gebracht werden kann, ohne sich gleichsam an der Heiligkeit derselben zu vergreifen.

I. Kant, Grundlegung der Metaphysik der Sitten

Ritter, Personen, Menschenwürde

Ein Ritter hat den Status eines Ritters kraft der sozialen Wahrnehmung und Anerkennung, mit der sich seine Umgebung auf ihn als Ritter bezieht. Alles andere liefe darauf hinaus, das Ritual des Ritterschlags als Magie zu deuten: Ein Schlag mit einem Stück Metall auf den Rücken verwandelt einen Nicht-Ritter in einen Ritter. Tatsächlich dient dieses Ritual der Gewinnung der sozialen Wahrnehmung, kraft deren der Betreffende Ritter ist, weshalb es öffentlich vollzogen wird. Die natürlichen Eigenschaften des zum Ritter Geschlagenen sind vor und nach dem Ritterschlag genau dieselben. So liegt auch das Kriterium dafür, ob es angemessen ist, mit Säuglingen, Dementen, Affen, Steinen oder Bäumen Personen zu verbinden, nicht in deren wahrnehmungsunabhängig gegebenen Eigenschaften, sondern in dem Wahrnehmungsmuster bzw. Verständnis der Person. Davon, auf welche Wesen sich dieses Muster erstreckt, hängt ab, welche Wesen Personen sind.

In Bezug auf den Menschenwürdebegriff freilich wird von manchen Autoren ein Naturalismus vertreten, indem sie die Menschenwürde an eine biologische Eigenschaft binden. Demgegenüber ist zu fragen, ob es sich hier nicht genauso wie beim Personbegriff oder beim Beispiel des Ritters verhält, nämlich so, dass es hier um ein Wahrnehmungsmuster »Mensch« geht, statt um natürliche Eigenschaften. Davon, auf welche Wesen sich dieses Muster erstreckt, hängt ab, welche Wesen Menschen sind. *Johannes Fischer*

- »Das Reich der Zwecke« (Kant) bezeichnet den Bereich des Zusammenlebens, wo etwas erstrebt wird. Geben Sie Kants einflussreiche Bestimmung von Würde in eigenen Worten wieder und stellen Sie einen Bezug zu J. Fischers Überlegungen her!
- Deuten Sie das Plakat oben vor diesem Hintergrund!
- Zeigen Sie auf, mit welchen Denkfiguren christlicher Anthropologie ⑪ der Würdebegriff korrespondiert!
- Beschreiben Sie das Gemälde von Le Barbier und entschlüsseln Sie die in ihm enthaltene Symbolik! Man hätte ja auch nur den Text schön abschreiben können ... – Deuten Sie die Darstellungsabsicht!

Die »Déclaration des Droits de l'Homme et du Citoyen«* von 1789, gemalt von J.-J.-François Le Barbier 1791.
Oben links: eine Allegorie Frankreichs; rechts: die Göttin der Vernunft

Zum größten Nutzen der meisten

05. Januar 2003: »Um die Wolkenkratzer des Frankfurter Banken-
viertels kreist ein Motorsegler. Wer am Steuer sitzt, was er vorhat –
keiner weiß es, klar ist nur: Eine Katastrophe wie in New York
[11. September 2001] muss unbedingt verhindert werden. Doch
das erweist sich schnell nicht nur als praktisches, sondern v. a. als
juristisches Problem: Darf man, um Schlimmeres zu verhindern, ein
Flugzeug abschießen?« (K. Hilt, Planet Wissen)

info

Der (klassische) Handlungsutilitarismus

Der Utilitarismus (lat. *utilis*: nützlich) stellt eine Form
eudämonistischer* Ethik dar, da hinter allem Handeln
ein Streben nach Glück stehe. Indem der Mensch auf
andere angewiesen ist, bedarf es bei diesem Streben einer »Harmonie der Interessen« (Bentham). Die Begründer des Utilitarismus – Jeremy Bentham und John
Stuart Mill – beurteilen die Richtigkeit oder Falschheit
einer Handlung deshalb danach, ob die zu erwar-
tenden Folgen das »größtmögliche Glück der größtmöglichen Zahl« fördern. Im Gegensatz zu Bentham,
der Glück ausschließlich quantitativ durch das Mehr
oder Weniger an Lust bestimmt, bezieht Mill auch die
Qualität mit ein: Seines Erachtens ist geistige Lust hö-
herwertiger als die körperliche, weshalb er sagen kann:
»Es ist besser, ein unzufriedener Mensch als ein zufrie-
dengestelltes Schwein zu sein«.

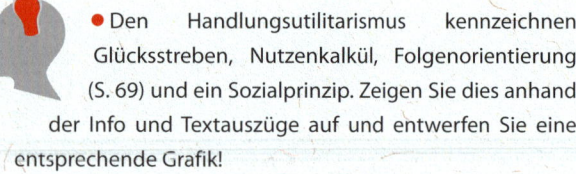

- Den Handlungsutilitarismus kennzeichnen
Glücksstreben, Nutzenkalkül, Folgenorientierung
(S. 69) und ein Sozialprinzip. Zeigen Sie dies anhand
der Info und Textauszüge auf und entwerfen Sie eine
entsprechende Grafik!
- »… vor allem als juristisches Problem«? (siehe Zitat oben)
- Der Pilot hatte damit gedroht, das entführte Flugzeug in ein
Hochhaus stürzen zu lassen. – Analysieren Sie, welche Faktoren man für die Beurteilung eines Abschusses aus utilitaristischer Sicht berücksichtigen müsste! Prüfen Sie dies anschließend für den Fall, dass Geiseln an Bord wären!

Über das Prinzip der Nützlichkeit (1789)

Die Natur hat die Menschheit unter die Herrschaft zweier souveräner Gebieter – Leid [Unlust, *pain*] und Freude
[Lust, *pleasure*] – gestellt. Es ist an ihnen allein aufzuzei-
gen, was wir tun sollen, wie auch zu bestimmen, was wir
tun werden.

Unter dem Prinzip der Nützlichkeit ist jenes Prinzip zu
verstehen, das schlechthin jede Handlung in dem Maß bil-
ligt oder missbilligt, wie ihr die Tendenz innezuwohnen
scheint, das Glück der Gruppe zu befördern oder zu verhindern. Ich sagte: schlechthin jede Handlung, also nicht
nur jede Handlung einer Privatperson, sondern auch jede
Maßnahme der Regierung.

Man addiere die Werte aller Freuden auf der einen und
die aller Leiden auf der anderen Seite. Wenn die Seite der
Freude überwiegt, ist die Tendenz der Handlung im Hinblick auf die Interessen dieser einzelnen Person insgesamt
gut; überwiegt die Seite des Leids, ist ihre Tendenz insgesamt schlecht. Danach bestimme man die Anzahl der Personen, deren Interessen anscheinend betroffen sind, und
wiederhole das oben genannte Verfahren im Hinblick auf
jede von ihnen.

Jeremy Bentham

Der Utilitarismus (1861)

Nach dem Prinzip des größten Glücks *[happiness]* ist der
letzte Zweck ein Leben, das so weit wie möglich frei von
Unlust und in quantitativer wie in qualitativer Hinsicht
so reich wie möglich an Lust ist. Indem dies nach utilitaristischer Auffassung der Endzweck des menschlichen
Handelns ist, ist es notwendigerweise auch die Norm der
Moral. Diese kann also definiert werden als die Gesamtheit der Handlungsregeln und Handlungsvorschriften,
durch deren Befolgung ein solches Leben für die gesamte Menschheit im größtmöglichen Umfange erreichbar
ist; und, soweit es die Umstände erlauben, für die gesamte
fühlende Natur.

John Stuart Mill

- Im Zuge des Vorfalls wurde das Luftsicherheitsgesetz überarbeitet: Ein Abschuss sollte auch bei Geiselnahme rechtens sein,
sofern »das Luftfahrzeug gegen das Leben von Menschen eingesetzt werden soll«. – Verfassen Sie eine Stellungnahme aus
utilitaristischer Sicht oder vor dem Hintergrund der S. 64–67! –
Vergleichen Sie sie mit dem Urteil des Bundesverfassungsgerichts vom 15. Februar 2006 (S. 69 oben)!

Aus dem Urteil des Bundesverfassungsgerichts zum Luftsicherheitsgesetz (15. Februar 2006)

Auch die Einschätzung, die Betroffenen seien ohnehin dem Tod geweiht, vermag ihrer Tötung nicht den Charakter eines Verstoßes gegen den Würdeanspruch dieser Menschen zu nehmen. Menschliches Leben und menschliche Würde genießen ohne Rücksicht auf die Dauer der physischen Existenz gleichen verfassungsrechtlichen Schutz.

Peter Singer: Zur Anwendung von Gewalt

Eine Person zu töten bedeutet normalerweise nicht nur eine, sondern eine Vielzahl der zentralsten und bedeutendsten Präferenzen, die ein Wesen haben kann, zu verletzen. Sehr oft wird dadurch alles, was das Opfer in den vergangenen Tagen, Monaten oder sogar Jahren zu tun bemüht war, ad absurdum geführt.

Eine Person zu töten, die es vorzieht, weiterzuleben, ist daher unrecht. Es gibt aber Arten von Gewalt, die sich nicht so überzeugend ausschließen lassen, wie etwa der Mordanschlag auf einen mordgierigen Tyrannen. Vorausgesetzt, die mörderische Politik ist Ausdruck der Persönlichkeit des Tyrannen und nicht Bestandteil der Institutionen, denen er gebietet, so ist die Gewalt hier streng begrenzt; der Zweck ist die Beendigung weit größerer Gewalt; der Erfolg einer einzelnen gewaltsamen Handlung dürfte sehr wahrscheinlich sein, und es gibt möglicherweise keinen anderen Weg, um der Herrschaft des Tyrannen ein Ende zu setzen. Wenn wir sagen, Gewalt sei immer unrecht, und uns weigern, das Attentat auszuführen, müssen wir dann nicht eine gewisse Verantwortung für die künftigen Morde des Tyrannen übernehmen? *aus: Praktische Ethik, 1979*

- Die Überzeugungen P. Singers (siehe Info) haben z.T. starke Ablehnung hervorgerufen. Versuchen Sie, sie aus seiner Sicht verständlich zu machen!
- Der 31-jährige Pilot des Flugzeugs (S. 68) war geistig verwirrt und wollte mit seiner Aktion an eine 1986 bei der Explosion einer Raumfähre getötete US-Astronautin erinnern, in die er verliebt gewesen ist. – Prüfen Sie einen möglichen Abschuss aus der Sicht Singers unter Einbezug des obigen Textes! – Bewerten Sie anschließend, ob er sich bei einer Geiselnahme dem Urteil des BVGs anschließen würde!
- Formulieren Sie Anfragen an utilitaristische Denkfiguren und diskutieren Sie deren Stärken und Schwächen!

»Mücken würde ich erschlagen, meinen Hund nie.«

»Ich hasse es, wenn Leute noch in die Kreuzung reinfahren, obwohl nichts mehr geht.«

»Bei der Todesstrafe würde ich nicht über den größten Nutzen nachdenken, beim Einkaufen aber schon.«

info

Der Präferenzutilitarismus

Eine wichtige ethische Position der Gegenwart stellt der Präferenzutilitarismus von Peter Singer 👤 dar. Auch er verbindet rationale Argumentation mit einer Rückkopplung an mögliche Folgen in der Wirklichkeit und dem Prinzip der Verallgemeinerbarkeit, versucht aber Probleme des klassischen Utilitarismus zu vermeiden, die sich z.B. aus den Schwierigkeiten einer allgemeinen Bestimmung von Glück ergeben. Stattdessen stellt er die **individuellen Interessen** (also die Präferenzen) **von** »Wesen« in den Mittelpunkt, wobei er darunter nicht nur geäußerte Wünsche, sondern auch allgemeine Lebensinteressen versteht. Das Prinzip der Verallgemeinerbarkeit ethischer Standpunkte »erfordert von mir, dass ich alle diese Interessen abwäge und jenen Handlungsverlauf wähle, von dem es am wahrscheinlichsten ist, dass er die Interessen der Betroffenen weitestgehend befriedigt, also insgesamt für alle Betroffenen die besten Konsequenzen hat.«

Liegen widerstreitende Interessen vor, ist abzuwägen, welche gewichtiger sind. Dabei spielt der **Grad des Bewusstseins** eine zentrale Rolle: Je mehr ein Wesen ein Bewusstsein hat von dem, wer es ist und was mit ihm geschieht, desto schwerer wiegen seine Interessen. Wenn »ein Wesen nicht fähig ist, sich selbst als in der Zeit existierend zu begreifen, brauchen wir nicht auf die Möglichkeit Rücksicht nehmen, dass es wegen der Verkürzung seiner künftigen Existenz beunruhigt sein könnte.« So hat ein Fisch am Haken »lediglich eine Präferenz für das Aufhören des Zustandes«, anders als z.B. Menschenaffen, die »mit uns kommunizieren« können und sich dabei auf »vergangene und zukünftige Ereignisse« beziehen. Dies bedeutet aber zugleich, dass z.B. Föten oder »geistig behinderte Menschen weniger Anspruch als viele nichtmenschliche Lebewesen haben, als selbstbewusst und autonom* zu gelten.« Und: »Da kein Fötus eine Person ist, hat kein Fötus denselben Anspruch auf Leben wie eine Person.«

Nichts-

Renate Storz, »Maria und Martha«

Predigt: »Rogate – Faulheit« (zu Lukas 10,38–42)

»Gehe hin und tue desgleichen« [Lk 10,37] – so endet die Beispielerzählung vom barmherzigen Samariter; und nun kommt einer der kleinen, unscheinbaren Geniestreiche des Lukas, er schließt nämlich die Geschichte von Maria und Marta mit den Worten an: »Und als sie nun hingingen …« – es ist dasselbe Verb wie das ›gehe hin und tue desgleichen‹, und wir sollen merken: Die folgende Geschichte richtet sich an die, die hingehen und sich um ihren Nächsten mit viel Mühe und Arbeit und aufopferungsvoll zu schaffen machen, eine Geschichte für den, der tatsächlich »desgleichen« tut.

Marta ist die Fortsetzung des sich abmühenden Samariters; in Maria wiederholt sich die merkwürdige Passivität dessen, der unter die Räuber gefallen ist. Auch er tut gar nichts. Er nimmt nicht dem Samariter die Wundversorgungsmittel aus der Hand und verarztet sich selbst; er besteht nicht darauf, das Geld, das für seine Unterbringung aufgewendet wird, später wieder zurückzuerstatten; er dankt nicht einmal – mehr noch: Er spricht kein Wort und wird auch nicht angesprochen. Reine Passivität. Er lässt die Hilfe geschehen. Er lässt sich beschenken.

Eine Predigt für die Tätigen, für die Helfer, für die Engagierten. Sie sollen nicht am Tun gehindert werden, mit-

nichten, unverändert bleibt der Satz stehen: »Gehe hin und tue desgleichen.« Nur ein relativierender, ein ins Verhältnis setzender Hinweis: Marta hat eine Schwester. Die wohnt mit ihr zusammen, es gibt sie nur im Doppelpack. Es gibt das Engagement, das Helfen, das Dienen, das Trösten, das Heilen, das Sorgen nur in Zusammenhang mit dem Nehmen. Dem Empfangen. Mit der Angewiesenheit, die sich helfen lässt. Mit dem Trost, den man empfängt. »Und das ist das bessere Teil« [Lk 10,42] – heißt: Das geht voraus. Das begründet. Das ist das Vorgängige. Und das ist das Ziel. Nur wer sich trösten lässt, darf trösten. Nur wer zuvor Hilfe empfängt, soll helfen. Nur wer Vergebung empfangen hat, darf vergeben. Nur wer zu bitten weiß, darf schenken. Nur wer ein freier Herr über alle Dinge ist, darf Diener aller sein. Vergesst nicht, euch helfen zu lassen.

Aber das ist nur die erste Pointe des Textes. Er ist nicht einfach daran interessiert, unser Helfersyndrom zu kurieren. Lukas fährt nämlich fort: »Und es begab sich, dass er an einem Ort war und betete. Als er aufgehört hatte, sprach einer der Jünger zu ihm: Herr, lehre uns beten … Er aber sprach zu ihnen: Wenn ihr betet, so sprecht: »Vater unser, geheiligt werde dein Name …« [Lk 11,1 ff.]

Das Empfangen der Maria, die Haltung der Passivität hat einen Ort. Das eine, was Not tut, ist das Gebet. Das Bittgebet, wohlgemerkt! – nicht umsonst fehlt im Vaterunser der Dank. Es ist ganz Ausdruck der Angewiesenheit und der Haltung des Empfangens. In diesem Gebet spricht sich das Wissen aus, dass wir angewiesen sind, und dass wir uns auf eine Hilfe verlassen. Dass wir, die den Hunger anderer stillen, selbst gesättigt werden müssen. Dass wir, wenn wir vergeben, selbst auf Vergebung angewiesen sind. Dass wir, wo wir zurechtbringen, selbst auf den Schutz vor dem Bösen angewiesen sind.

Notger Slenczka

> Auf dieser und den nachfolgenden Seiten geht es um die Grundlagen christlicher Ethik. Besonders wichtige Quellen biblischer Ethik stellen die Zehn Gebote und die Bergpredigt dar, mit denen Sie sich auf den Seiten 74 bis 81 auseinandersetzen. Da es in christlicher Ethik aber nicht darum geht, einzelne Bibelzitate auf Fragen guten Lebens oder richtigen Entscheidens anzuwenden, beschäftigen Sie sich zuvor mit der dem Alten und Neuen Testament gemeinsamen Grundstruktur christlicher Ethik – dem Wesen ihrer Argumentation, ihrem »Geist«.

S	S	M	D	M	D	F
26	**27**	**28**	**29**	**30**	**31**	**1**

Kommt her zu mir, alle, die ihr mühselig und beladen seid; ich will euch erquicken. MT 11,28

Fürwahr, meine Seele ist still und ruhig geworden wie ein kleines Kind bei seiner Mutter; wie ein kleines Kind, so ist meine Seele in mir. Ps 131,2

Jesusgebet aus dem 3. Jahrhundert

Das folgende Gebet ist eines der ältesten christlichen Gebete. Seine Ursprünge reichen bis zu den ersten Mönchen, die als Eremiten oder in der Gruppe in den Wüsten Ägyptens und Syriens ein von Askese, Gebet und Arbeit bestimmtes Leben führten. Die wenigen Worte werden im Rhythmus des Atmens nicht nur zu festen Gebetszeiten, sondern auch zu allen Aktivitäten leise gesprochen:
»Herr Jesus Christus, Sohn Gottes ...« (Einatmen)
»... erbarme dich meiner / unser.« (Ausatmen)

Freiraum

Augenblicke
einatmen
Fenster und Türen
weit offen
Wolkenschleier
abstreifen
in Alabasterblau
vom Sonnenlicht
durchflutet sein
nur über Schatten springen
eintauchen
gelingt heute nicht
aber ein Ausatmen
Sonja Viola Senghaus

Die Ethik spricht den Menschen auf sein Tätersein an. Sie will ihn aktivieren. Vor dem Evangelium ist der Mensch rein Empfangender, passiv, Hörer. *Martin Honecker* 👤

`Christliche Ethik: Ausatmen?`

- Lesen Sie die Erzählung von Marta und Maria (Lk 10,38–42)! Vielleicht wollen Sie einen Ausschnitt der Erzählung in einem Standbild einfrieren. Vergleichen Sie Ihr Standbild mit dem Gemälde auf S. 70!
- »Maria hat das gute Teil erwählt« (V. 42, Lutherbibel). – Schlagen Sie andere Übersetzungen nach und deuten Sie Jesu Aussage! – Vergleichen Sie Ihre Überlegungen mit denjenigen von N. Slenczka (S. 70)!
- Entdecken Sie Elemente der Predigt im Gemälde auf S. 70. Achten Sie besonders auf Gestik und Mimik der Figuren sowie auf die Raumaufteilung und die Farbgebung!
- Prüfen Sie Zusammenhänge zwischen der Predigt und den Materialien dieser Seite!
- »Atemholen«, so wie Marta – prüfen Sie, ob sich das sinnvoll auf eine Unterrichtsstunde / den Schulalltag / das Schuljahr übertragen lässt!

Freiheit als Aufgabe

Die Schlusseinstellung des Films »Der Prinz von Ägypten« (1998). Die Szene schließt unmittelbar an die Rettung am Schilfmeer (2 Mose 14 f.) an und zeigt den vom Berg Sinai zurückkehrenden Mose.

Eine jüdische Erklärung

Warum sind die zehn Worte nicht am Anfang der Tora gesagt worden? Sie [die Weisen] haben ein Gleichnis aufgestellt. Womit ist das zu vergleichen? Mit einem, der in eine Stadt zog. Er sprach zu ihnen [den Bewohnern]: Ich will über euch König sein. Sie sprachen zu ihm: Hast du irgendetwas für uns getan, dass du über uns König sein willst? Was machte er? Er baute ihnen die Mauer, leitete ihnen den Wasserkanal zu, führte für sie Kriege. [Hierauf] sprach er: Ich will über euch König sein. Da sprachen sie zu ihm: Ja und Ja! So führte Gott die Israeliten aus Ägypten, spaltete ihnen das Meer, ließ ihnen das Manna herabkommen, ließ ihnen die Brunnen emporsteigen, trieb ihnen die Wachteln zu, führte für sie den Krieg mit Amalek. [Darauf] sprach er zu ihnen: Ich will über euch König sein. Da sprachen sie zu ihm: Ja und Ja!

Mekhilta* des R. Jischmael Bahodesch

- Unterscheiden Sie Aspekte von Freiheit in den Bibelzitaten (oben rechts)!
- Man hätte den »Prinz von Ägypten« auch mit 2 Mose 15 enden lassen können. Deuten Sie, warum die obige Schlusseinstellung gewählt wurde! Beachten Sie z. B., was Mose in den Händen hält, warum man ihn nicht mitten ins Volk stellt oder die Gestaltung des Horizonts!
- »Selig seid ihr« (Lk 6,20) – Könnte man die Zehn Gebote auch mit dieser Wendung einleiten? – Vergleichen Sie dazu auch die jüdische Erzählung und die Info!

Und ich bin herniedergefahren, dass ich sie errette aus der Ägypter Hand und sie herausführe aus diesem Lande in ein gutes und weites Land, darin Milch und Honig fließt.
2 MOSE 3,8

Ich bin der HERR, dein Gott, der ich dich aus Ägyptenland, aus der Knechtschaft, geführt habe.
2 MOSE 20,2

Und er ging mit ihnen hinab und trat auf ein ebenes Feld. [...] Und alles Volk suchte ihn anzurühren; denn es ging Kraft von ihm aus und er heilte sie alle. Und er hob seine Augen auf über seine Jünger und sprach: Selig seid ihr ...
LK 6,17.19 F.

●nfo
Zuspruch und Anspruch

- Ethik allein auf die Frage zu beziehen, was der Mensch tun soll, wäre eine unangemessene Verkürzung. Denn der Mensch wird nach evangelischem Verständnis vor Gott gerade nicht aufgrund seiner guten Werke, sondern allein durch das Vertrauen auf dessen Gnade gerecht: »Gute, fromme Werke machen nimmermehr einen guten, frommen Mann« (M. Luther). Indem christliche Ethik Gott ins Spiel bringt, werden Gedankenfiguren oder Gewissheiten der philosophischen Ethik irritiert und geraten neu in Bewegung; die Ethik wird geradezu auf den Kopf gestellt ⑥ ⑨ ⑪ . Beispielsweise können »gerade die ethischen Hochleistungen des Menschen nach dem Urteil des Neuen Testaments Sünde sein« (Martin Honecker ☺).

- Die Frage nach dem richtigen Handeln bzw. nach dem guten Leben kann daher christlich verstanden nicht losgelöst von Gott betrachtet werden: In den Erzählungen der Bibel ist es Gott, der in die Freiheit führt, beschenkt, erlöst und damit Heil schafft – und er zeigt auf, wie ein Leben nach seinem Willen gelingen und der Mensch seine Freiheit bewahren kann.

- Als Versuch, dies begrifflich zu fassen, verwendet die Theologie Begriffspaare wie Zuspruch und Anspruch, Indikativ und Imperativ, Evangelium und Gesetz, wobei die Begriffe weder durch ein Vorher-Nachher, noch durch ein Wenn-Dann oder Weil-Deshalb in Verbindung stehen, sondern untrennbar und spannungsvoll aufeinander bezogen sind.

Niemand suche das Seine, sondern was dem andern dient. 1 Kor 10,24

Christliche Ethik muss dialogfähig und gesprächsbereit sein. Sie bedarf der Fähigkeit zur Selbstkritik und zur Korrektur von Fehlentwicklungen und Fehlurteilen. Auch hat sie darauf zu achten, christliche Vorstellungen vom richtigen Handeln und vom guten Leben in allgemein einsichtige, universalisierbare ethische Vorstellungen zu übersetzen. Daraus ergibt sich die spezifische Aufgabe einer theologischen Ethik: Phänomene zu interpretieren und kritisch zu analysieren. Ihr Leitgedanke lautet: Ethik der Unterscheidung. Sie hat Unterscheidungen zu erkennen und einzuüben.

Eine so verstandene Ethik kann in ihrer Reflexion nur eine skeptische sein. Skeptisch heißt freilich nicht, dass damit alles zweifelhaft und relativ wird, sondern besagt im ursprünglichen Wortsinn Betrachtung, Untersuchung, Überlegung. Sie hält sich somit an den Rat des Apostel Paulus 👤: »Prüft aber alles, und das Gute behaltet« (1 Thess 5,21). *Martin Honecker* 👤

Es gibt in der Bibel keine einheitliche oder gar systematisch ausgearbeitete Ethik. Es geht hier entweder um konkrete ethische Fragen mit konkreten Weisungen oder um sehr allgemeine, grundsätzliche Orientierungshilfen für ein Verhalten, das geprägt ist von einem Vertrauen auf Gott und auf seine Herrschaft.

Paulus konnte als ethische Regel z. B. formulieren: »Was wahrhaftig ist, was ehrbar, was gerecht, was rein, was liebenswert, was einen guten Ruf hat, sei es eine Tugend, sei es ein Lob – darauf seid bedacht!« (Phil 4,8). Er fordert aber auch: »Passt euch nicht einfach dieser Welt an, sondern erneuert euer Denken und Streben, damit ihr prüfen könnt, was Gottes Wille ist, nämlich das Gute und Wohlgefällige und Vollkommene.« (Röm* 12,2). Ethik hat also mit »Prüfen und Nachdenken« zu tun, worin in der jeweiligen Situation ein dem Willen Gottes gemäßes Handeln besteht.

Das »erneuerte« Denken und Streben zeigt sich darin, dass man sich nicht an den eigenen Wünschen, sondern an der Last der anderen orientiert: »Einer trage des andern Last, so werdet ihr das Gesetz Christi erfüllen.« (Gal 6,2) Vorausgesetzt ist bei ihm dabei immer, dass der von Christus befreite Mensch in dieser Freiheit leben kann und soll (Gal 5,1). *nach Karl F. Haag*

Alles ist mir erlaubt, aber nicht alles dient zum Guten. Alles ist mir erlaubt, aber es soll mich nichts gefangen nehmen. 1 Kor 6,12

Seht aber zu, dass diese eure Freiheit für die Schwachen nicht zum Anstoß wird! 1 Kor 8,9

Der Glauben muss überströmen, um Gott in allen Kreaturen mit letzter Hingabe zu dienen. Denn wenn wir im Glauben von der Barmherzigkeit Gottes gekostet haben und die göttliche Güte durch das Wort des Evangeliums erkannt haben, das uns die Sünden vergibt und die Gnade der Sünde verheißt, dann kann das Herz gar nicht anders als Gott wiederzulieben, vor Freude ausgelassen zu sein und gleichsam mit einem Gegendienst seine Dankbarkeit für die so große Barmherzigkeit zu bezeugen. *Philipp Melanchthon*

Diese Welt ist kein Wartezimmer für das Reich Gottes. Diese Welt ist auch noch nicht das Reich Gottes selbst. Sie ist der Kampfplatz und der Bauplatz für das Reich, das von Gott selbst auf Erden kommt. Man kann schon jetzt durch neuen Gehorsam und schöpferische Nachfolge im Geist dieses Reiches leben. Die christliche Ethik hatte bisher zu oft Gott nur im Rücken und nur eine feindliche Welt vor sich. Eine messianisch orientierte Ethik macht Menschen zu »Mitarbeitern« am Reich Gottes. *Jürgen Moltmann* 👤

- »Prüft alles!« – Kommentieren Sie 1 Thess 5,21 und die anderen Paulusstellen auf dieser Seite aus Sicht von im Kapitel behandelten philosophischen Positionen!
- Entdecken Sie in den Materialien dieser Seite verschiedene Facetten christlicher Ethik und beziehen Sie sie auf die Gedankenfigur von »Zuspruch und Anspruch« (S. 72)!

Vom Berg herab?

Miniatur aus einem Andachtsbuch (Stundenbuch), 14. Jh.

Als Mose aber nahe zum Lager kam und das Kalb und das Tanzen sah, entbrannte sein Zorn und er warf die Tafeln aus der Hand und zerbrach sie unten am Berge und nahm das Kalb, das sie gemacht hatten, und ließ es im Feuer zerschmelzen und zermalmte es zu Pulver und streute es aufs Wasser und gab's den Israeliten zu trinken. 2 MOSE 32,19 F.

Zerbrochener Bund

Als Mose den Berg hinabsteigt, hat sich das Volk von dem offenbarend-verborgenen Gott abgewandt und dem vorzeigbar-geschaffenen Bild zugewandt. Als Zeichen des Bruchs zerbricht Mose die Tafeln, zerschmettert die Zeichen der Verbindung. Die Tafeln hatten Zeichen des Bundes sein sollen, mit den Zehn Worten als bindendem Vertragstext, besiegelt durch die Zusage des göttlichen »Ich bin« und des vom Volk erklärten »das wollen wir tun«. In den Tafeln sollte die gesprochene Gegenwart Gottes sichtbar besiegelt werden, doch jetzt zerbricht der Mittler dieses Siegel am Fuß des Berges. *Christian Frevel*

info
Die Entstehung des Dekalogs

- Der Dekalog (griech. *dekalogos*: Zehn-Wort) ist im Alten Testament in ein großes Erzählwerk eingebunden und wird zweimal überliefert, in 2 Mose 20,2–17 und in 5 Mose 5,6–21. An beiden Stellen folgt eine Sammlung von Gesetzen, die als seine Auslegungen und Anwendungen zu verstehen sind.

- Der Dekalog ist insgesamt wohl jünger als die mit der Figur des Mose erzählerisch verbundene Zeit des Exodus aus Ägypten und der Landnahme (ca. 1200 v. Chr.). Andererseits sind Gebote wie das Nicht-Töten oder Nicht-Stehlen schon lange vorher Teil des Familien- und Sippenethos (»Ethos«, S. 59) der Israelstämme.

- In der Forschung wird diskutiert, ob 5 Mose 5 die ältere der beiden Fassungen ist. Eine Deutung lautet: Bei der Erstellung des Pentateuchs* gerät 5 Mose mit dem Dekalog an den Rand der Schriften. Der Pentateuchredaktor, der nach dem babylonischen Exil (586–536 v. Chr.) einen geschlossenen Erzählzusammenhang herstellt, belässt den Dekalog in 5 Mose und setzt ihn ein zweites Mal nach vorn an die Spitze der gesamten Sinai-Gesetzgebung, wobei er die ihm vorliegende ältere Fassung überarbeitet. Als Beleg dient v. a. die unterschiedliche Begründung des Schabbatgebots: 5 Mose führt die Erfahrung des Volkes Israel, befreit worden zu sein, an. 2 Mose 20 begründet universal mit der Schöpfungsordnung.

- Überfliegen Sie den Erzählkontext von 2 Mose 20! Ordnen Sie die Bilder links dem Bibeltext zu!
- So wütend (2 Mose 32,19 f.)? Finden Sie Gründe für Moses Reaktion! Die Überlegungen von C. Frevel und die Notizen (S. 75) können Ihnen dabei helfen.
- Das Original ist zerstört. Deuten Sie dies!
- Überlegen Sie, warum der Dekalog doppelt überliefert ist und warum man bei der Endredaktion beide Fassungen beibehalten hat! – Vergleichen Sie dazu die Info!
- »Und er verkündete euch […] die Zehn Worte …« (5 Mose 4,13). Zählen Sie in der Bibel nach und informieren Sie sich über die Zählweisen* der Zehn Gebote im Lexikon!
- Vergleichen Sie die zwei Fassungen des Dekalogs nach Kriterien wie: echter, älter, aktueller, überzeugender …!

Info

Erklärungen zur historischen Bedeutung der Zehn Gebote

… keine anderen Götter haben neben mir. Die Verpflichtung setzt voraus, dass andere Gottheiten als existierend angenommen und verehrt wurden. Die Beziehung Jahwes mit seinem Volk sollte jedoch einzigartig sein (Monolatrie*), eine Konsequenz der Exoduserfahrung: Sich nicht an Gott, den Befreier, zu halten, hätte das Volk in neue Abhängigkeiten führen können. ⑪

… kein Bildnis noch irgendein Gleichnis machen … Das Gebot bezog sich ursprünglich auf die Verehrung fremder Gottheiten, die in den Nachbarländern Israels z. B. in Form von Skulpturen (etwa in Gestalt von Stieren) verehrt wurden. Das Bilderverbot beinhaltete, Gott nicht auf ein bestimmtes Bild festzulegen. ⑪

… den Namen des HERRN, deines Gottes, nicht missbrauchen … Der Name steht nach damaliger Vorstellung stellvertretend für den Genannten: Gott ist in seinem Namen gegenwärtig. Häufig als Verbot gegen das Aussprechen des Gottesnamens verstanden, erinnerte das Gebot im Kern v. a. an Gottes Unverfügbarkeit. ⑪

Gedenke des Sabbattages, dass du ihn heiligest. Der Sabbat galt seit dem 8. Jh. v. Chr. als arbeitsfreier Ruhetag (für Mensch und Tier), eine genuin israelitische Tradition. Während der Exilszeit (6. Jh.) wurde der Tag zum Tag für Jahwe und damit zum Bekenntnisakt. ⑧⑨

… deinen Vater und deine Mutter ehren … Das Gebot hatte das Verhältnis erwachsener Kinder zu ihren alt gewordenen Eltern im Blick, da es weder Versicherungen noch die Altersrente zur Absicherung gab. ⑩

… nicht töten. Das im Hebräischen verwendete Verb meinte nicht das Töten von Tieren, das Töten aus Notwehr, im Krieg oder die Vollstreckung der Todesstrafe. Es ging um Mord im Sozialverband.

… nicht ehebrechen. Ehebruch bedeutete, dass ein Mann – gleichgültig, ob verheiratet oder ledig – ein Verhältnis mit einer bereits verlobten oder verheirateten Frau einging. Das Gebot sollte die Familie vor illegitimen Erben und der Auflösung des Familienverbands schützen.

… nicht stehlen. Die Forderung richtete sich nicht nur gegen den Diebstahl fremden Eigentums, sondern auch gegen den Menschenraub zum Zwecke der Versklavung.

… nicht falsch Zeugnis reden wider deinen Nächsten. Ein Meineid konnte verhängnisvolle Folgen für einen Beschuldigten haben. Falsche Anschuldigungen versuchte man einzudämmen, indem man Todesurteile an das Zeugnis mindestens zweier Zeugen band und diese Zeugen außerdem an der Hinrichtung beteiligte. ⑩

… nicht begehren … Das Nicht-Begehren schloss alle legalen Bestrebungen (innerliche wie äußerliche) ein, den Nächsten um seine Existenz zu bringen.

Die Zehn Gebote – heute?

War es beim [sechsten] Gebot vor allem um die Sicherung der legitimen Nachkommenschaft und um die Erhaltung des integeren bäuerlichen Familienverbandes gegangen, so könnte das z. B. übersetzt heißen, dass heute für den Bestand des Generationenvertrags Sorge getragen werden muss. Im Gehorsam gegen dieses gute Gebot haben wir dafür zu sorgen, dass Frauen ihre Kinder in einer gesunden Umwelt und in lebensfreundlicher Umgebung zur Welt bringen können, dass unsere Kinder unbeschädigt aufwachsen und sich entfalten können, damit sie morgen dazu fähig werden, ihrerseits in den Generationenvertrag einzutreten.

So bekommt das [sechste] Gebot eine ganz neue Aktualität. Übersetzt hieße das: Du sollst Paare bzw. Lebensgemeinschaften nicht darin stören oder daran hindern, ihre Liebesbeziehung aufzubauen, zu vertiefen und pfleglich zu leben, weil in ihnen die neuen Generationen geboren werden. Alle Menschen, die gewollt oder ungewollt, familien- und beziehungsfeindliche Einflüsse auf Paare ausüben, sind kleine oder größere Ehebrecher im Sinne des Gebots.

Christof Hardmeier

● Diskutieren Sie, ob es einen Unterschied macht, wenn man weiß, worauf sich die Zehn Gebote ursprünglich bezogen haben!

● Sammeln Sie Themen der Sozialpolitik, über die im Moment diskutiert wird! Untersuchen Sie, ob und gegebenenfalls wie die Zehn Gebote, sozialgeschichtlich ausgelegt, hierzu in Beziehung gesetzt werden können!

● Prüfen Sie vor dem Hintergrund dieser Seite, ob Ch. Hardmeiers Auslegung des Gebots, nicht die Ehe zu brechen, eine adäquate Deutung ist!

Zehn Worte

Marc Chagalls Darstellung des Mose ist in der Knesset, dem Parlament in Jerusalem, zu sehen.

Das titellose Foto stammt aus der Fotoreihe »Berühmt und reich« von Daniela Rossell. Diese zeigt mexikanische Frauen, die sich selbst inszenieren. Auf der hier nicht abgebildeten Rückseite sind Menschen zu sehen, die in Armut leben.

Die Fassade des Landgerichts Bremen zeigt unter dem Saal des Schwurgerichts ein Mosaik mit den Zehn Geboten. Die Nationalsozialisten verlangten die Zerstörung der Bilder, was nicht geschah. Man bedeckte das Mosaik mit Platten und legte es nach dem Krieg wieder frei.

Wenn die uralten Zehn Gebote trotz der an ihnen noch wahrnehmbaren Spuren längst vergangener Zeiten noch immer so frisch und neu sind wie am ersten Tag, dann deshalb, weil sie unsere Freiheit verteidigen. Als solche haben sie Zukunft. *Eberhard Jüngel*

Die Synagoge Ohel Jakob in München: Die Mauern sollen an den alten Tempel in Jerusalem erinnern. Die hohen Schiebetüren am Eingang zeigen die Anfangsbuchstaben der Zehn Gebote.

- »… weil sie unsere Freiheit verteidigen« – Beziehen Sie die These(n) von E. Jüngel auf die Bilder dieser Seite und diskutieren Sie sie!
- Am Dekalog lässt sich kreativ arbeiten: Zum Beispiel könnte man eine Collage oder Zeichnung zu einem der Gebote entwerfen und dabei Bezug auf aktuelle gesellschaftliche Entwicklungen nehmen. Im Anschluss wäre es möglich, das Werk eines Mitschülers / einer Mitschülerin zu deuten. Vielleicht mögen Sie auch eine kleine Ausstellung (z. B. in einem Schaukasten Ihrer Schule) mit den entstandenen Bildern machen.

info

Die Gültigkeit der Zehn Gebote

- Das Zentrum der jüdischen Religion bildet die Tora als Ganzes. Grund für diese unangefochtene Stellung ist die Überzeugung, dass sich Jahwe am Sinai offenbart und mit seinem Volk Israel verbunden hat. Alle 613 *Mizwot* (248 Gebote und 365 Verbote) der hebräischen Bibel umfassen nach jüdischem Verständnis das, was zum gelingenden Leben notwendig ist. Ihre Auslegung findet in Bezug zur mündlichen Tora ⑨ (begonnen in Mischna, Talmud und Kommentaren) statt.

- Nach Martin Luther sind die Ge- und Verbote des Alten Testaments vor allem »der Juden Sachsenspiegel« (ältestes Rechtsbuch des deutschen Mittelalters). Nichtsdestotrotz hält er an der Gültigkeit der Zehn Gebote fest, da sie den Menschen seiner Meinung nach an das natürliche Gesetz (lat. *lex naturae*) erinnern, das jedem mit der Schöpfung ins Herz gelegt worden ist. Weil der Mensch nach Luthers Ansicht zur Erfüllung dieser natürlichen Gebote nicht fähig ist, dient der Dekalog der Sündenerkenntnis. Dies bezeichnet Luther als überführenden oder theologischen Gebrauch des Gesetzes (lat. *usus elenchticus sive theologicus legis*).

- Die speziell auf Israel bezogenen Aussagen, wie die Befreiung aus der Sklaverei in Ägypten, und Kultvorschriften, wie das Bilderverbot, streicht Luther in seiner Auslegung. Das Sabbatgebot deutet er als Gebot zu einem Feiertag in der Woche. Auf diese Weise verleiht er den Zehn Geboten universale Bedeutung, die als Recht eine äußere gesellschaftliche Ordnung schaffen, damit alle Menschen davon profitieren (lat. *usus civilis sive politicus legis:* politischer oder bürgerliche Gebrauch des Gesetzes). Da Luther den Dekalog in seinen beiden Katechismen an die erste Stelle setzt, ist er zu einem Kernstück christlicher Unterweisung geworden.

- Nach dem Augsburger Religionsfrieden (1555) entsteht die umstrittene Lehre, das Gesetz habe eine zum Guten anleitende Funktion (lat. *usus didacticus legis*). Eine solche Sicht hatte M. Luther abgelehnt.

»Wie im Meer zwischen einer großen Welle und der nächsten kleine Wellen sind, so (sind) zwischen den zehn Worten die einzelnen Buchstaben der Tora.«

AUS DEM TALMUD

Ein Pop-Oratorium auf dem Kirchentag in Dresden 2011

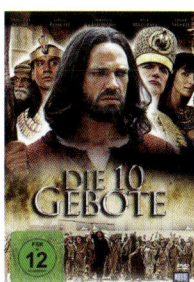

Die Zehn Gebote für Kinder (2013)

Verfilmungen aus den Jahren 1956 und 2006

Martin Luthers Lied »Das sind die heilgen zehn Gebot«, EG 231

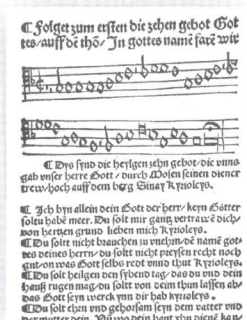

Der Spiegel 16, 2006

Eine Webseite der EKD* mit Links zu Kurzfilmen, Spielen, Liedern und Rätseln

- Die Zehn Gebote wurden in zahlreiche mediale Formen gebracht. Finden Sie Gründe für die Beliebtheit des Themas!
- Vergleichen Sie, wie die Zehn Gebote in den Materialien oben in Szene gesetzt werden und deuten Sie dies! Beziehen Sie dabei auch die Info mit ein!

Nächster sein . . .

November 2013: In der Kirche St. Pauli in Hamburg finden ca. 80 afrikanische Flüchtlinge, sog. Boatpeople, die in Lampedusa (Italien) oder europäischen Drittstaaten Asyl suchen, Unterkunft. Pastor Wilms: »Hätte ich denn nicht helfen sollen? Hätte ich die Tür zumachen sollen?«

Der Schriftgelehrte: »Wer ist denn
  mein NÄCHSTER?«
Jesus: »Wer von diesen dreien, meinst du,
  ist der NÄCHSTE gewesen dem,
   der unter die Räuber gefallen war?«
Lk 10,29.36

»Wer ist mein Nächster?« – ?

Die Frage erscheint zunächst überflüssig. Aber bei genauerem Hinsehen versteckt sich gerade darin eine Pointe, denn Jesus verändert die Eingangsfrage: Der Gesetzeskundige hatte gefragt: »Wer ist mein Nächster?«, d.h.: »Wie weit muss sich meine Zuwendung und Hilfsbereitschaft erstrecken?« Bei Jesus heißt es nun: Wer wurde dem Bedürftigen zum Nächsten? Nicht die abwartende, abgrenzende Haltung: »Was muss ich tun?« ist dem göttlichen Willen angemessen, sondern diejenige, wo ich mich immer dort gefordert weiß, wo ein anderer mich braucht.

Reinhard Feldmeier

Die Erzählung vom »Barmherzigen Samariter« als Beispiel narrativer Ethik

Der Ausdruck »Nächster« bezeichnet nicht – wie z.B. der Ausdruck »die Armen« – eine Klasse von Wesen. Er bezeichnet vielmehr ein unbestimmtes, gewissermaßen generalisiertes Individuum, das in vielen Individuen begegnen kann. Erzählungen entführen in der Vorstellung in singuläre Situationen mit einzelnen Akteuren. Wir stellen uns im Hören einer Erzählung Individuen, nicht Exemplare von Klassen vor, und die affektive Beteiligung richtet sich auf diese Individuen. Das Samaritergleichnis prägt deshalb die Wahrnehmung des Nächsten in der Weise eines Wiedererkennens der dort geschilderten singulären Situation in vielen Situationen und somit der dort geschilderten Individuen in vielen Individuen und richtet die emotionale Einstellung entsprechend aus.

Würde man den Samariter fragen, warum er sich um jenen gekümmert hat, dann würde er darauf wohl kaum mit einem »Ich liebe ihn« antworten. Viel plausibler ist, dass der Samariter überhaupt nicht von Liebe sprechen, sondern einfach sagen würde: Er brauchte Hilfe. Das zeigt, dass das, was jenes Gleichnis veranschaulicht, nämlich Liebe zum Nächsten, nicht in die intentionale Perspektive des Handelnden fällt, sondern in die Außenperspektive auf sein Handeln im Blick ist. Das Samaritergleichnis veranschaulicht Liebe zum Nächsten, indem es einen Handlungs- oder Geschehensverlauf vor Augen stellt, bei dem die Aufmerksamkeit des Handelnden auf ganz andere Dinge gerichtet ist als auf Liebe oder Nächstenschaft. So begriffen ist die christliche Liebe nicht etwas, das durch ein Subjekt getan wird, sondern etwas, das sich in einem Tun zeigt, mitteilt, ereignet oder geschieht. Dies markiert den entscheidenden Unterschied zu einem Gefühl der Liebe.

Johannes Fischer

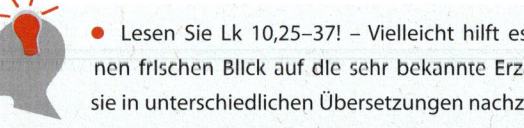

- Lesen Sie Lk 10,25–37! – Vielleicht hilft es für einen frischen Blick auf die sehr bekannte Erzählung, sie in unterschiedlichen Übersetzungen nachzulesen.
- »Wer ist mein Nächster?« – »Wer wird mir zum Nächsten?« – Philosophieren Sie über diesen Unterschied am Beispiel der Boat People in St. Pauli (oben)!
- Geben Sie den ersten Absatz von J. Fischers Überlegungen in eigenen Worten wieder und diskutieren Sie ihn! Beziehen Sie dabei auch die Überlegungen zur narrativen Ethik auf S. 57 mit ein!
- »Bei Nächstenliebe geht es nicht primär um Gefühle.« – Erläutern Sie eine solche Sicht unter Einbezug der Materialien dieser Seite!
- Verfassen Sie einen Kommentar zu Lk 10,25–37 aus der Perspektive verschiedener Grundmodelle ethischen Argumentierens (S. 63)!

… auch dem Feind?

Der Grundsinn der Bergpredigt ist nicht moralisch zu verstehen. Die Moral* einer Gesellschaft enthält diejenigen Normen, die sie sich selbst gegeben hat, um das Zusammenleben der Menschen unter bestimmten geschichtlichen Bedingungen zu ermöglichen und zu sichern. Die Forderung der Feindesliebe dagegen übersteigt offensichtlich alle gesellschaftlich geltenden Normen. Das war schon damals so, als Jesus sie aussprach, und das hat sich bis in die Gegenwart nicht geändert. *Dietz Lange*

Auch wenn [auch außerhalb der Bibel] der Gedanke der Feindesliebe aufleuchtet, die christliche Kirche wird als etwas für ihre Botschaft Charakteristisches bezeugen: Feindschaft wird überwunden durch Feindesliebe, so wie die Welt, die Gottes Liebe missachtet, durch die Liebe Gottes gewandelt wird. Diese Wahrheit des Evangeliums ist freilich eine Wahrheit auf Zukunft hin. Dass die Liebe Feindschaft überwindet, kann man erfahren; man kann aber auch erfahren, dass Feindesliebe »scheitert«. Die Liebe kann auch ins Leid führen; Jesus endete seiner Verkündigung und seines Verhaltens wegen am Kreuz. Das Gebot der Feindesliebe lässt sich also aus unseren Erfahrungen nicht schlüssig als »sinnvolles«, »zweckmäßiges« Gebot ableiten, sondern es ist letztlich an Glauben und Vertrauen, an Hoffnung gebunden. *Karl F. Haag*

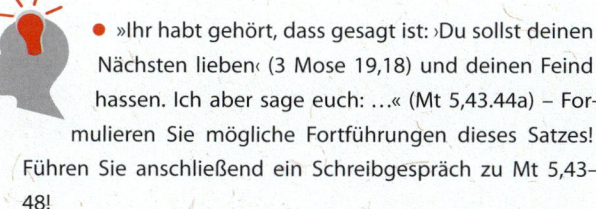

- »Ihr habt gehört, dass gesagt ist: ›Du sollst deinen Nächsten lieben‹ (3 Mose 19,18) und deinen Feind hassen. Ich aber sage euch: …« (Mt 5,43.44a) – Formulieren Sie mögliche Fortführungen dieses Satzes! Führen Sie anschließend ein Schreibgespräch zu Mt 5,43–48!
- Verschaffen Sie sich einen Überblick über Mt 5–7! Identifizieren Sie Stellen, an denen man erkennen kann, dass es sich um keine tatsächlich gehaltene Rede handelt!
- Schreiben Sie sich diejenigen Verse der Bergpredigt heraus, die für Sie »Stolpersteine« darstellen! Sprechen Sie darüber, was Ihnen zu denken gibt!
- Interpretieren Sie das Kunstwerk G. Ueckers! Beziehen Sie in Ihre Deutung die verwendeten Materialien und den Standpunkt K. F. Haags mit ein!
- Begründen Sie Feindesliebe aus der Sicht Levinas 👤 (S. 31)!

Günther Uecker, Dialog Matthäus 5,43–44 (2002). Graphit, Farbe, Papier, Nägel, Holz

info
Entstehung der Bergpredigt

Der Titel Bergpredigt folgt aus der Ortsangabe zu Beginn (Mt 5,1), womit Matthäus eine Parallele zieht zu Mose, der die Zehn Gebote auf dem Berg Sinai empfängt (2 Mose 19). Die Bergpredigt (Mt 5–7), die erste der fünf Reden in Mt, ist eine locker miteinander verbundene Redekomposition auf der Basis verschiedener Jesus-Worte. Viele dieser Aussagen lassen sich mit hoher Wahrscheinlichkeit auf Jesus selbst zurückführen, vermutlich aber nicht in ihrer jetzigen Form und nicht in der vorhandenen Zusammenstellung. Die ursprünglichere Fassung des entsprechenden Textes aus der Spruchquelle findet sich wohl in Lk 6,20–49. Der Text enthält zudem Material, das aus der nachösterlichen Gemeinde stammt. Matthäus fügt charakteristisches »Sondergut« sowie einen Handlungsrahmen (Mt 5,1 f. und Mt 7,28 f.) hinzu und gestaltet die Bergpredigt als »Lehre der rechten Lebenspraxis« für seine Gemeinde aus.

Gegen(–)Gewalt

Zur Antithese vom Vergelten

Jemanden auf die rechte Backe schlagen – das funktioniert für einen Rechtshänder nur mit dem Handrücken. Eben dies war in römischer Zeit eine Demütigungsgeste, z. B. vom römischen Herrn dem jüdischen Diener zugefügt. Wenn dieser nun nicht zurückschlägt, auch nicht sich beschämt davonmacht, sondern stolz die linke Backe hinhält, dann provoziert er seinen Demütiger zum Nach- und Umdenken. Der nächste Schlag (mit der Handinnenfläche) wäre nämlich einer »auf Augenhöhe«. Der Gedemütigte gewinnt seine Würde zurück.

nach Pinchas Lapide

Weltfremd

Wer denkt
dass die Feindesliebe
unpraktisch ist
der bedenkt nicht
die praktischen
Folgen
der Folgen
des Feindeshasses
ERICH FRIED

- »Friedlichkeit kann auch eine Art Waffe sein.« – Diskutieren Sie dies auf der Basis der Überlegungen von P. Lapide!
- Und wenn die andere Person ihr Verhalten trotzdem nicht ändert?
- Untersuchen Sie die Seligpreisungen auf die Struktur von Zuspruch und Anspruch (vgl. S. 72)!
- »Die Antithesen sind Auslegungen zum Dekalog.« – Prüfen Sie diese These!

Und dazwischen wieder ein Ausatmen.

Und wer dich auf die eine Backe schlägt, dem biete die andere auch dar; und wer dir den Mantel nimmt, dem verweigere auch den Rock nicht. Wer dich bittet, dem gib; und wer dir das Deine nimmt, von dem fordere es nicht zurück. LK 6,29 F.

»Die hat mich noch nie gemocht.«

»Die Chemie muss eben stimmen.«

»Feinde? Ich komme mit jedem gut aus.«

»Wenn ich nur an den denke, wird mir anders.«

»Ich tue ihr nichts. Ich gehe ihr halt aus dem Weg.«

info
Aufbau der Bergpredigt

- Die Rede setzt mit neun Seligpreisungen (Mt 5,3–12) ein. »Selig« bedeutet hier »glücklich, zu beglückwünschen« ⑥ und bezieht sich auf diejenigen, die z. B. Leid erfahren bzw. die barmherzig oder friedfertig sind. Es werden also ausgerechnet diejenigen im Reich Gottes beglückwünscht, von denen man es am wenigsten erwarten würde.
- Nach zwei Weisheitssprüchen zur Bedeutung der Jünger (Salz und Licht) werden in der Weise rabbinischer Schriftauslegung ⑨ Torazitate aufgegriffen und erklärt. Diese Erklärungen (Mt 5,21–48) werden traditionell »Antithesen« genannt. »Ihr habt gehört, dass gesagt ist … Ich aber sage euch …«. Die »Bibel in gerechter Sprache« übersetzt »Ich lege euch das heute so aus: …«, um deutlich zu machen, dass sich Jesus innerhalb der jüdischen Auslegungstradition bewegt. Wie die Lebensgestaltung derjenigen, die sich einer »besseren Gerechtigkeit« (Mt 5,20) verpflichtet wissen, aussehen soll, wird in den darauf folgenden Frömmigkeitsregeln zum Almosengeben, Beten und Fasten genannt (Mt 6). Im Zentrum der Bergpredigt steht das Vaterunser (Mt 6,9–13). Der abschließende Teil der Bergpredigt geht immer deutlicher in Mahnungen über, die benennen, wodurch der Erfolg des Lebens gefährdet ist. Die Goldene Regel (Mt 7,12) fasst die wichtigsten Inhalte in einem Satz zusammen: »Alles nun, was ihr wollt, dass euch die Leute tun sollen, das tut ihnen auch! Das ist das Gesetz und die Propheten.«

Geht nicht?

Ihr sollt nicht meinen, dass ich gekommen bin, das Gesetz oder die Propheten aufzulösen; ich bin nicht gekommen aufzulösen, sondern zu erfüllen. Mt 5,17

Plakat einer Friedensdemonstration in Berlin 2013

info

Mögliche Deutungen der Bergpredigt

Die Bergpredigt ist keinesfalls herauszulösen aus dem Gesamtzusammenhang der Verkündigung Jesu: Den radikalen Forderungen geht die Zusage der anbrechenden Gottesherrschaft, die Zusage, dass Gottes Herrschaft sich – nun und endgültig – durchsetzt, voraus. Das Verhalten der Jünger Jesu soll ein Zeichen dieses Neuen sein, das inmitten des Alten angebrochen ist. Dabei hat Jesus keine neue Ethik gelehrt. Die Bergpredigt ist vielmehr Auslegung Jesu zur Tora. So zeigt der Vergleich mit rabbinischen Aussagen bemerkenswerte Analogien (vgl. Mekhilta* zu 2 Mose 31,13: »Euch ist der Sabbat übergeben, und nicht seid ihr dem Sabbat übergeben«). Solche Parallelen, aber auch Mt 5,17 machen deutlich, dass es Jesus nicht um eine Verschärfung der Tora geht – auch wenn die Bergpredigt immer wieder so gedeutet worden ist. Wenn er beispielsweise einen formalen, lieblosen Gehorsam gegenüber Gottes Weisungen ablehnt, entspricht dies dem jüdischen Verständnis der Tora, die als Gnade Gottes gesehen wird.

Sind die radikalen Forderungen Jesu erfüllbar? In der Theologie werden unterschiedliche Deutungen diskutiert: Die Bergpredigt könnte (1) eine Art Anleitung darstellen, um Jesus konsequent nachzufolgen, oder aber (2) bewusst weiter gesteckt sein als das, was dann tatsächlich erreicht werden kann, um den Menschen zum Bestmöglichen zu motivieren. Sie könnte auch (3) von vornherein als unerfüllbar gedacht sein, um dem Menschen deutlich zu machen, dass er ganz grundlegend auf Gottes Gnade angewiesen ist, (4) als Interimsethik* in der Gewissheit formuliert sein, dass das Ende der Welt nahe bevorsteht, oder (5) unabhängig davon zu verstehen und auf eine neue, vollkommene Gesellschaft bezogen sein.

Und wer ist angesprochen? Die Bergpredigt könnte sich (a) an alle Menschen richten oder (b) ausschließlich an die Jünger Jesu bzw. (c) die »perfecti« adressiert sein, also an diejenigen, die sich zu Frömmigkeit und Gehorsam verpflichtet haben wie Asketen oder Mönche bzw. Nonnen.

Pazifismus, 81: Selig sind die Friedfertigen

Zumindest in einem Punkt [sind Bundeskanzler Helmut Schmidt und Bundespräsident Karl Carstens] einer Meinung: Der Herrgott irre sich – jedenfalls dann, wenn er die Bergpredigt Jesu Christi auch auf die heutige Zeit und auf heutige Politiker bezogen wissen wolle. Die Bergpredigt mit ihrer Seligpreisung der »Friedfertigen« sei, räumte Karl Carstens in Bremen ein, zwar eine »bewegende Mahnung zur Gewaltlosigkeit«, die ein jeder »für seine Person« beherzigen möge. Aber »eine ganz andere Frage« sei es, ob diese Predigt für denjenigen gelte, »der für andere Verantwortung trägt«. Auch Helmut Schmidt weigert sich die Bergpredigt als »Handlungsanweisung« für Politiker aufzufassen: »So ist sie nicht gemeint gewesen.« Die Bergpredigt sei »in einer anderen Zeit für eine andere Gemeinde in einer anderen Lage gesprochen« worden. *Spiegel Nr. 25, 1981*

- Sind die Forderungen erfüllbar? Schreiben Sie die einzelnen Theorien als Stichworte auf Zettel und verteilen Sie diese im Raum! Stellen Sie sich dann für jede der »Antithesen« in Mt 5 dorthin, wo es am besten passt!

- »eine geschlossene Faust« – »eine auf die rechte Wange schlagende Hand« … – Lassen Sie sich ähnlich wie im Plakat oben zu eigenen Bildern oder Gedankenfiguren als Werbung für Gewaltlosigkeit inspirieren! Sie können diese auch als Plakat, Logo oder Postkarte gestalten!

- In der politischen Auseinandersetzung um die atomare Rüstung wurde immer wieder auf die Bergpredigt verwiesen, um eine Unvereinbarkeit einer Abschreckungspolitik, die mit der Möglichkeit eines atomaren Vergeltungsschlages droht, mit christlichem Glauben aufzuweisen. Diskutieren Sie die Berechtigung einer solchen Argumentation! – Diese Problematik wurde von M. Luther im Denkmodell der zwei Regimente (S. 83 f.) reflektiert.

»Das lässt sich nicht trennen«

Ohne Glauben ist kein Staat zu machen

Auszüge aus einem »Streitgespräch« der ZEIT mit dem ehemaligen Bundestagsvizepräsidenten Wolfgang Thierse.

DIE ZEIT: Soll man mit Religion Politik machen?

Thierse: Ich will einmal die Frage beantworten: Ist Religion überhaupt Privatsache? Und da sage ich einmal Ja und zweimal Nein. Ja, weil der Glaube des Einzelnen seine persönliche Sache ist und nicht vom Staat diktiert werden darf. Nein, weil Religion nicht bloß das Fürwahrhalten von Glaubenssätzen ist, sondern auch Einweisung in ein gutes und sinnvolles Leben, in soziale Praxis und damit auch in Politik. Und noch mal Nein, weil die Gesellschaft vom Engagement der Bürger lebt, die aus ihren starken Überzeugungen heraus handeln, die über den eigenen Egoismus hinaus auf das Gemeinwohl zielen. Da sind Religionen geradezu unersetzlich.

Also ohne Gott keine soziale Moral?

Die freiheitliche Gesellschaft ist fundamental darauf angewiesen, dass es in ihr verbindende Normen, gemeinsame Maßstäbe und eine Vorstellung von Freiheit, Solidarität, Gerechtigkeit, Menschenwürde und Toleranz gibt. Doch diese Gemeinsamkeiten entstehen nicht von allein. Sie werden von Weltanschauungsgemeinschaften wie den Religionen tradiert und lebendig erhalten.

Der Staat soll sich also nicht in den Glauben einmischen, aber der Gläubige in den Staat?

Der Staat ist säkular*, ja. Aber er verlangt deshalb nicht, dass die Bürger, die ihn tragen, säkular sein müssen. Da der Staat selber keine eigene Weltanschauung vertritt, vermag er als ausgleichendes Regelwerk zwischen konkurrierenden Weltanschauungen zu wirken.

Der freie Bürger und der Glaubende, der einer unhintergehbaren Wahrheit folgen soll, sind aber nicht dasselbe. Empfinden Sie als Katholik diesen Widerspruch?

Nein. Ich bin doch nicht schizophren. Ich bin zugleich Politiker und Christ. Das lässt sich nicht trennen. Was ich glaube, ist meine persönliche Sache, aber das kann ich doch nicht von dem fernhalten, was ich als Politiker tue, sage, entscheide.

Also doch ein Widerspruch!

Ich würde es anders sagen. Es gibt ein Spannungsverhältnis zwischen dem Wohl und dem Heil. Die Religion handelt vom Heil, während es in der Politik um das irdische Wohl möglichst aller Menschen geht. Religion leistet hier etwas Kostbares, denn sie entlastet die Politik von Erlösungserwartungen. Mir ist dieser Unterschied wichtig, weil ich in der DDR selber erfahren habe, was es heißt, wenn Politik einen Allmachtsanspruch erhebt und für das Glück der Menschen, für Erlösung zuständig sein will.

Und was, wenn verschiedene Heilsversprechen miteinander konkurrieren?

Die meisten Religionen sind sich zumindest darin einig, dass ein sinnvolles und gelingendes Leben nicht nur in materiellem Reichtum und privatem Erfolg besteht, sondern in Solidarität, im Einsatz für die Gerechtigkeit, fromm ausgedrückt: für die Barmherzigkeit. Gerade die monotheistischen Religionen tradieren unverzichtbare Vorstellungen von der Begrenztheit des Menschen, von seiner Erlösungsbedürftigkeit und Erbarmungswürdigkeit. Das Christentum sagt zum Beispiel: Menschen können zwar irren, aber es ist ihnen auch möglich, das Gute zu erkennen und das Richtige zu tun.

Aber wie verbindlich kann eine christlich inspirierte Politik für Nichtchristen sein?

Wir dürfen als Christen unseren Glauben eben nicht zum letztgültigen Argument in der politischen Auseinandersetzung machen. Wir müssen ihn übersetzen in eine intersubjektive und verständliche Sprache. Wenn ich als Christ sage, alle Menschen sind Kinder Gottes und haben genau darum die gleiche Würde – dann können Andersgläubige, z. B. Atheisten, diese Prämisse nicht teilen, aber die Konsequenz daraus schon: dass Menschenwürde für alle Menschen gilt. Noch mal: Der soziale Zusammenhalt wird nicht schon garantiert durch die Beziehungen, die wir durch die Arbeit eingehen, und über den Markt, auch nicht durch eine gemeinsame Sprache und eine gemeinsame Verfassung, sondern durch ein Minimum an gemeinsamen Vorstellungen über Freiheit, Gerechtigkeit, Solidarität, Menschenwürde.

Und für diese Ideen brauchen wir Gott?

Nicht alle! Aber es ist die Aufgabe von Kultur im weiteren Sinne, eben auch und vor allem der Religions- und Weltanschauungsgemeinschaften: weil sie sich damit befassen, was wichtig ist im Leben und was weniger wichtig.

Interview vom 29. November 2012

W. Thierse hat »Staat« verschieden erlebt: als Diktatur in der DDR und als demokratische Gesellschaft mit vielfältigen Möglichkeiten der kritisch-konstruktiven Mitgestaltung nach 1989.

Mein Reich ist nicht von dieser Welt. Joh 18,36

Jedermann sei untertan der Obrigkeit, die Gewalt über ihn hat. Denn es ist keine Obrigkeit außer von Gott; wo aber Obrigkeit ist, die ist von Gott angeordnet. [...] Denn sie ist Gottes Dienerin, dir zugut. Tust du aber Böses, so fürchte dich; denn sie trägt das Schwert nicht umsonst. Röm 13, 1.4

Man muss Gott mehr gehorchen als den Menschen. Apg 5,29

So gebt dem Kaiser, was des Kaisers ist, und Gott, was Gottes ist! Lk 20,25

Selig sind die Sanftmütigen … Mt 5,5

Vergeltet nicht Böses mit Bösem oder Scheltwort mit Scheltwort … 1 Petr 3,9 a

Aus: Von weltlicher Obrigkeit, wieweit man ihr Gehorsam schuldig sei (1523)

Darum muss man diese beiden Regimente sorgfältig unterscheiden und beide in Kraft bleiben lassen: das eine, das rechtschaffen macht, das andre, das äußerlich Frieden schafft und bösen Werken wehrt. Keines genügt in der Welt ohne das andere. [...] Wo nun weltliches Regiment oder Gesetz allein regiert, da muss es lauter Heuchelei geben, auch wenn es Gottes Gebote selber wären. Denn ohne den Heiligen Geist im Herzen wird niemand wirklich rechtschaffen, mag er so feine Werke tun, als er kann. Wo aber das geistliche Regiment allein über Land und Leute regiert, da wird der Schlechtigkeit der Zaum gelöst und aller Büberei Raum gegeben.   *Martin Luther*

- Identifizieren Sie zentrale Problemstellungen des Interviews (S. 82) und halten Sie dazugehörige Unterscheidungen fest! Stellen Sie Thierses Sichtweise zum Verhältnis von Staat und Religion grafisch dar!
- Was würden Sie W. Thierse fragen wollen?
- Entwickeln Sie aus Info, Textauszug und Ihrem Vorwissen eine entsprechende Grafik zu Luthers Verhältnisbestimmung von Staat und Religion! Beziehen Sie danach die Bibelstellen auf die Vorstellung von den zwei Regimentern Gottes!
- Luther und Thierse gehören unterschiedlichen Staatsformen an und gehen von unterschiedlichen Vorstellungen aus. Prüfen Sie, inwieweit sich ihre Unterscheidungen miteinander ins Gespräch bringen lassen!

info

Die Rede von den zwei Regierweisen Gottes

Die Obrigkeitsschrift von 1523 ist – wie meist bei M. Luther – eine Reaktion auf eine konkrete historische Situation (und keine abstrakte Lehre): Einige Landesfürsten hatten nach dem Wormser Edikt* 1521 u. a. seine Übersetzung des Neuen Testaments verboten und deren Herausgabe von den Untertanen gefordert. Luther will hier klären, »wieweit man« der Obrigkeit als Christ zu gehorchen hat und worin die gesellschaftliche Verantwortung eines Christen bzw. worin die des Staates besteht. Dabei setzt er voraus, dass die Obrigkeit eine von Gott eingesetzte und legitimierte Macht darstellt.

Nach einer Gegenüberstellung gegensätzlicher Bibelstellen unterscheidet er zwei Regierweisen Gottes: Während Gott mit dem **weltlichen Regiment** das Ziel verfolgt, durch das Recht und die Androhung und Ausübung von Gewalt das Böse und Chaos im Zaum zu halten, dient das **geistliche Regiment** der Erlösung des Menschen mithilfe von Gottes Wort und Geist. Da die Verkündigung des Heils nur mit friedlichen Mitteln zum Glauben führen kann, darf in Glaubens- und Gewissensdingen (anders als bei einer theokratischen* Sicht) nie Gewalt ausgeübt werden; täte dies der Staat, würde er sich auf »Gottes Thron« setzen und die ihm von Gott zugedachte Aufgabe, für Sicherheit und Recht zu sorgen, verfehlen. Würden sich alle Menschen – Christen wie Nicht-Christen – am Evangelium ausrichten, wäre die weltliche Regierweise unnötig. Aufgrund der Realität der Sünde ist sie aber notwendig.

In der Abwehr schwärmerischer* Vorstellungen, dass christliche Freiheit eine Freiheit von jeder Rechtsordnung sei, hält Luther an einer Verantwortung aus Nächstenliebe fest: **In Bezug auf die eigene Person** soll man sich am Evangelium orientieren, auf Gewalt und Rechtsmittel verzichten und dadurch ein Vorbild sein. **Für die Mitmenschen** muss man aber alles unternehmen, was zu deren Schutz notwendig ist. Damit kann das eigene Amt im Staat (z. B. auch der Beruf des Henkers) eine Form des Gottesdienstes sein. ⑨

Luther sieht so die scheinbaren Widersprüche zwischen einzelnen Schriftaussagen aufgehoben: Sie beziehen sich auf die eine oder andere Regierweise Gottes. Für Christen ergeben sich daraus Spannungen: Diese muss man im Gewissen – im Vertrauen auf Vergebung – aushalten.

Fragliche Auslegungen

Zitate aus der Obrigkeitsschrift

Fürs Erste müssen wir das weltliche Recht und Schwert gut begründen, damit niemand dran zweifle, dass es durch Gottes Willen und Anordnung in der Welt ist. […]

Christus sagt nicht so: »Du sollst der Amtsgewalt nicht dienen und untertan sein«; sondern: »Du sollst dem Übel nicht widerstreben«. Das ist, als wollte er sagen: »Verhalte dich so, dass du alles duldest; denn du sollst die Amtsgewalt nicht dazu brauchen, dass sie dir helfe und diene, nützlich oder notwendig sei, sondern du sollst umgekehrt ihr helfen, dienen, nützlich und notwendig sein. […]« […] Denn jedes Reich muss seine eignen Gesetze und Rechte haben […].

Gott der Allmächtige hat unsere Fürsten toll gemacht, dass sie nicht anders meinen, als sie könnten ihren Untertanen tun und gebieten, was sie nur wollen; und auch die Untertanen irren, wenn sie meinen, sie seien verpflichtet, dem allem so ganz und gar zu folgen. […]

Wenn nun dein […] weltlicher Herr dir gebietet, zum Papst zu halten, so oder so zu glauben, oder wenn er dir gebietet, Bücher herauszugeben, so sollst du so sagen: »[…] da seid Ihr ein Tyrann und greift zu hoch. Ihr gebietet, wo Ihr weder Recht noch Macht habt usw.« […]

[Und das] sei die Regel eines [christlichen] Fürsten: Wenn er ein Unrecht nicht strafen kann, ohne ein größeres Unrecht zu verursachen, so lasse er sein Recht fahren […]. Denn auf seinen Schaden soll er nicht achten, sondern auf das Unrecht, das die andern leiden müssen, wenn er die Strafe vollzöge. Denn was haben so viel Weiber und Kinder verschuldet, dass sie Witwen und Waisen werden sollen, nur damit du dich rächen kannst?

- Luther kannte nur eine Verwobenheit zwischen Staat und Kirche gemäß der damaligen Vorstellung des corpus christianum*, wonach zur Ordnungsfunktion des Staates auch das Wohl der Kirche gehört. Lesen Sie die Auszüge oben vor diesem Hintergrund!
- »Luther war beileibe kein Fürstenknecht« (Heinz Schilling), dennoch dienten Passagen seiner Obrigkeitsschrift z.B. zur Begründung dafür, dass Religion Privatsache oder eine Verschränkung von »Thron und Altar« (im 19. Jh.) legitim sei. – Prüfen Sie, wie weit sich die obigen Passagen zur Begründung der Postkarte oder der Godesberger Erklärung* umdeuten lassen!

Postkarte von 1915

> Indem der Nationalsozialismus jeden politischen Machtanspruch der Kirchen bekämpft und seine Weltanschauung für alle deutschen Menschen verbindlich macht, hilft er das Werk Martin Luthers fortführen und dem deutschen Volk wieder zu einem wahren Verständnis des christlichen Glaubens,

Aus der Godesberger Erklärung vom 26. März 1939*

Einerseits

Das darf freilich nicht darüber hinwegtäuschen, dass die Wirkungsgeschichte der Unterscheidung Luthers zwischen den zwei Regierweisen Gottes eine wechselvolle war. Weder die Verschränkung von Glaube und Macht ließ sich nachhaltig verhindern, noch eine ungute Vergleichgültigung der Politik – beides oft genug mit verheerenden Folgen. Allzu leicht ließen sich die reformatorischen Einsichten entgegen ihrer ursprünglichen Intention für nationale Interessen instrumentalisieren. Die Gestalt Luthers wurde dem Zeitgeist jeder Epoche entsprechend farblich neu angepasst. *Nikolaus Schneider, EKD-Ratspräsident*

Andererseits

Andererseits hat das lutherische Sozialdenken in der Orientierung der Ethik an der Vernunft und Humanität zu Sachlichkeit und Nüchternheit angeleitet. Auch eröffnet es einen Zugang zur Geschichtlichkeit der Welt (und damit zu ihrer Veränderbarkeit). In I. Kants Ethos der Pflicht lebt der Dienstgedanke fort. Die lutherische Weltsicht eröffnet einen Zugang zur Schöpfung in ihrer Natürlichkeit als Eigenwert und hat damit Bedeutung für eine ökologische Ethik. Der Rückbezug des Ansatzes der Ethik auf die Schrift als alleinige Autorität für Glaube und Kirche vermag schließlich Verengung entgegenzutreten und damit die Freiheit des christlichen Glaubens für neue ethische Aufgaben zu sichern. *Martin Honecker*

Karl Barth über das Luthertum

»Das Luthertum hat dem deutschen Heidentum gewissermaßen Luft verschafft, ihm […] so etwas wie einen eigenen sakralen Raum zugewiesen. Der deutsche Heide kann die lutherische Lehre von der Autorität des Staates als christliche Rechtfertigung des Nationalsozialismus gebrauchen, und der christliche Deutsche kann sich durch die gleiche Lehre zur Anerkennung des Nationalsozialismus eingeladen fühlen.« (1940)

»[…] die Evangelische Kirche in Deutschland [müsste] entweder zu einem neuen kritischeren Verhältnis zu ihrem Reformator Luther oder, wenn das möglich ist, zu einem anderen besseren Verständnis seiner Lehre vordringen« (1946)

info

Königsherrschaft Christi

Karl Barth 👤 entwickelt schon sehr früh ein Modell politischer Verantwortung, das den Totalitätsanspruch des NS-Staats aus christlicher Sicht zurückweist, dem eine dualistische Auslegung von Luthers Unterscheidungen (als sog. Zwei-Reiche-Lehre*) nichts entgegenzusetzen hatte. Seine Überlegungen finden Niederschlag in den Barmer Theologischen Erklärungen* (BTE) ➓ von 1934. Ihr Ansatzpunkt ist Gottes Heilshandeln in Jesus Christus als dem »eine[n] Wort Gottes« (1. These BTE). Neben dem »Zuspruch« der Sündenvergebung erhebt es zugleich einen »Anspruch auf unser ganzes Leben«, an der sich alles zu messen hat (2. These BTE). Barth verwirft dabei nicht Luthers Unterscheidung der Regimente an sich, sondern klärt ihre Verhältnisbestimmung neu, so dass das Verhältnis von »Christengemeinde und Bürgergemeinde« vom Glauben an Jesus Christus neu bestimmt wird: Politisches Handeln ist darauf zu prüfen, inwieweit es Gottes Willen entspricht (5. These BTE). Ist dies nicht der Fall, ist Einspruch und Widerstand notwendig. Ansonsten hat der Christ die Aufgabe zur konstruktiven politischen Mitgestaltung.

„Jesus Christus ist das eine Wort Gottes."

DEUTSCHE BUNDESPOST · 50 JAHRE BARMER THEOLOGISCHE ERKLÄRUNG · 1984 · 80

Auszüge aus der BTE (1934)

I. […] Wir verwerfen die falsche Lehre, als könne und müsse die Kirche als Quelle ihrer Verkündigung außer und neben diesem einen Worte Gottes auch noch andere Ereignisse und Mächte, Gestalten und Wahrheiten als Gottes Offenbarung anerkennen.

II. […] Wir verwerfen die falsche Lehre, als gebe es Bereiche unseres Lebens, in denen wir nicht Jesus Christus, sondern anderen Herren zu eigen wären […].

V. Die Schrift sagt uns, dass der Staat nach göttlicher Anordnung die Aufgabe hat in der noch nicht erlösten Welt […] nach dem Maß menschlicher Einsicht und menschlichen Vermögens unter Androhung und Ausübung von Gewalt für Recht und Frieden zu sorgen. Die Kirche erkennt in Dank und Ehrfurcht gegen Gott die Wohltat dieser seiner Anordnung an. Sie erinnert an Gottes Reich, an Gottes Gebot und Gerechtigkeit und damit an die Verantwortung der Regierenden und Regierten. […]

Wir verwerfen die falsche Lehre, als solle und könne der Staat über seinen besonderen Auftrag hinaus die einzige und totale Ordnung menschlichen Lebens werden und also auch die Bestimmung der Kirche erfüllen. Wir verwerfen die falsche Lehre, als solle und könne sich die Kirche über ihren besonderen Auftrag hinaus staatliche Art, staatliche Aufgaben und staatliche Würde aneignen und damit selbst zu einem Organ des Staates werden.

Zur Gültigkeit der BTE

Luther formulierte die Lehre von den zwei Regierweisen Gottes, als er die Gefahr sah, dass die Anliegen seiner Reformation missbraucht werden. Barmen nahm Stellung, als die Kirche gleichgeschaltet und Menschen aufgrund ihrer Religionszugehörigkeit verfolgt wurden. Barmen hielt den bis heute gültigen Grundsatz fest: Weder darf die Kirche zu einem Organ des Staates werden, noch darf der Staat die einzige Ordnung menschlichen Lebens sein.   *N. Schneider*

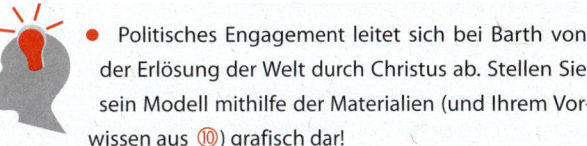

- Politisches Engagement leitet sich bei Barth von der Erlösung der Welt durch Christus ab. Stellen Sie sein Modell mithilfe der Materialien (und Ihrem Vorwissen aus ➓) grafisch dar!
- Vergleichen Sie Barths Modell mit Luthers Überlegungen!
- »Weder darf die Kirche …, noch darf der Staat …« – Diskutieren Sie das Fazit N. Schneiders!

In der Nikolaikirche in Leipzig entstand unter dem Motto »Schwerter zu Pflugscharen« das regelmäßige Montagsgebet, die Keimzelle der späteren Montagsdemonstrationen im Herbst 1989.

Schwerter zu Pflugscharen

Hatte nicht die Sowjetunion 1959 ein pazifistisches Symbol vor dem UN-Gebäude in New York errichten lassen, ein von Jewgeni Wutschetitsch gestaltetes Schmiedemonument, auf dessen Sockel unser Bibelzitat stand? Als wir in Wittenberg mehr als zwanzig Jahre später diese biblisch-sowjetische Idee aufgriffen, galt das als Zynismus von Feinden des Sozialismus. Uns ging es jedoch darum, eine Konversion des Denkens und der Politik einzuleiten. Gesinnungsethisch und verantwortungsethisch!

1980 stand die erste gesamtdeutsche Friedensdekade der evangelischen Kirche unter dem Motto »Schwerter zu Pflugscharen«. Dieses Motto hatte sich der sächsische Jugendpfarrer Harald Bretschneider einfallen lassen, die jungen Friedensbewegten in der DDR erkoren die Losung rasch zu ihrem Leitspruch. Listig, wie er war, hatte Bretschneider die Druckgenehmigungspflicht umgangen, indem er Vliesstoff bedrucken ließ. Wer damit auffiel, musste mit polizeilichen Ermittlungen rechnen, mit der Aufforderung, das Zeichen von der Kleidung abzutrennen.

Wir Friedensbewegten wollten viel, wenn nicht alles: aus der Logik von Rüstung und Gegenrüstung ausbrechen, gegenseitige Feindbilder zertrümmern, den Irrsinn der Massenvernichtungsmittel bloßlegen, ein offenes Wort gegen den »roten Militarismus« sagen, der die eigenen Waffen als gute Waffen, die des Gegners als böse Waffen deklarierte. Wir ahnten ja nicht, wie wichtig dieses Beharren auf Gewaltlosigkeit bei der Volkserhebung im Herbst 1989 werden sollte.

Mein Resümee: Ohne Friedensbewegung keine friedliche Revolution in der DDR – aber auch ohne Entspannungspolitik und ohne Gorbatschow nicht.

Friedrich Schorlemmer 👤

Politisch

»Das Bekenntnis zu Jesus Christus und die Friedensverantwortung der Kirche« (1982)
Erklärung des Vorstandes des Reformierten Bundes

I. Jesus Christus ist unser Friede. In seinem Tod am Kreuz und in seiner Auferstehung von den Toten hat Gott die ganze gottfeindliche Welt mit sich versöhnt und alle Menschen unter den Zuspruch und Anspruch seines Friedens gestellt.[...] Dieses Bekenntnis unseres Glaubens ist unvereinbar mit der Meinung, die Frage des Friedens auf Erden unter den Menschen sei eine politische Ermessensfrage und darum unabhängig von der Friedensbotschaft des Evangeliums zu entscheiden.

Angesichts der Bedrohung des Friedens durch die Massenvernichtungsmittel [...] haben wir als Kirche meist geschwiegen oder nicht entschieden genug den Willen des Herrn bezeugt. Jetzt, da stärker als zuvor die Möglichkeit des Atomkriegs zur Wahrscheinlichkeit wird, erkennen wir: Die Friedensfrage ist eine Bekenntnisfrage. Durch sie ist für uns der status confessionis* gegeben, weil es in der Stellung zu den Massenvernichtungsmitteln um das Bekennen oder Verleugnen des Evangeliums geht. [...]

V. [...] Im Glaubensgehorsam gegen Jesus Christus sagen wir: Auch für staatliche Machtmittel gibt es eine durch das Gebot des Herrn gesetzte Grenze, die nicht überschritten werden darf. [...] Es ist zwar Aufgabe des Staates, für Recht und Frieden zu sorgen und das Leben seiner Bürger zu schützen. Aber Massenvernichtungsmittel zerstören, was sie zu verteidigen vorgeben. Ihnen gilt von Seiten der Christen ein aus dem Bekenntnis zu Gott dem Schöpfer, Versöhner und Erlöser gesprochenes bedingungsloses »Nein!«, ein »Nein ohne jedes Ja«.

»Ethisch verwerflich« (2006)

Peter Bukowski, der Vorsitzende des Reformierten Bundes, hat sich deutlich gegen »Drohgebärden mit atomaren Waffen« ausgesprochen. Anlass für seine Kritik waren die Äußerungen des französischen Präsidenten Chirac, der jüngst Staaten, »die gegen uns auf terroristische Mittel zurückgreifen«, mit dem Einsatz von Atomwaffen gedroht hat. Bukowski berief sich in diesem Zusammenhang ausdrücklich auf die Erklärung des Vorstandes des Reformierten Bundes von 1982: Es sei »eine Schande«, dass im Europa des 21. Jh.s dieser nun 24 Jahre alte Text »traurige Aktualität« gewönne.

Jörg Schmidt

für den Frieden

»Schritte auf dem Weg des Friedens«

Auszüge aus der Denkschrift der EKD (3. erw. Aufl. 2001)

1. Gerechter Friede als Leitbegriff christlicher Friedensethik: Sicherheit kann nicht allein militärisch definiert werden. Sie … ist vor allem angewiesen auf eine gerechtere Verteilung der Lebenschancen zwischen Nord und Süd sowie West und Ost, auf die Einhaltung der Menschenrechte*, die Stärkung rechtsstaatlicher und demokratischer Strukturen und den Schutz der natürlichen Grundlagen des Lebens. […]

2. Der Vorrang nicht-militärischer Instrumente bei der Friedenssicherung: Um den Frieden zu erhalten und wiederherzustellen, […] darf nicht zuerst oder vorrangig an militärische Kampfeinsätze gedacht werden. In diesem Sinne haben die Kirchen der DDR […] eine »vorrangige Option für die Gewaltfreiheit« vertreten. […]

3. Ausbau von Wegen der zivilen Konfliktbearbeitung: Weil Feindschaft nicht durch Waffen überwunden werden kann und sich konfliktverursachende oder -verschärfende ungerechte Strukturen in aller Regel nicht mit Gewaltanwendung beseitigen lassen, besteht ein dringender Bedarf an wirksamen nicht-militärischen Mitteln zur Bearbeitung und Lösung von Konflikten. […]

4. Stärkung der internationalen Friedensordnung als einer Rechtsordnung: Vordringlich sind Schritte zur Stärkung der internationalen Friedensordnung, wie sie in der Charta der Vereinten Nationen intendiert und angelegt ist […] Eine internationale Friedensordnung, die funktionsfähig und wirksam sein soll, muss […] zumindest ansatzweise institutionalisiert sein […].

5. Der Einsatz militärischer Gewalt als ultima ratio: Die Benutzung militärischer Macht ist umso weniger zu vertreten, je weiter sie sich von Notwehr oder Nothilfe entfernt […], d.h. […] nicht nur militärische Einrichtungen, sondern unterschiedslos alles zu zerstören beginnt […] Umgekehrt ist die Benutzung militärischer Macht umso eher zu vertreten, je enger sie […] auf den Schutz bedrohter Menschen, ihres Lebens, ihrer Freiheit und der demokratisch-rechtsstaatlichen Strukturen ihres Gemeinwesens bezogen bleibt und je gezielter und begrenzter sie nur die militärischen Angriffsmittel zerstört […] Um deutlich zu machen, dass der Einsatz militärischer Gewalt eine zwar offenzuhaltende, aber nur mit größter Zurückhaltung und nach sorgfältiger Prüfung in Anspruch zu nehmende Handlungsoption ist, wird er als »ultima ratio«* […] bezeichnet.

Aufruf des Ansbacher Friedensbündnisses und von »Etz langt's!«

- Mi 4,3 hat Geschichte geschrieben. Suchen Sie – nach der Lektüre von F. Schorlemmers Rückblick – nach Gründen, warum sich die Bibelstelle als Motto der DDR-Friedensbewegung etablieren konnte!

- Deuten Sie das Plakat oben! Stellen Sie Vermutungen an, ob es sich um eine christliche Initiative handelt!

- Auch Luther zitiert Mi 4,3 inhaltlich in der Obrigkeitsschrift. Ordnen Sie die Stelle den dortigen Zusammenhängen zu!

- Auf dieser Doppelseite finden Sie Aussagen dazu, wie und warum sich Christinnen und Christen politisch für Frieden einsetzen sollten. Identifizieren Sie hier die konkreten Fragen zum Verhältnis von Religion und Politik! Klären Sie in dem Zusammenhang auch, was eine Denkschrift* ist!

- Prüfen Sie, inwieweit sich die Erklärung des Reformierten Bundes und die EKD-Denkschrift als Konkretionen der Positionen von M. Luther und K. Barth verstehen lassen!

- »Militärische Gewalt als ultima ratio«? – Diskutieren Sie unter Einbezug verschiedener Denkmodelle philosophischer Ethik und christlicher Impulse aus diesem Kapitel!

- Spüren Sie aktuelle friedenspolitische Fragestellungen in Zeitungen oder kirchlichen Stellungnahmen auf!

Wie moralisch …

Wie moralisch ist die Wirtschaft?

Ein Interview mit Prof. Karl Homann, Wirtschaftsethiker an der LMU München im Jahr 2006

Herr Homann, kann die Wirtschaft moralisch sein?

Die Wirtschaft kann nicht moralisch sein, wenn wir Moral* mit Altruismus, also Selbstlosigkeit und Uneigennützigkeit, gleichsetzen und dann behaupten, dass das Streben nach Gewinn per se unmoralisch ist. Aber ein solcher Moralbegriff ist weder durch die philosophische noch christliche Tradition gedeckt. Gäbe es diesen Gegensatz wirklich, müssten wir entweder auf Wohlstand verzichten oder aber auf Moral – das ist keine wirklich attraktive Aussicht. Wir müssen also das Verhältnis von Moral und Profit differenzierter fassen.

Dann tun Sie das doch bitte mal.

Moralisch ist ein Verhalten dann, wenn der Einzelne nach individuellen Vorteilen in einer solchen Weise strebt, dass auch die anderen Vorteile davon haben. Diese Vorteile für die anderen Menschen sind aber nicht als milde Gaben zu verstehen, sondern ergeben sich durch die ganz normalen Austauschprozesse auf den Märkten, in Form von guten, innovativen und preiswerten Produkten beispielsweise. Unmoralisch wäre dann ein Verhalten, wenn das Streben nach individuellen Vorteilen auf Kosten anderer geht.

Wenn ein Unternehmen Gewinne macht, aber trotzdem Menschen entlässt, ist das dann moralisch?

Die Arbeitsplätze werden ja nicht einfach abgebaut, sondern anderswo wieder aufgebaut. Es gibt in einer christlichen oder aber auch universalistischen Moral keine Bevorzugung der Inländer. Und wer denkt, dass die deutsche Bevölkerung bei deutschen Unternehmen eine Vorzugsbehandlung verdient, der hat keine universalistische Moral im Hintergrund, sondern eine, die auf Sonderinteressen pocht. Das ist unchristlich.

Es werden aber zu wenig Menschen eingestellt. Und das schadet doch der Volkswirtschaft.

Wir diskutieren immer über Schutz der einheimischen Arbeitsplätze. Aber dieser Schutz wird bezahlt durch die überhöhten Preise, die die Konsumenten am Ende zahlen müssen. Ein Beispiel dafür ist der Irrsinn in der Agrarpolitik: Wir unterstützen die Bauern mit Subventionen und zahlen zusätzlich höhere Preise für Butter und Zucker als auf dem Weltmarkt. Doch dann produzieren die Bauern zu viel, wir zahlen noch die Einlagerung, dann die Exportsubventionen, um die Produkte schließlich an die Entwicklungsländer loszuwerden. Das macht wiederum die dortige Landwirtschaft kaputt. Die Menschen werden dadurch erst richtig arm, und wir versuchen, diesen Schaden, den wir selbst angerichtet haben, schließlich durch Entwicklungshilfe zu kompensieren. Das alles hat mit Marktwirtschaft überhaupt nichts zu tun.

Wer gegen Heuschreckenkapitalismus* oder den Shareholder-Value* wettert, bellt den falschen Baum an?

Ja. Diese Kritik ist absolut kontraproduktiv. Wir leben in Deutschland in und von der Marktwirtschaft. Und wir leben nicht schlecht davon. Aber in unseren emotionalen Vorstellungen sind wir immer noch gegen den Markt und den Wettbewerb. Nach dem Motto: Verschone uns bitte mit den Entlassungen, den Firmenpleiten und den unangenehmen Dingen, die mit der Marktwirtschaft verbunden sind. Das geht nicht. Wir müssen den Markt spielen lassen und ihn sogar entfesseln. Aber Entfesselung heißt eben gerade nicht simple Deregulierung! Sondern die Entfesselung der Märkte bedeutet, dass wir auf bestimmte Dinge, etwa Raub und Erpressung, Umweltverschmutzung und Vertragsbruch verzichten. Nur dann lassen sich die anderen auf Geschäfte mit uns ein. Mit Staaten ohne stabile Rechtsordnung treiben wir nur den minimal notwendigen Handel, weil ausgebaute Beziehungen mit langfristigen Investitionen viel zu unsicher sind.

Moralisches Verhalten wird der Wirtschaft also doch von außen vorgegeben.

Nein, nicht nur. Denn andererseits kann sich ein moralisches Verhalten auch für die Unternehmen lohnen. Wer seine Kunden nicht übers Ohr haut, Verträge einhält, integer ist, die Angestellten vernünftig behandelt und insgesamt eine gute Unternehmenskultur hat, ist zugleich auch ein attraktiver Geschäftspartner. Zudem können viele Firmen damit werben, die Umwelt zu schützen oder Kultur zu fördern.

Die Wirtschaftsethik ist also schon in den Unternehmen angekommen?

Für die Wirtschaft ist es in den vergangenen Jahren zumindest immer wichtiger geworden, sich mit dem Grenzbereich zwischen Philosophie, Politik und Wirtschaft auseinander zu setzen und dort Kompetenzen zu entwickeln. Die Unternehmen sind in der Defensive, nicht zuletzt durch die so genannte Heuschreckendebatte. Sich integer, anständig und fair zu verhalten – eine solche Unternehmenskultur wird immer mehr als Erfolgsfaktor gesehen.

Imke Rosebrock (aus: fluter vom 16. Januar 2006)

- In der BuS-Phase Ihres P-Seminars haben Sie sich mit Blick auf Ihre eigene Berufswahl mit Berufsbildern befasst. Formulieren Sie Ihre wichtigsten Erkenntnisse daraus und überlegen Sie, inwieweit bei Ihrer Berufswahl Ethik eine Rolle spielen könnte!

- Vergleichen Sie Ihre eigenen Erkenntnisse mit den Ansichten von K. Homann im Interview (S. 88)!

- Laut Homann wird von Unternehmen, sich »integer, anständig und fair zu verhalten«, immer mehr als Erfolgsfaktor betrachtet. Auch mehrere Studien sehen einen Zusammenhang zwischen einer guten Personalführung (die z. B. als »Gesunde Führung« bezeichnet wird) und der Unternehmensleistung. Deuten Sie die Statistik unten!

- Wirtschaftsethik als Mittel, die Unternehmensleistung zu steigern? Diskutieren Sie aus Sicht des Utilitarismus (S. 68 f.) und Kants (S. 64 ff.) vor dem Hintergrund des bisher Erarbeiteten! – Welche Aspekte christlicher Ethik müssten hier berücksichtigt werden?

- Erstellen Sie mithilfe der Materialien dieser Doppelseite eine Übersicht zu den verschiedenen Themenbereichen der Wirtschaftsethik!

- Bringen Sie in der nächsten Stunde die Wirtschaftsteile aus Tageszeitungen mit! Identifizieren Sie ethische Fragen in den Zeitungsartikeln und ordnen Sie diese den verschiedenen Ebenen wirtschaftsethischer Überlegungen zu!

- Auch in den anderen Sparten der Zeitung geht es um Wirtschaft! Suchen Sie Beispiele!

info
Wirtschaftsethik

- Wirtschaftsethik beobachtet einerseits, welche ethischen Überzeugungen in der Wirtschaft vorhanden sind, andererseits beschäftigt sie sich mit der Frage, wie ethische Prinzipien im Bereich wirtschaftlichen Handelns unter Wettbewerbsbedingungen zur Geltung gebracht werden können. Dabei soll sie v.a. Orientierungshilfe für aktuelle Debatten durch Reflexion und kritische Analyse sein.

- Wirtschaftsethische Überlegungen beziehen sich auf **verschiedene Ebenen**: die gesellschaftliche (Makro-)Ebene, in der es um volkswirtschaftliche und ordnungsethische Ansätze geht, also die Legitimation der Wirtschaftsordnung insgesamt; die unternehmerische (Meso-)Ebene, die betriebswirtschaftliche Ansätze umfasst, also die Frage, wie das einzelne Unternehmen neben seinem ökonomischen Auftrag auch einen Beitrag zur Lösung von gesellschaftlichen Herausforderungen leisten kann bzw. soll; die individuelle (Mikro-)Ebene, die sich mit dem Handeln einzelner Menschen befasst.

- Ein wichtiges **Teilgebiet** der Wirtschaftsethik ist die **Unternehmensethik**. Sie geht der Frage nach, wie unternehmerisches Gewinnstreben und moralische Ideale zueinander stehen. Ihre Themen sind vielfältig: Sie reichen von Fragen, welche Werte (Leitbilder) es in Unternehmen gibt, welcher Führungsstil ausgeübt wird (z. B. Vorhandensein einer Feedbackkultur), was für Werte in der Personalwirtschaft wichtig sind (z. B. Höhe der Ausbildungsquote, der weiblichen bzw. älteren Beschäftigten, Weiterbildung und Gesundheitsförderung der Mitarbeitenden) über Engagement im gesellschaftlichen Umfeld, Umweltschutz, Verantwortung in der Lieferkette (u. a. Einhalten von sozialen Standards und Umweltschutz – auch bei ausländischen Lieferanten), bis hin zu Produktverantwortung und Verbraucherschutz (z. B. auch Datenschutz).

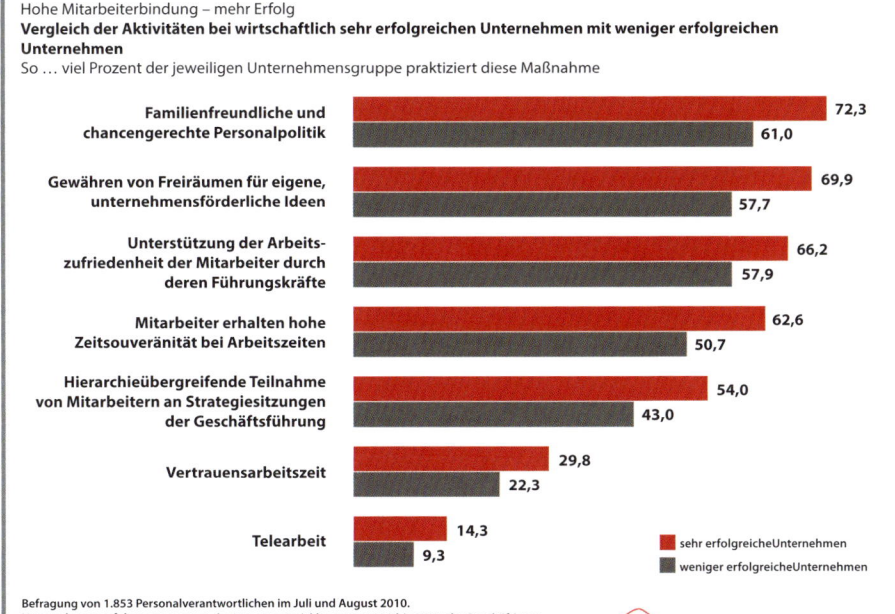

Hohe Mitarbeiterbindung – mehr Erfolg
Vergleich der Aktivitäten bei wirtschaftlich sehr erfolgreichen Unternehmen mit weniger erfolgreichen Unternehmen
So … viel Prozent der jeweiligen Unternehmensgruppe praktiziert diese Maßnahme

Maßnahme	sehr erfolgreiche Unternehmen	weniger erfolgreiche Unternehmen
Familienfreundliche und chancengerechte Personalpolitik	72,3	61,0
Gewähren von Freiräumen für eigene, unternehmensförderliche Ideen	69,9	57,7
Unterstützung der Arbeitszufriedenheit der Mitarbeiter durch deren Führungskräfte	66,2	57,9
Mitarbeiter erhalten hohe Zeitsouveränität bei Arbeitszeiten	62,6	50,7
Hierarchieübergreifende Teilnahme von Mitarbeitern an Strategiesitzungen der Geschäftsführung	54,0	43,0
Vertrauensarbeitszeit	29,8	22,3
Telearbeit	14,3	9,3

Befragung von 1.853 Personalverantwortlichen im Juli und August 2010.
Unternehmenserfolg: gemessen an der Umsatzentwicklung von 2008 bis 2009, der Beschäftigtenentwicklung von 2007 bis 2009 sowie den Umsatzerwartungen von 2009 bis 2012.
Quelle: IW-Personal-Panel/Institut der deutschen Wirtschaft Köln

PriMa
MENSCHEN UNTERNEHMEN ZUKUNFT
iw Institut der deutschen Wirtschaft Köln

In der Schokoladenproduktion

Kakao und Kinderarbeit

Elf Kilogramm Schokolade isst jeder Deutsche durchschnittlich pro Jahr. Der Kakao dazu stammt zumeist aus der Elfenbeinküste. Doch der Markt ist schwierig. Die Preise schwanken und um die gewaltige Nachfrage zu stillen, arbeiten auf den Plantagen oftmals auch Kinder – ohne Lohn.

Victor Kaboré steht unter einem Kakaobaum in seiner kleinen Plantage und wischt sich den Schweiß aus dem Gesicht. Seinen Abnehmern, den Zwischenhändlern in Abidjan, hat Victor versprochen, bald ein paar Tonnen Kakaobohnen zu liefern. Die Geschäfte laufen schlecht: Die Preise sind mal wieder im Keller.

»Wir wissen nicht, wie wir durchkommen sollen. Woher sollen wir das Geld nehmen, damit die Kinder in die Schule gehen können? Und wenn jemand krank ist, können wir uns das Krankenhaus nicht leisten.«

Seine eigenen sechs Kinder müssen mithelfen – sie schleppen tonnenweise Schoten, mit Macheten lösen sie dann die Bohnen heraus, zum Trocknen. Die scharfen Klingen sind gefährlich für die Kleinen – ihre Arme und Beine sind übersät mit entzündeten Schnittwunden. Doch darauf kann Victor keine Rücksicht nehmen. Löhne kann er keine zahlen, deswegen beschäftigt er Kinder. Alles, was er verdient, muss er in Pestizide investieren, um seine übernutzte Plantage zu erhalten.

Weil seine eigenen kleinen Arbeitskräfte nicht reichen, hat Victor weitere Kinder gekauft. Den 13-jährigen Daniel zum Beispiel, im Nachbarland Burkina Faso.

Seit fünf Jahren hat Daniel seine Eltern nicht mehr gesehen, zur Schule geht er nicht, seit damals, als Victor ihn einfach abgeholt und auf die Plantage gebracht hat. Nach Schätzungen der Internationalen Arbeitsorganisation ILO schuften 800.000 Kinder auf Kakao-Plantagen in der Elfenbeinküste; fast ein Drittel der Kinder zwischen 5 und 17 Jahren.

Kinder sind die Zielgruppe für die Hersteller. Dass dafür anderswo Kinder schuften müssen, wissen die Hersteller seit Langem – alle großen Hersteller sind auf Kakao aus der Elfenbeinküste angewiesen. Dieser Kakao trägt mit dazu bei, dass die Schoko-Industrie weltweit geschätzte 90 Milliarden Dollar pro Jahr umsetzt.

Deutschlandradio vom 25. Januar 2013, Alexander Göbel

Interview mit dem Geschäftsführer des Vereins TransFair, Dieter Overath

dradio: Gibt es irgendeine Chance für mich als Käufer, Schokolade zu erkennen, für die keine Kinder arbeiten mussten? Gibt es Siegel dafür?

Overath: Bio ist leider auch keine Garantie dafür. Das Fairtrade-Siegel, das ja schon einige Sorten auf dem deutschen Markt haben, verbietet natürlich seinen Produzenten eindeutig Kinderarbeit, und wir haben auch ein Kontrollsystem, was danach schaut – eine hundertprozentige Kontrolle bis in den letzten Winkel von Ghana und Elfenbeinküste kann keiner bieten. Aber Anstrengungen zu unternehmen, wie man die Kinderarbeit vor Ort bewältigt, wie man mit den Produzenten zusammenarbeitet, ist etwas, wo Fairtrade sehr viel investiert.

In England können wir sehen, dass hier große Firmen mitmachen, und die Fortschritte, die es in Ghana im dörflichen Bereich gegeben hat, die können sich sehen lassen, da finden wir Situationen vor, die sich signifikant unterscheiden von vor fünf Jahren. In der Elfenbeinküste sind wir da noch ein Stück weit davon entfernt.

Woran liegt das, dass England da mehr Wert darauf legt, auf fair gehandelte Schokolade?

In der englischen Gesellschaft hat Fairtrade eine höhere Bedeutung als Bio, und der Marktführer dort, Cadbury, hat komplett auf Fairtrade umgestellt. Selbst Nestlé bietet Kitkat-Riegel mit dem Fairtrade-Siegel an, und auch Mars hat dort schon mit Fairtrade angefangen. Wir müssen hier noch mehr öffentlichen Druck ausüben, damit die Firmen auch in Deutschland sich mehr bewegen. Es gibt leider nicht so viel Fairtrade-Schokolade auf dem deutschen Markt, wie ich mir das wünsche, und wie es für die Kinder in der Elfenbeinküste gut wäre.

Und wie ist das bei den großen Anbietern bei uns?

Wir haben keinen einzigen Markenartikler bisher an Bord. Rewe und Lidl mit ihren Eigenmarken sind mit guten Beispiel vorangegangen, aber das bewegt natürlich noch nicht die großen Mengen. Diese Konzerne konzentrieren sich auf eigene Programme – das kann ein Start, eine Basis sein, das will ich überhaupt nicht in Abrede stellen. Wenn man ernsthaft so ein schwieriges Land wie die Elfenbeinküste verändern möchte in dem Stil, muss man wirklich mit allen zusammenarbeiten und sich nicht auf eigene Initiativen konzentrieren. Es gibt Ansätze, die reichen aber definitiv noch nicht aus.

Spielräume für Moral?

»Unser Einfluss ist begrenzt«

Interview mit dem Firmenchef eines Süßwarenunternehmens, das neben Bio-Kakao aus Nicaragua auch Kakao aus konventionellem Anbau in Westafrika bezieht.

Was unterscheidet Ihre Bio-Schokolade von anderen Produkten?

Die Rohstoffe stammen ausschließlich aus organischem Anbau, der Kakao zum Beispiel aus nachhaltiger Landwirtschaft in Nicaragua, wo wir uns seit Jahren engagieren. Davon profitiert auch der Regenwald: Die Bauern erhalten gute Preise für den Kakao, und deshalb entfällt für sie die Motivation, Regenwald in Weideland umzuwandeln, was sonst häufig geschieht. Wir zahlen für den Kakao Preise, die derzeit rund 40 Prozent über Weltmarktniveau liegen. So gibt es auch keinen Anlass zur Kinderarbeit.

Für Ihre konventionell hergestellte Schokolade beziehen Sie auch Kakao aus Westafrika, obwohl auf den Plantagen der Elfenbeinküste Hunderttausende Kinder schuften. Wie passt das mit Ihrem Engagement in Mittelamerika zusammen?

Als Volumenhersteller kommen wir nicht umhin, auch aus der weltweit größten Kakaoanbauregion Rohstoffe zu beziehen. Unser Lieferant kann nicht mit Sicherheit ausschließen, dass sich in den sogenannten Westafrika-Partien auch Kakao aus der Elfenbeinküste befindet, was an sich unser Wunsch wäre. Als Mittelständler können wir jedoch nicht gleichzeitig an verschiedenen Punkten in der Welt ansetzen. Wir haben uns vor nahezu 20 Jahren dafür entschieden, eben in Nicaragua – damals wie heute ebenfalls ein Brennpunkt der Armut und sozialer Missstände – ein Projekt in die Wege zu leiten.

Was tun Sie gegen die Kinderarbeit?

Allein sind wir – insbesondere im internationalen Vergleich – zu klein, um auch vor Ort in Westafrika signifikant einwirken zu können. Deshalb versuchen wir das über die Mitgliedschaft in Institutionen sowie Verbandsarbeit. Ehrlicherweise muss man jedoch anfügen, dass auch deren Einflussnahme sehr begrenzt ist, zumal in einem Land wie der Elfenbeinküste, in dem bis vor kurzem Bürgerkrieg herrschte und Direktkontakte zu Produzenten nahezu unmöglich sind. Im Nachbarland Ghana, dem zweitgrößten Kakaoexporteur weltweit, sind unsere Einkäufer aber dabei, direkte Kontakte zu Genossenschaften aufzubauen. *Interview: Claudia Hönck*

- Beschreiben Sie die Problematik des Kakaohandels differenziert mit eigenen Worten und bedenken Sie dabei auch die verschiedenen Ebenen wirtschaftsethischer Überlegungen (S. 89): Arbeiten Sie heraus, an welcher Stelle warum beim Kakaohandel ein Konflikt auftritt und welche verschiedenen Wert- und Normvorstellungen aufeinanderprallen! – Wenn Sie Zeit haben, recherchieren Sie noch weitere Aspekte, z.B. dazu, wie Hersteller von fairtrade-Schokolade versuchen, Kinderarbeit zu verhindern!
- Überlegen Sie, welche Lösungen – je nach Ebene – in Frage kommen könnten und ob es, neben den in den Materialien auf dieser Doppelseite angedeuteten Handlungsalternativen, noch weitere gibt!
- Diskutieren Sie, ob sich das Schoko-Unternehmen (linke Spalte) richtig verhält bzw. wie sich die Firma beim Problem des Kakaobezugs Ihrer Meinung nach verhalten sollte!
- Marktteilnehmer haben auch einen Anteil daran, unter welchen Bedingungen produziert wird. Zeigen Sie dies am Beispiel der Schokoladenproduktion oder eines anderes Produktes auf! Überlegen Sie, welche weiteren Handlungsmöglichkeiten Sie als Individuum haben, wenn Sie z.B. in Bezug auf die Kakaoproduktion gerne etwas verändern würden! Denken Sie hierbei wieder an die verschiedenen Ebenen wirtschaftsethischer Überlegungen!
- Geben Sie Grundzüge eines evangelischen Gewissensverständnisses wieder (Kap. 2) und beziehen Sie es auf die Karikatur oben!

Das Vorgehen in den Aufgaben dieser Seite kann – mit gewissen Abstrichen – auch für andere Problembereiche hilfreich sein, da es sich grob an den Schritten ethischer Urteilsbildung* orientiert. Mit weiteren wichtigen christlichen Impulsen für die Wirtschaftsethik beschäftigt sich S. 92 f.

Der evangelische ...

Gott und Geld

Ausschnitte aus einem Vortrag zu christlicher Ethik und wirtschaftlichem Handeln von Wolfgang Huber 2007

Jede Generation stellt auf ihre Weise die Frage nach dem Verhältnis von ökonomischer Vernunft und christlicher Lebensorientierung, nach dem Verhältnis von Geld und Glaube, von wirtschaftlichem Handeln und christlicher Ethik. Die Wirtschaft ist nicht ein Bereich, der nur seiner Eigengesetzlichkeit folgt und ethischen Herausforderungen gegenüber immun ist.

Für diese Diskussion ist es förderlich, sich daran zu erinnern, dass die soziale Marktwirtschaft als das für uns verbindliche Grundmodell der Wirtschaftsordnung tiefe, fest verankerte christliche Wurzeln hat. Mit guten Gründen lässt sich sagen, dass sich christliche Ethik immer wieder als ein entscheidender Motor wirtschaftlichen Engagements erwiesen hat.

Neue Untersuchungen bestätigen auch, dass dieser Impuls von durchaus aktueller Bedeutung ist. Sie zeigen nämlich – die Online-Befragung »Perspektive Deutschland« ist ein deutliches Beispiel dafür –, dass die Lebenshaltung von Christen sich von anderen Lebenseinstellungen durch Verantwortungsbereitschaft und Zuversicht auszeichnet. Menschen, die von Gott auch im Angesicht von Schwierigkeiten Gutes erwarten, stellen sich zuversichtlicher auf die Zukunft ein als diejenigen, für die der Mensch das Maß aller Dinge ist. Menschen, die sich an die Liebe zum Nächsten wie zu sich selbst gebunden wissen, beziehen in ihre Überlegungen auch das Wohl des Nächsten und nicht nur das eigene Wohl ein. Menschen, denen bewusst ist, dass sie für ihr Leben im Letzten Gott Rechenschaft schulden, werden Anstand und Fairness auch dann gelten lassen, wenn die Verletzung dieser Regeln ihnen einen Vorteil bringen würde. Menschen, die aus der Zusage von Vergebung und Rechtfertigung leben, werden in jedem Menschen mehr sehen, als er selbst aus sich macht, und auch den Menschen in seiner Würde achten, der vor den Anforderungen der Leistungsgesellschaft versagt.

Gerade weil so viel von der Eigengesetzlichkeit der Wirtschaft die Rede ist, muss man deutlich hervorheben: Es gibt kein wirtschaftliches Handeln, das nicht direkt oder indirekt ethische Implikationen hat und auf ethischen Grundsatzentscheidungen beruht oder solche Entscheidungen verletzt. Es wird von einer bestimmten Motivation getragen und verfolgt Ziele, die sich niemals nur innerhalb der Grenzen von Angebot und Nachfrage beschreiben lassen, sondern die stets die Grundfragen menschlichen Seins und menschlichen Handelns berühren.

In unserer öffentlichen Diskussion spielen diese Grundfragen allerdings eine marginale Rolle. Doch wir müssen weiter fragen: Das leitende Bild von der Gesellschaft und somit die unterschiedlichen Politikansätze sind von ebenso hohem Interesse wie die Frage danach, worin Unternehmer heute ihre Verantwortung sehen, nicht nur für das eigene Unternehmen, sondern auch für die eigene Belegschaft, nicht nur für das eigene Interesse, sondern auch für das eigene Land. Deshalb sind auch die Unterschiede in weltanschaulichen und ethischen Fragen von hohem Gewicht; sie sollten deutlich ins Gespräch mit einbezogen werden.

Werteordnung wirtschaftlichen Handelns

Ausschnitt aus »Ethik – Die Grundfragen unseres Lebens von der Geburt bis zum Tod« von Wolfgang Huber 2013

In der globalisierten Wirtschaft zeigt sich die Pluralität der Wertorientierungen besonders intensiv. Wer in ihr bestehen will, braucht Klarheit über die eigene Wertebasis. Auf der Grundlage eigener Überzeugungen kann er mit anderen einen übergreifenden Konsens entwickeln, der gemeinsames Handeln ermöglicht.

Der indische Nationalökonom Amartya Sen sieht einen möglichen wirtschaftlichen Konsens in einer »Ökonomie für den Menschen«. Eine freiheitliche Wirtschaftsordnung dient nach seiner Auffassung der Überwindung von Armut und fördert faire Entwicklungschancen. Wenn man wie Amartya Sen Armut als einen Mangel an Teilhabe- und Verwirklichungschancen versteht, ist es folgerichtig, die Behebung der Armut nicht von einer Entwicklungsdiktatur zu erhoffen, sondern auf eine Verbreiterung der Entwicklungschancen durch Bildung, Beteiligungsgerechtigkeit und eine aktive Wirtschafts- und Sozialpolitik zu setzen.

Was kann christliche Ethik zu einem solchen übergreifenden Konsens beitragen? Auf dem Hintergrund der jüdisch-christlichen Überlieferung bringt sie in eine Ökonomie für den Menschen vor allem vier kulturelle Grundüberzeugungen ein: die Verpflichtung auf die gleiche Würde jedes Menschen, die Verantwortung für die Lebensbedingungen künftiger Generationen (Nachhaltigkeit), die Haltung »Haben als hätte man nicht« und schließlich die Bewahrung und Erneuerung von Vertrauen.

- Fassen Sie den Ausschnitt aus dem Vortrag von W. Huber, evangelischer Theologe und EKD-Ratspräsident von 2003–2009, zu »Gott und Geld« in vier Thesen zusammen und identifizieren Sie in seinem Text die verschiedenen Ebenen wirtschaftsethischer Überlegungen!
- Der evangelische Theologe und Philosoph Andreas Grabenstein spricht davon, »dass evangelischer Glaube nicht zuerst ein Wertesystem, eine Sammlung von ethischen Geboten ist. Christlicher Glaube ist zunächst eine Perspektive, eine Welt- und Selbstdeutung, ein ›Blick‹«. Arbeiten Sie diesen Blick im Vortrag Hubers heraus! Vergleichen Sie ihn mit den grundlegenden Denkfiguren christlicher Ethik (S. 70–81)!
- Auch in der 2013 erschienenen »Ethik« fragt Huber nach dem »christlichen Blick« auf die globale Werteordnung und nennt »vier kulturelle Grundüberzeugungen«. Ordnen Sie den von ihm im Text genannten Punkten zu, was Sie hierzu in diesem Jahr bzw. in den letzten Jahren gelernt haben!
- Die Frage, wie sich die Verantwortung des Einzelnen und Sachzwänge des Systems zueinander verhalten, ist zentral für die Unternehmensethik. Tragen Sie zusammen, was Sie dazu in den Texten auf dieser Doppelseite finden!
- Überlegen Sie gemeinsam, was der »evangelische Blick« und der christliche Beitrag zur Werteordnung wirtschaftlichen Handelns bei der Problematik der Kakaoproduktion (S. 90 f.) beleuchten könnte und welche Konsequenzen er hätte!

- Spekulieren Sie anhand der Titel der Schriften der evangelischen Kirche über die jeweilige wirtschaftsethische Grundeinstellung!
- Recherchieren Sie auf der Homepage der EKD* zu den jeweiligen Schriften und halten Sie ggf. Kurzreferate!
- Überlegen Sie, inwiefern sich der »evangelische Blick« auch in dem Ausschnitt aus dem Wort des Rates der evangelischen Kirche zur Wirtschaftskrise wiederfinden lässt!
- Das Schoko-Unternehmen (S. 91) ist u. a. für seine gute Feedbackkultur ausgezeichnet worden. Schreiben Sie auf Grundlage Ihrer bisherigen Überlegungen ein Feedback an den Firmenchef und die Geschäftsführung zum Bezug von Kakao aus dem Anbau in Westafrika und somit aus Kinderarbeit und vertreten Sie hierbei einen evangelischen Standpunkt!

Aus: Wie ein Riss in einer hohen Mauer

Wort des Rates der Evangelischen Kirche zur globalen Finanzmarkt- und Wirtschaftskrise (2009)

Das Konzept der klassischen Sozialen Marktwirtschaft bedarf der Ergänzung. Dies haben die evangelische und die katholische Kirche bereits in ihrem Gemeinsamen Wort zur wirtschaftlichen und sozialen Lage 1997 gefordert: »Grundlegend muss die Erneuerung der wirtschaftlichen Ordnung auf ihre Weiterentwicklung zu einer sozial, ökologisch und global verpflichteten Marktwirtschaft zielen. Wer die natürlichen Grundlagen des Lebens nicht bewahrt, zieht aller wirtschaftlichen Aktivität den Boden unter den Füßen weg. Solidarität und Gerechtigkeit können ihrem Wesen nach nicht auf das eigene Gemeinwesen eingeschränkt, sie müssen weltweit verstanden werden. Darum müssen zur sozialen die ökologische und globale Verpflichtung hinzutreten.«

Ihr könnt nicht Gott dienen und dem Mammon.
MT 6,24 B

(Denk-)Schriften* der EKD sowie eine Gegenschrift zum Text von 2008 aus demselben Jahr (Untertitel: Wider die Anpassung der evangelischen Kirche an die Macht der Wirtschaft)

im Zusammenhang

Spielen Sie nicht mit dem Leben von Menschen!

Lebensmittelspekulation:
ein gefährliches Spiel.
www.brot-fuer-die-welt.de

Mitglied der
act**alliance**

Brot
für die Welt

- Beschreiben Sie das Plakat! Informieren Sie sich über Nahrungsmittelspekulation* und deuten Sie vor diesem Hintergrund den Zusammenhang von Aussageabsicht und verwendeten Text- und Bildelementen!
- Klären Sie, welche Vorstellung von Spiel dem Plakat zugrunde liegt, und vergleichen Sie diese mit den Spielbegriffen, die Ihnen bisher im Buch begegnet sind!
- »… nicht mit dem Leben von Menschen« – Prüfen Sie, welches Grundmodell ethischen Argumentierens hinter dem Slogan bzw. dem Plakat stehen könnte!

- »Brot für die Welt« ist eine Hilfsorganisation der evangelischen Landeskirchen. Sammeln Sie Denkfiguren bzw. Impulse christlicher Ethik, die hinter dieser Plakataktion sowie dem Inhalt des Plakats stehen dürften!
- Verfassen Sie einen Pressetext von Brot für die Welt, der die Plakat-Aktion begleitet und dabei auf drei zentrale Impulse christlicher Ethik eingeht! Begründen Sie anschließend Ihre Auswahl!
- Bewerten Sie das Plakat aus medienethischer Sicht!

HOFFENTLICH

Worauf kommt es letztlich an?

Was wird aus mir?

Geht alles den Bach runter?

Und am Ende die Rechnung?

Was bleibt?

Ist eine Welt für mich genug?

Kapitel 4

ALLES GUTE

Am Ende wird alles

GUT

Wenn es nicht gut wird, ist es noch nicht das Ende.

Oscar Wilde

Alles wird gut!

Kopf hoch!

Alles wird gut!

Alles Gute zum Abitur!

Alles Gute wünsch ich

Das Mögliche und die Möglichkeiten

Ausschnitt aus der Rede der Schriftstellerin Juli Zeh  *an den Abiturjahrgang 2010*

»Alles Gute für die Zukunft!« – oder »Viel Erfolg in der Zukunft!« – das sind Sätze, die Sie, liebe Abiturienten, in letzter Zeit das eine oder andere Mal gehört haben dürften. Denn nach allgemeiner Auffassung beginnt die Zukunft nach dem Abitur, und zwar mit sofortiger Wirkung. Ebenso, wie das sogenannte echte Leben. Was dann eigentlich während der gesamten Schulzeit stattfindet – Vergangenheit und unechtes Leben? – wollen wir an dieser Stelle einmal dahingestellt sein lassen.

Das Abitur ist ein kurioses Zertifikat. Zum einen stellt es den kürzesten Entwicklungsroman der Welt dar: ein menschliches Lebensjahrzehnt in einer Zahl zusammengefasst. So weiß man, was Sie in den vergangenen Jahren gemacht haben: 1,3 oder 2,5 oder 3,9. Zum anderen verkörpert die Zahl den Wert Ihres Optionspapiers im Rahmen eines besonderen Termingeschäfts. Gegen Vorlage dieser Urkunde wird dem Berechtigten, also Ihnen, ein Stück Zukunft ausgehändigt, auf das Sie Anspruch erworben haben. So will es das deutsche Schulsystem und so hört man es überall: Wer das Abitur macht, »hat« eine Zukunft.

Beim Inhaber eines Hauptschulabschlusses sieht es da schon anders aus. Da wiegt die herrschende Meinung sorgenvoll den Kopf: Ob der eine Zukunft hat?

Zu meiner Zeit gab es einen Aufkleber, den man an Schulbänke oder Toilettentüren klebte. Unter einem gezeichneten Faulpelz, der auf einer Couch herumlümmelte, stand: »Achtung! Heute beginnt der Rest des Lebens«. Ich weiß gar nicht, ob wir wussten, warum wir das damals witzig fanden. Faulsein, in den Tag hineinleben, nicht an die Zukunft denken – das war damals der Inbegriff von »cool«. Wer viel lernen wollte, tat das besser heimlich, um nicht als Streber ausgelacht zu werden. Die Standardantwort auf die nervtötende Frage, was man nach der Schule vorhabe, lautete: »Mal gucken«. Vielleicht wurden noch ein paar Ideen hinterhergenuschelt: erst mal ein Jahr rumhängen bzw. jobben bzw. reisen bzw. soziales Jahr oder Zivildienst – dann weitersehen. Planung war etwas für Kontrollfreaks. Der Starke musste in der Lage sein, die Ungewissheit nicht nur zu ertragen, sondern als etwas Positives zu betrachten, nämlich als Wesen der Freiheit. »Heute beginnt der Rest des Lebens« – ein Spottvers auf den Versuch der Erwachsenenwelt, das Leben in eine Treppe mit aufwärts führenden Stufen zu verwandeln. Zu jedem Silvester, an jedem Geburtstag soll man glauben und dafür kämpfen, dass im neuen Jahr alles anders, nämlich besser wird. Erst recht gilt diese Forderung für den Schulabschluss. Kaum ein anderer Zeitpunkt im menschlichen Leben wird mit so viel Bedeutung befrachtet. Das Ende der Schulzeit sei ein Einschnitt, ein Wendepunkt, die alles entscheidende Weichenstellung für das, was noch kommen möge. Also »Alles Gute für die Zukunft!« – Klingt das nicht ein bisschen wie eine Drohung?

Alles …

Und Gott sah an **ALLES**, was er gemacht hatte, und siehe, es war sehr gut.
1 MOSE 1,31

ALLES ist eitel.
PRED 1,2

Trachtet zuerst nach dem Reich Gottes und nach seiner Gerechtigkeit, so wird euch das **ALLES** zufallen. MT 6,33

… und lehret sie halten **ALLES**, was ich euch befohlen habe. MT 28,20

Die Liebe erträgt **ALLES,** sie glaubt **ALLES,** sie hofft **ALLES,** sie duldet **ALLES.** 1 KOR 13,7

Und der auf dem Thron saß, sprach: Siehe, ich mache **ALLES** neu! OFFB 21,5

Alles …

- »Alles« kann je nach Kontext und Betonung verschiedene Färbungen erhalten. Untersuchen Sie die obigen Bibelstellen und prüfen Sie ggf. auch andere »alles«-Sätze!
- »Alles wird gut!« Sammeln Sie – ausgehend von S. 96 – Situationen, in denen dieser Satz eine Rolle spielt! Wie wichtig ist hier der Tonfall?
- Fassen Sie die Überlegungen P. L. Bergers rechts in eigenen Worten in 4 bis 5 Thesen zusammen!
- »Alles ist gut.« – Erläutern Sie, inwiefern nach Berger dieser Satz von einer Mutter zu einem verängstigten Kind gesprochen nicht banal ist!
- Berger stellt das Trostritual der Mutter in einen Zusammenhang mit Religion. Erklären Sie diesen Zusammenhang und ziehen Sie Konsequenzen für den »Gebrauch« des Satzes »Alles wird gut!« bzw. »Alles Gute!« in anderen Kontexten, wie sie auf S. 96 angedeutet werden!
- Deuten Sie Abend- bzw. Gute-Nacht-Lieder aus Bergers Sicht!

Peter L. Berger, Zeichen der Transzendenz*

Der folgende Textauszug stammt aus dem Buch »Auf den Spuren der Engel. Die moderne Gesellschaft und die Wiederentdeckung der Transzendenz« (1973). Peter L. Berger, der Theologie, Philosophie und Soziologie studiert hat, ist besonders bekannt für seine religionssoziologischen Studien, in denen er auf einen allgemeinen Religionsbegriff ⑩ zurückgreift.
Zeichen der Transzendenz nenne ich Phänomene der »natürlichen« Wirklichkeit, die über diese hinauszuweisen scheinen. Man denke nur an die wohl fundamentalste aller Ordnung stiftenden Gesten – die der ihr ängstliches Kind beruhigenden Mutter. Das Kind erwacht – vielleicht aus schweren Träumen – und findet sich allein, von nächtlicher Dunkelheit umgeben, namenloser Angst ausgeliefert. Die vertrauten Umrisse der Wirklichkeit sind verwischt, ja unsichtbar. Chaos will hereinbrechen. Das Kind schreit nach der Mutter. In einem solchen Augenblick ist der Ruf nach der Mutter, ohne Übertreibung, der Ruf nach einer Hohepriesterin der Ordnung. Die Mutter – und vielleicht nur sie – hat die Macht, das Chaos zu bannen und die Welt in ihrer Wohlgestalt wiederherzustellen. Genau das tut eine Mutter. Sie nimmt das Kind in den Arm. Sie zündet ein Licht an, und warmer, Sicherheit verheißender Schein umgibt sie und ihr Kind. Sie spricht zu ihrem Kind, sie singt ihm ein Schlummerlied. Und der Grundtenor ist auf der ganzen Welt immer und immer derselbe: »Hab' keine Angst«; »alles in Ordnung«; »alles ist wieder gut«. Das Kind schluchzt vielleicht noch ein paar Mal auf und gibt sich allmählich zufrieden. Sein Vertrauen zur Wirklichkeit ist zurückgewonnen, und in diesem Vertrauen kann es wieder einschlafen.
Dergleichen gehört zur Routine des Alltags und bedarf natürlich keiner artikulierten religiösen Grundlage. Aber gerade, dass es so gewöhnlich ist, wirft die keineswegs gewöhnliche Frage auf – eine Frage, die unmittelbar in eine

»Alles« – ein MERKmal von Religion?

Der Mond ist auf- ge- gan- gen, die gold- nen Stern- lein pran- gen religiöse Dimension reicht: Belügt die Mutter das Kind? Nur wenn ein religiöses Verständnis des menschlichen Daseins Wahrheit enthält, kann die Antwort aus vollem Herzen »Nein« lauten. Ist dagegen umgekehrt das »Natürliche« die einzige Wirklichkeit, so lügt die Mutter. Warum? Weil der Trost, den sie gibt, über sie und ihr Kind, über die Zufälligkeit der Personen und der Situation hinausreicht und eine Behauptung über Wirklichkeit als solche enthält. Elternwerden heißt, die Rolle von Welterbauern und Weltschützern annehmen. Die Rolle, die Eltern ihrem Kind gegenüber annehmen, ist die von Repräsentanten nicht nur irgendeiner Gesellschaftsordnung, sondern von Ordnung als solcher, jener Grundordnung (oder Regel) der Welt (oder des Universums), dass unser Vertrauen einen Sinn hat (oder sinnhaft ist). »Alles ist in Ordnung«; »alles ist wieder gut« – das ist die Grundformel mütterlichen, elterlichen Trostes. Nicht nur diese eine Angst, dieser eine Schmerz – nein, alles ist in Ordnung. Man kann die Formel, ohne sie in irgendeiner Weise anzutasten, in eine kosmische Aussage übersetzen: »Vertraue dem Sein.«

»Alles Gute für das Studium!‹ – Dabei weiß ich noch nicht einmal, ob ich überhaupt studieren möchte.«

»Wenn mir meine Tante ›Alles Gute‹ für das Abitur wünscht, klingt das so, als sollte ich überall 15 Punkte schaffen.«

»Ich wünsche meistens alles Gute, dann muss ich nicht groß nachdenken und jeder kann sich selbst aussuchen, was zu ihm passt.«

»»Wir wünschen Ihnen alles Gute für die Zukunft‹, steht unter meinem Praktikumszeugnis.«

Möge dein Weg dir freundlich entgegenkommen,

möge der Wind dir
den Rücken stärken,
möge die Sonne warm
auf dein Gesicht scheinen
und der Regen sanft
auf deine Felder fallen.
Und bis wir uns wiedersehen,
halte Gott dich
im Frieden seiner Hand.

Irischer Segen

info
Segen

Das Segnen ist eine »Grundgeste der jüdisch-christlichen Tradition« (Steffensky). Jeder Christ und jede Christin darf für andere Menschen um Gottes freundlichen Blick und seine Begleitung bitten und diese zusprechen. Auch wer segnet, wünscht »Alles Gute für die Zukunft!« Doch er / sie rechnet dabei mit der unverfügbaren Macht Gottes, legt die Zukunft in Gottes Hand. In der Bibel wird göttlicher Segen aber durchaus als konkret wahrnehmbar verstanden, etwa im (wirtschaftlichen) Erfolg, in reicher Nachkommenschaft, im Glück. Und es wird damit gerechnet, dass in der Segenshandlung aus Geste und Wort tatsächlich etwas geschieht. Segnen gilt in der sog. Sprechakttheorie* als Vollzug, bei dem zwei Arten des Sprechens zusammenkommen: dass etwas gewünscht wird und dass das, was gesprochen wird, zugleich auch vollzogen wird (»performativer Akt«). Der Segen ist nicht nur ein wichtiges Element *in* jedem Gottesdienst; gerade Kasualgottesdienste, die Menschen bei Schwellensituationen begleiten, können *selbst* als Segenshandlungen verstanden werden.

An der Schwelle zur Zukunft?

● Vergleichen Sie die Rede von Juli Zeh mit Ihren eigenen Erfahrungen, wie vom Abitur und »der Zukunft« gesprochen wird!

● Das Abitur als die entscheidende Schwelle im Leben – als Einschnitt, bei dem alles auf dem Spiel steht? Überlegen Sie, aus welchen Gründen gerade diesem Ereignis oft eine so große Bedeutung zugeschrieben wird!

● An einer Schwelle werden meist Wünsche und Zuspruch formuliert. Tauschen Sie sich über mögliche Motive aus!

● Stellen Sie sich vor, es wird alles wahr, was Sie anderen Menschen wünschen!

● Vergleichen Sie den Wunsch »Alles Gute!« mit anderen Wunschformeln! Überlegen Sie, warum sich gerade »Alles Gute!« besonderer Beliebtheit erfreut!

● Setzen Sie sich mit den Zitaten oben auseinander und formulieren Sie passende Wünsche fürs Abitur oder das Danach! Vielleicht haben Sie Lust, diese als Grußkarten zu gestalten. – Hilft es eigentlich, wenn ich jemandem etwas wünsche?

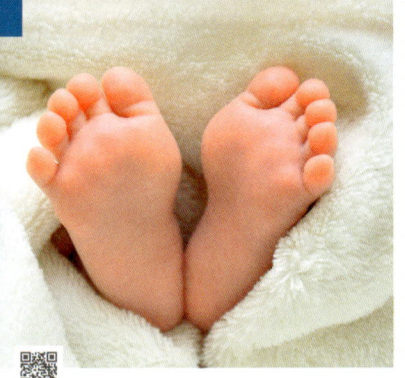
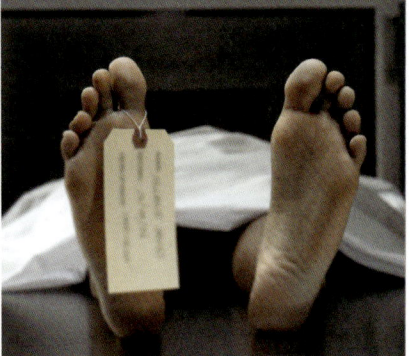

www.busstag.de

Wann lebst Du?
Buß- und Bettag, 20.11.2013

EVANGELISCHE KIRCHE VON KURHESSEN WALDECK

Evangelisch-Lutherische Kirche in Bayern

»The ultimate inspiration is the deadline.«

»Bitte schreiben Sie Ihren letzten Satz und legen dann Ihren Stift zur Seite.«

»Bis wann muss ich mich bei der ZVS bewerben?«

»Ich habe immer noch kein Geschenk …«

»Dieses Angebot gilt nur bis zum 31.«

Die Kürze des Lebens

Unser Leben ist kurz, weil wir nicht immer da waren, sondern geboren sind, und nicht immer dableiben, sondern sterben: also durch Geburt und Tod; wobei gilt: Wie die Natalität beträgt auch die Mortalität der menschlichen Gesamtpopulation nach wie vor hundert Prozent.

Das Leben ist kurz. Die Menschen sind – einerseits – stets Spätgeborene. Wo sie anfangen, ist niemals der Anfang. Vor jedem Menschen hat es schon Menschen gegeben, in deren – kontingente* – Traditionen oder Üblichkeiten wir hineingeboren werden, so dass sie unsere Herkunft sind, an die wir anknüpfen müssen. Diese Anknüpfung ist unvermeidlich, denn die Menschen »sind« – andererseits »zum Tode«: sie sterben – wie lange ihr Leben auch währt – allzubald.

So sind die Menschen – weil jeder einzelne von ihnen spät kommt und früh geht – zeitknapp. Die knappste unter allen knappen Ressourcen ist die Lebenszeit. Dadurch werden wir auf unsere Herkunft zurückverwiesen: Wir haben einfach nicht die Zeit, alle oder auch nur die meisten Dinge unseres Lebens neu zu regeln; wir haben einfach nicht die Zeit, unserer Herkunft durch die Änderung unserer Lebensformen beliebig weit zu entkommen. Denn unser Tod ist stets schneller als die meisten unserer Änderungen. Ich bestreite dabei nicht, dass wir die Freiheit zum Neuen und die Fähigkeit zur Änderung haben; ich sage nur: diese Freiheit zum Neuen und diese Fähigkeit zur Änderung sind begrenzt durch unsere Lebenskürze. *Odo Marquard* 👤

WEIL WIR … GEBOREN SIND
SPÄTGEBORENE
… BETRÄGT AUCH DIE MORTALITÄT DER MENSCHLICHEN GESAMTPOPULATION NACH WIE VOR HUNDERT PROZENT
SIE STERBEN ALLZUBALD
BEGRENZT DURCH UNSERE LEBENSKÜRZE
ZEITKNAPP

- Erstellen Sie einen Assoziationsstern zu Frist/Fristen!
- Es gibt eine Reihe von Büchern, die Dinge auflisten, die man getan haben sollte, bevor man stirbt. Schreiben Sie eine solche Liste! Analysieren Sie anschließend das Plakat oben links und vergleichen Sie Ihre Liste mit der vermuteten Intention dieses Plakates!
- Befristung – ein Grund für Trübsinn? – Entdecken Sie Entlastendes und Erheiterndes in den Zeilen von Odo Marquard!
- »Zeitknapp« – klären Sie, wie Marquard dieses Adjektiv versteht und überlegen Sie Konsequenzen aus der »Zeitknappheit«, die dem Duktus des Textes entsprechen!
- Lassen Sie sich von den Satzfragmenten oben aus Marquards Text zu Postkarten-Gestaltungen zum Thema »Das Leben ist kurz« inspirieren!
- Vergleichen Sie die Texte von Marquard und Zeh im Hinblick darauf, wie in ihnen Freiheit zum Thema wird !
- Beziehen Sie die Gedanken von Marquard auf Ihnen bekannte anthropologische Positionen! ⑪

ohne Ende?

»Wer früher stirbt, ist länger tot«

Im oberbayerischen Germingen lebt der Kandlerwirt seit dem Tod seiner Frau allein mit den beiden Söhnen Sebastian und Franz. Eines Tages erfährt der 11-jährige Sebastian zufällig, dass seine Mutter nicht, wie immer behauptet, bei einem Unfall, sondern bei seiner Geburt gestorben ist, und entwickelt heftige Schuldgefühle. Da er für sein Alter ohnehin ein beeindruckendes Sündenregister vorzuweisen hat, fürchtet er nun, nach seinem Ableben im Fegefeuer büßen zu müssen – wenn er nicht schleunigst etwas dagegen unternimmt. Konsequent setzt er alles daran, sich von seinen Sünden reinzuwaschen – oder idealerweise gleich unsterblich zu werden.

Aus der DVD-Beschreibung

Alfred vom Radio Universe über Jimmy Hendrix: »Mit fünf hat er seine erste Gitarre bekommen, mit 15 ist seine Mutter gestorben und mit 27 ist er gestorben und trotzdem ist er unsterblich.« »Wieso unsterblich?« »Weil er Musik gemacht hat, die selbst 35 Jahre nach seinem Tod noch rauf und runter gespielt wird.«

Sebastian am Grab seiner Mutter: »Grüß dich, Mama. Ich hoffe, du hast die Entschuldigung im Radio gehört. Der Papa hat's gehört, aber der hat sich nicht recht gefreut. Weißt', Mama, ich habe schon ganz viel angestellt und wenn ich sterb', dann komme ich die Hölle. Und du bist ja gewiss im Himmel und da haben wir ja wieder nichts voneinander. Deshalb möchte ich Gitarre lernen, damit ich nicht sterb' und jetzt wollt ich dich frag'n, ob du mit das erlaubst!«

Am Stammtisch: »Was is'n mit dir los? Was schaust du denn so?« – »Ich darf auf keinen Fall sterben.« – »Ja, irgendwann muss man halt sterben. Und das ist auch gut so, weil's Sterben einfach dazugehört. Schau her, wenn jetzt der Sepp und der Mascht und der … der …« – »Hubert.« – »Ja, genau, der Hubert. Der Fonsi, der Bichler-Hans und der Pauli, ja wenn die alle noch am Leben wär'n, ja dann hätt'n wir kein Platz am Stammtisch. Und das ist der Grund, warum man sterben muss. Im übertragenen Sinne.« […]

»Aber wenn man ein Vampir ist, braucht man nicht sterben. Du musst dich nur von einem beißen lassen.« […]

Sebastian sucht Rat beim Pfarrer: »Unsterblich werden wir nur in der Obhut unseres Schöpfers, dessen Güte uns

dereinst für das ewige Leben auserwählen wird.« »Und was mach ich da jetzt? Also konkret?« »Glauben, Sebastian, glauben.«

Am Stammtisch: »Wenn ich sterbe, komme ich ins Fegefeuer, weil ich die Mama umgebracht habe.« »Ach was, du hast doch deine Mama nicht umgebracht. Auf gar keinen Fall, also höchstens indirekt. Außerdem lebt ja deine Mama weiter in dir – verstehst?« »Wo hast du denn den Fleck auf der Nase her? Was meinst du?« »Weiß nicht.« »Und wie sagt man dazu?« »Muttermal!« »Da hast du es. Du hast die Gene von deiner Mama in dir. Und wenn du mal Kinder hast, dann haben die auch die Gene von deiner Mama. Jetzt musst du dich nur noch fortpflanzen. Dann wirst du unsterblich.«

- Nie zu sterben – würden Sie das eher positiv oder negativ bewerten?
- Die Filmzitate beziehen sich auf unterschiedliche Vorstellungen von Unsterblichkeit angesichts des Todes. Analysieren und kategorisieren Sie sie! Ergänzen Sie weitere!
- Vielleicht haben Sie die Möglichkeit, Ausschnitte des Films anzusehen und im Hinblick auf die Auseinandersetzung mit dem Tod und dem »Danach« zu analysieren. Achten Sie dabei auch auf den spielerischen Umgang mit Vorstellungen aus der Volksfrömmigkeit (z.B. zu »Gericht«, zum »Fegefeuer« und zur »Hölle«)!
- Es gibt eine Vielzahl von Kinderbüchern zum Thema Tod und Sterben. Überlegen Sie, welche Gedanken Sie Kindern zu diesem Thema vermitteln möchten und vergleichen Sie ggf. mit existierenden Büchern!

Was kommt …

Umfrage zum Thema: Leben nach dem Tod

Schon immer machen sich Menschen Gedanken darüber, ob mit dem Tod wirklich alles zu Ende ist. Welchen der nachfolgenden Aussagen können Sie zustimmen? (Antworten: Zustimmung in Prozent)

	Total	Total		Geschlecht		Alter					Schulbildung				
	total	West	Ost	M	W	14–29	30–39	40–49	50–59	60+	Volks. ohne Lehre	Volks. mit Lehre	mittl. Bild. Absch.	Abi, Uni	noch Schüler
Basis (= 100%)	1006	822	184	491	515	216	146	194	159	292	63	339	343	206	55
»Ich hoffe, dass ich im Jenseits lieben Menschen wieder begegne.«	62	64	53	57	67	70	69	62	71	48	65	58	65	60	75
»Mit dem Tod ist alles aus.«	48	44	66	54	43	34	36	57	45	60	49	56	44	44	43
»Die Seele lebt in irgendeiner Form weiter.«	46	49	32	40	51	57	56	40	50	34	40	38	52	51	45
»Ich hoffe auf die Auferstehung der Toten.«	31	33	19	28	33	29	30	25	40	30	24	29	34	31	28
»Alles Lebendige wird wiedergeboren.«	25	27	16	20	29	29	32	20	29	19	29	24	26	26	21
»Böswillige Menschen kommen in die Hölle.«	12	12	11	10	13	15	15	12	11	8	10	14	10	14	3
»Weiß nicht / keine Angabe!«	2	3	2	3	2	2	4	–	1	4	5	3	2	1	–

EMNID-Institut, im Auftrag von chrismon, Befragungszeitraum: 17. Februar bis 18. Februar 2012

In Deutschland gibt es immer mehr Bestattungswälder bzw. -parks (auch »Friedwälder«). Bei der Baum- bzw. Naturbestattung werden Urnen an den Wurzeln von Bäumen bestattet. Zum Teil wird Wert darauf gelegt, dass die Urnen sich zersetzen können (»biologisch abbaubar«). Meist weist ein Namensschild auf den Bestattungsort hin, Kerzen und Blumenschmuck sind nicht erlaubt.

Während bis Anfang des 20. Jahrhunderts die Bestattung auf See Not-Bestattungen vorbehalten war, hat sich durch die Zunahme von Feuer- bzw. Urnenbestattungen diese Form der Bestattung als eine mögliche Alternative zur Friedhofsbestattung etabliert. Die Koordinaten, an denen die Seebestattung stattfindet, werden notiert, so dass die Angehörigen später ggf. Erinnerungsfahrten zu dieser Stelle unternehmen können.

● Interpretieren Sie die Umfrageergebnisse und suchen Sie Erklärungen für diese!

● Viele Menschen in Deutschland überlegen sich zu Lebzeiten, wie sie bestattet werden wollen. Informieren Sie sich ggf. über die unterschiedlichen Möglichkeiten ⑩ und überlegen Sie, inwiefern auch Vorstellungen davon, ob bzw. wie es nach dem Tod weitergeht, für die Wahl ausschlaggebend sein können!

Der Islam sieht vor, dass die Toten in Tücher gehüllt, auf der rechten Seite liegend und nach Mekka blickend, ohne Sarg bestattet werden. Wie im Judentum wird Wert auf eine schnelle Bestattung gelegt, nach einigen Traditionen (z. B. türkisch-stämmiger Muslime) dürfen Gräber nicht neu belegt werden. Weil sich deutsches Bestattungsrecht und muslimische Bestattungsregeln z. T. nur schwer vereinbaren ließen und auch aus Heimatverbundenheit wurden in Deutschland lange Zeit tote Muslime in ihre Herkunftsländer überführt. Inzwischen gibt es immer mehr islamische Grabfelder auf deutschen Friedhöfen.

Im Judentum sind, wie auch im Islam und im orthodoxen Christentum, nur Erdbestattungen erlaubt. Die Toten sollen möglichst schnell bestattet werden, spätestens nach drei Tagen. Auf jüdischen Friedhöfen dürfen Grabstätten nicht aufgelassen und neu belegt werden, um die Totenruhe zu wahren. ⑨ Aus diesem Grund sollen die Gräber auch nicht bepflanzt und der Boden über den Toten nicht betreten werden. Die Unantastbarkeit der Totenruhe hängt zusammen mit dem Glauben an die Auferstehung nach dem Eintreffen des Messias. Häufig findet man den Brauch, kleine Steine auf ein Grab zu legen. Dieser wird von vielen als ein Erinnerungszeichen an die Wüstenzeit verstanden.

Buddhastatue auf dem buddhistischen Urnen-Gräberfeld in Berlin-Spandau, der ersten buddhistischen Begräbnisstätte in Deutschland. Die Bestattungsrituale im Buddhismus sind weltweit gesehen durchaus vielfältig. Meist werden die Körper der Verstorbenen verbrannt oder, wo Brennholz fehlt, auf Berge getragen, damit Geier die Körper beseitigen. Man liest Texte, die die Lehre Buddhas zusammenfassen und trösten. Der Tod wird dabei nur als ein weiterer Schritt auf dem Weg der unendlichen Wandlungen gedeutet: »Alle zusammengesetzten Dinge sind unbeständig. Strebe ernsthaft weiter!« Diese letzten Worte Buddhas ⑩ ermahnen dessen Schüler zu erkennen, dass es nichts Gewordenes gibt, was bleibt, nicht einmal ein fester Person-Kern (»Seele«).

Traditionell werden im Hinduismus die Toten öffentlich auf einem Scheiterhaufen verbrannt, um die unsterbliche Seele (Atman) aus der Körperhülle zu lösen, damit diese wieder zu Brahman zurückkehrt. ⑩ Häufig wird die Asche ausgestreut, in heiliges Wasser (v. a. den Ganges) oder auch in der Erde bestattet. In Deutschland verbietet sich eine solche Bestattung aufgrund rechtlicher Bestimmungen, daher findet eine ganz normale Feuerbestattung statt.

- ● Bringen Sie die hier genannten Informationen mit dem Grundwissen über die Religionen, mit denen Sie sich in den letzten Jahren im Religionsunterricht beschäftigt haben, in einen Zusammenhang!
- ● Vorstellungen verschiedener Religionen und Weltanschauungen über das, was nach dem Tod kommt, aber auch Bestattungsrituale, beeinflussen sich gegenseitig! Suchen Sie Beispiele!

Immerzu:

Szene aus »The Day After Tomorrow« von Roland Emmerich, 2004

- Katastrophenfilme werden häufig zu Kassenschlagern. Sammeln Sie Gründe für dieses Phänomen!

- Katastrophenfilme*«, »Endzeitfilme*/Apokalypsefilme«, »Postapokalysefilme*« ... Recherchieren Sie, was jeweils mit diesen Genrebezeichnungen gemeint ist! Ordnen Sie Filmbeispiele den Kategorien zu!

- Man kann Filme, in denen es um Katastrophen bzw. Weltuntergangsszenarien geht, als Versuche der Selbstvergewisserung und Identitätssuche verstehen. Zeigen Sie dies anhand der fiktiven Präsidentenansprachen (rechts) auf und setzen Sie sich kritisch mit ihnen auseinander!

- Suchen Sie Beispiele, bei denen aktuell apokalyptische Sprache bzw. Bilder in Politik und Medien verwendet werden und analysieren Sie deren Funktionen!

- Die Shell-Jugendstudie 2010 ergab, dass die Mehrheit der Jugendlichen (53 %) den Klimawandel als Existenzbedrohung ansieht. Gleichzeitig wurde festgestellt, dass die Mehrheit der Jugendlichen ein positives Lebensgefühl hat!

- Recherchieren Sie eine Liste von Weltuntergangsterminen! Achten Sie dabei auch darauf, wer jeweils von dem nahen Ende der Welt überzeugt war!

Deep Impact (1998)

Rede des US-Präsidenten Tom Beck:

»Wie wir sehen konnten, haben die Bomben den zweiten Kometen in Millionen Eis- und Felsstücke zerschmettert, die dann, ohne Schaden anzurichten, in unserer Atmosphäre verglüht sind und den Himmel eine Stunde lang erhellt haben. Dennoch hat der erste verheerende Verwüstungen angerichtet. Die Flutwelle arbeitete sich landeinwärts bis zu den Tälern in Ohio und Tennessee vor. Dabei hat sie Farmen, Städte, Wälder und Wolkenkratzer mit sich gerissen. Aber ... das Wasser ist zurückgewichen. Die Welle ist auch über Europa und Afrika hereingebrochen. Millionen sind umgekommen. Und noch viel mehr sind obdachlos geworden. Aber das Wasser ... ist zurückgewichen. Städte wurden zerstört ... Aber sie werden wieder aufgebaut. Und viele Helden sind gestorben ... Aber wir werden sie niemals vergessen. Jeder Stein, den wir verbauen, wird ein Denkmal für sie sein und jedes Samenkorn, das wir aussäen. Wir wollen sie ehren, indem wir unseren Kindern ein Gefühl des Dankes für das vermitteln, was wir zurückerhalten haben ... unseren Planeten ... unsere Heimat. Also dann: Lassen Sie uns anfangen!«

The Day After Tomorrow (2004)

Fernsehansprache von US-Vizepräsident Becker:

»Die zerstörerische Gewalt der Natur, die wir in den vergangenen Wochen erleben mussten, hat uns alle mit tiefer Demut erfüllt. Viele Jahre haben wir geglaubt, wir könnten uns der natürlichen Ressourcen unseres Planeten uneingeschränkt bedienen, ohne Konsequenzen fürchten zu müssen. Wir haben uns geirrt. Ich habe mich geirrt. Die Tatsache, dass ich hier aus einem Konsulat auf ausländischem Boden zu Ihnen spreche, ist Zeugnis unserer veränderten Realität. Nicht nur wir Amerikaner, sondern auch viele andere Menschen überall auf der Erde, sind nun Gäste in den Ländern, die wir einst als Dritte Welt bezeichnet haben. Sie nahmen uns in Zeiten der Not bei sich auf und gewährten uns Schutz. Und ich empfinde tiefe Dankbarkeit für ihre Gastfreundschaft.«

> Erst wenn es um das Ganze geht,
> weiß man, wer man ist.

Weltuntergang

Ausschnitt einer russischen Ikone, die Johannes auf der Insel Patmos zeigt (Ende 15. Jahrhundert / Anfang 16. Jahrhundert).

info

Apokalypse

Griechisch *apokalyptein*: enthüllen, offenbaren bedeutet zunächst das Aufdecken des zukünftigen Geschichtsverlaufs. Apokalyptisches Denken ist von der Vorstellung geprägt, dass die als negativ gewertete vorfindliche Wirklichkeit dem Untergang geweiht ist (sog. »alter Äon«) und insofern ein Durchgangsstadium darstellt, bevor – in naher Zukunft – die Welt untergehen und Gott eine neue heilvolle Wirklichkeit (»neuer Äon«) durchsetzen wird. Häufig wird davon ausgegangen, dass dies in einem dramatischen Endkampf geschieht, in dem Gott den Satan bzw. widergöttliche Mächte besiegt.

Apokalyptisches Denken wird v. a. getragen von Menschen, die in ihrer Gegenwart als verfolgte und bedrückte Minderheiten die Durchsetzung von Gottes Gerechtigkeit herbeisehnen. Die jüdische Apokalyptik, entstand – beeinflusst durch iranische Vorstellungen – Mitte des 2. Jh.s v. Chr. Literarische Zeugnisse sind z. B. die Bücher Daniel und Henoch. Auch die neutestamentlichen Schriften sind von apokalyptischem Denken geprägt, z. B. die Botschaft Jesu vom bald anbrechenden, im Moment aber noch ausstehenden Reich Gottes (futurische Eschatologie), die sich neben dem Gedanken findet, dass dieses bereits begonnen hat (präsentische Eschatologie). Am bildgewaltigsten kommt apokalyptisches Denken in der Offenbarung des Johannes zum Ausdruck – dem einzigen Buch des Neuen Testaments, das insgesamt davon geprägt ist.

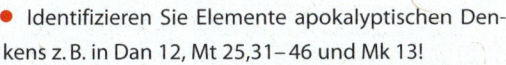

- Identifizieren Sie Elemente apokalyptischen Denkens z. B. in Dan 12, Mt 25,31–46 und Mk 13!
- Jesu Botschaft vom Reich Gottes hat etwas Dringliches und Beanspruchendes, da bei ihm die Vorstellung, dass das Reich Gottes noch aussteht, und die, dass es schon begonnen hat, zusammenrücken. Machen Sie diese Spannung durch einen Vergleich verschiedener Übersetzungsversuche von Mk 1,15 deutlich!
- Die Offenbarung des Johannes ist das vielleicht »gewaltigste« und »actionreichste« Buch der Bibel. – Beschreiben und deuten Sie vor diesem Hintergrund die Ikone*!
- Apokalypse: Im Kino ein Kassenschlager – in der Religion bloß ein Merkmal von »Sekten«?

Dies ist die Offenbarung Jesu Christi, die ihm Gott gegeben hat, seinen Knechten zu zeigen, was in Kürze geschehen soll; und er hat sie durch seinen Engel gesandt und seinem Knecht Johannes kundgetan, der bezeugt hat das Wort von Jesus Christus, alles, was er gesehen hat. Selig ist, der da liest und die da hören die Worte der Weissagung und behalten, was darin geschrieben ist, denn die Zeit ist nahe. OFFB 1,1–3

info

Johannes-Offenbarung

Das letzte Buch der Bibel ist benannt nach den Anfangsworten in Offb 1,1 »apokalypsis«. Früher hat man die Verfasserangabe mit dem Apostel Johannes bzw. dem Autor des Johannes-Evangeliums identifiziert, diese These wird heute aber nicht mehr vertreten. Der Verfasser selbst schreibt über sich, dass er auf der Insel Patmos lebt (in der Verbannung?) und es wird deutlich, dass er sich als christlicher Prophet versteht. Das Buch ist als Rundschreiben an sieben kleinasiatische Gemeinden gestaltet. Diese erscheinen als sowohl von innen (z. B. durch Irrlehrer) als auch von außen (u. a. durch Christenverfolgungen) gefährdet.

Zukunftston

Wer Ohren hat, der höre ...   OFFB 3,6

- Hören Sie sich (digital im Internet oder von CD) unterschiedliche Signaltöne an oder erinnern Sie sich an diese (z.B. Wecker, Aufruf am Flughafen, Martinshorn, Kirchenglocken, Schulgong …)! Notieren Sie jeweils Ihre Eindrücke und Assoziationen! Halten Sie dabei auch fest, was geschieht, bevor der jeweilige Ton zu hören ist – und was danach! Tauschen Sie sich anschließend darüber im Plenum aus!
- Das Jüngste Gericht und die Auferstehung werden traditionell mit dem Erklingen von Tönen verbunden: das Schofar im Judentum bzw. die »letzte Posaune« in christlich-apokalyptischer Tradition. ⑨ Philosophieren Sie darüber!
- Hören Sie sich, wenn Sie die Möglichkeit dazu haben, unterschiedliche kirchenmusikalische Werke an, in denen der Anbruch des Weltendes mithilfe von Trompeten oder Posaunen zum Ausdruck gebracht wird (z.B. die Kantate BWV 70 von Bach; »The trumpet shall sound« aus Händels »Messias«; das »Tuba Mirum« aus dem Requiem von Verdi). Achten Sie jeweils darauf, wie der apokalyptische Ton klingt und welche Funktion er jeweils einnimmt!

Max Beckmann bekam 1941 von reichen Freunden den Auftrag, einen Bilderzyklus zur Offenbarung des Johannes zu malen. Zu diesem Zeitpunkt lebte er seit vier Jahren in Amsterdam, weil seine Kunst in Deutschland als ‚entartete Kunst' diffamiert wurde, und litt darunter, dass er selbst im Exil nur im Geheimen arbeiten konnte. Veröffentlicht wurden die Lithographien zusammen mit dem Text der Offenbarung in der Übersetzung von Luther. Die Zeichnung ist direkt unter dem zugehörenden Satz aus Offb 3,6 platziert.

Die jüdische Tradition kennt verschiedene Gründe für das Schofarblasen an Rosch Ha-Schana, z.B., dass die Menschen aus ihrem Schlaf geweckt und zur Umkehr gerufen werden sollen. Außerdem erinnere dies daran, dass die Tora am Berg Sinai unter Schofarstößen den Menschen zuteil wurde – und dass die Menschen auch heute dazu aufgerufen sind, die Tora zu hören und zu tun. Ferner solle das Schofar, das als Warnsignal im Kampf diente, in den aktuellen Auseinandersetzungen an die Warnungen der Propheten erinnern. Und nicht zuletzt solle das Schofar daran erinnern, dass das Kommen des Messias mit einer »großen Posaune« angekündigt werden wird. ⑨

verschlafen?

Beten und Wachen

Wachend beten: Das geht nur, wenn wir nicht mystisch mit geschlossenen Augen, sondern messianisch mit weit offenen Augen für Gottes Zukunft in der Welt beten. Christlicher Glaube ist kein blindes Vertrauen, sondern die mit allen Sinnen wache Erwartung Gottes. Die ursprüngliche Gebetshaltung der frühen Christen sind die ausgestreckten Arme, das aufgeschlagene Angesicht und die weit geöffneten Augen, stehend und bereit zum Gehen oder zum Sprung. Nicht stille Einkehr, sondern gespannte Erwartung spricht aus dieser Haltung. Sie sagt: Wir leben im Advent Gottes, wir stehen auf der Wache in Erwartung des Kommenden und mit angespannter Aufmerksamkeit gehen wir dem kommenden Gott entgegen.

Jürgen Moltmann 👤

Auf dieser und den folgenden Doppelseiten werden verschiedene biblische Bilder für eschatologische Vorstellungen von den »letzten Dingen« in den Blick genommen. Die Bedeutung solcher Bilder liegt nicht nur darin, dass sie anschaulich werden lassen, was in abstrakter Sprache über christliche Hoffnung gedacht wurde und wird. Darüber hinaus ist in ihnen jeweils auch immer etwas aufbewahrt, was nicht in begriffliche Kategorien übersetzt werden kann. Die verschiedenen biblischen Zukunfts- und Hoffnungsbilder, die jeweils Unterschiedliches in den Vordergrund treten lassen und bisweilen in Spannung zueinander stehen, ergänzen sich gegenseitig, müssen aber keineswegs immer vollständig bedacht werden. Auch hier wird nur eine kleine Auswahl vorgestellt; andere eschatologische Vorstellungen kennen Sie bereits aus Kap 1 und früheren Jahrgängen (z. B. Tierfrieden ⑤, Paradies ⑤, ewiges Leben ⑩).

- »Ich habe verschlafen.« – Ein Satz, den man des Öfteren hört. Stellen Sie typische Situationen nach und achten Sie auf Stimmlage und Tonfall! Beschreiben Sie davon ausgehend möglichst genau die Gefühle, die mit dem (echten) Verschlafen verbunden sind!

- Lesen Sie Mt 25,1–13 und formulieren Sie Fragen zum Text bzw. fertigen Sie Randglossen an! Danach können Sie z. B. mit Standbildern weiterarbeiten: Wie ist die Torheit bzw. Klugheit der Jungfrauen dargestellt? Was müsste geschehen, damit sie miteinander kommunizieren?

- »Darum sorgt nicht für morgen …« (Mt 6,34) – und dann wird mangelnde Vorsorge bestraft?

- Interpretieren Sie das Kirchenlied »Wachet auf, ruft uns die Stimme« (EG 147)! Achten Sie dabei besonders auf die Einbettung des Liedes in das Kirchenjahr und die Verknüpfung der biblischen Bezugstexte!

- Probieren Sie in Standbildern mögliche Haltungen aus, die der Erwartung entsprechen, dass Gott – überraschend – auf die Menschen zukommt (vgl. Info und den Text von Moltmann)! Überlegen Sie, wie sich eine solche (Geistes-)Haltung im Alltag zeigen könnte!

- Erläutern Sie ausgehend von dem Zitat von Sutter Rehmann, inwiefern das Warten auf das Kommen Gottes auch politische Implikationen hat!

»Es gibt eine apokalyptische Ungeduld, die zunimmt, je bedrückender die Gegenwart ist. Für Menschen, die kaum das Nötigste haben und um ihre Zukunft und Gegenwart bangen, ist die Rede vom Ende dieser Zeit ein Hoffnungsbild.«

Luzia Sutter Rehmann 👤

`Etwas Überraschendes kann man`
`eigentlich nicht erwarten.`

Auferweckt!

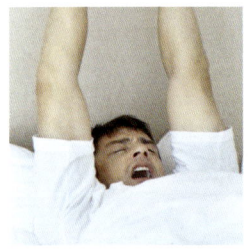

- Die meisten Menschen wollen (wenn überhaupt) erst dann fotografiert werden, wenn sie »richtig« wach sind. Beschreiben Sie: Ab wann ist man richtig wach?

- Überlegen Sie, ggf. ausgehend von einem der Kirchenlieder EG 114, 445, 446, inwiefern sich das morgendliche Aufstehen und die Vorstellung von der Auferstehung wechselseitig erhellen können!

- Lesen Sie 1 Kor 15! Gestalten Sie anschließend zu einem selbst gewählten Ausschnitt eine Sprechmotette oder ein Texttheater!

- Stellen Sie die Argumentationsstruktur von 1 Kor 15,1–57 grafisch dar! Achten Sie dabei vor allem auch auf die Satzverknüpfungen! Verstehenshilfen hierfür finden Sie auf S. 109. Identifizieren Sie rhetorische Mittel und deuten ihre Funktion! Achten Sie dabei auch auf Verweise auf die Tora!

- Untersuchen Sie den Text im Hinblick auf die verschiedenen Bildbereiche (z. B. auferstehen / auferwecken; Kampf und Herrschaft, Natur, Kosmologie, Kleidung …)! Bei Luther wird an vielen Stellen »auferstehen« verwendet, wo genauer »auferweckt werden« stehen müsste. Deuten Sie diesen Unterschied theologisch!

- Vergleichen Sie die »Bibelcloud« zu 1 Kor mit den Schwerpunkten von 1 Kor 15!

»Bibelcloud«, die die Häufigkeit der in dem ersten Brief an die Korinther vorkommenden Begriffe grafisch umsetzt.

info

Erster Brief an die Korinther

Der erste Brief an die Korinther gilt als »echter« Paulusbrief. Geschrieben hat ihn Paulus aus Ephesus, vermutlich im Jahr 55 n. Chr. an die Gemeinde in Korinth, die aufgrund seiner Missionstätigkeit fünf Jahre zuvor gegründet wurde, und die er auf seiner zweiten Missionsreise besucht hatte. Der Brief ist geprägt von Konflikten in der Gemeinde, von denen Paulus sowohl mündlich als auch schriftlich erfahren hatte. Dabei ging es u. a. darum, dass die Zugehörigkeit zu bestimmten Meinungsführern wichtiger wurde als die Zugehörigkeit zu Jesus Christus. Außerdem waren offensichtlich etliche Thesen im Umlauf, die Paulus zu einer theologischen Richtigstellung herausforderten, wie z. B. die Aussagen, dass »alles erlaubt« sei oder es keine Auferstehung der Toten gebe. Der erste Korintherbrief gehört neben dem Römer*-, dem Galater- und dem zweiten Korintherbrief zu den wichtigsten Paulusbriefen. Er enthält zentrale Aussagen zur Kreuzestheologie, zur Ekklesiologie (Lehre von der Kirche) und zur Theologie der Auferstehung.

»Tod, wo ist dein Sieg?«

Verstehenshilfen zu 1 Kor 15

■ 1–11: Die Auferweckung Christi soll durch das Anknüpfen an die urchristliche Tradition (vgl. V. 3 ff.) sowie an die Erfahrung derer, die den Auferstandenen gesehen haben, als unzweifelhaft dargestellt werden. Diesem Ziel dient auch der Hinweis darauf, dass »die meisten« der fünfhundert Auferstehungszeugen noch leben.

■ 12–19: Nach dem Zitieren der in Korinth vertretenen These malt Paulus deren Folgen aus – auch für das Verständnis Christi. Umstritten ist, ob in Korinth die Meinung vertreten wurde, dass mit dem Tod alles aus ist, oder dass ausgehend von einem ausgeprägten Leib-Seele-Dualismus davon ausgegangen wurde, dass der Leib nach einer Auferstehung der Seele in der Gegenwart nur noch scheinbar existiert.

■ 20–28: Paulus begründet die Auferstehung der Toten aus der Auferstehung Christi. Dabei nimmt er weniger das Schicksal des Individuums in den Blick, sondern die universale Dimension der Auferweckung Christi: die Brechung der Macht des Todes. In diesem Zusammenhang wird Christus als »Erstling« bezeichnet, also als eine Frucht, die als erstes geerntet und Gott geweiht wird und als solche als Teil für das Ganze steht. Auffallend ist, dass Paulus davon ausgeht, dass noch nicht alle widergöttlichen Mächte besiegt sind. Der V. 22, wo davon die Rede ist, dass in Christus »alle lebendig gemacht werden«, wird in der Forschung unterschiedlich gedeutet. Denn in anderen Schriften hat Paulus nicht die Auferweckung aller Menschen (also auch der Nichtchristen) im Blick.

■ 29–34: Anschließend an V. 12–19 werden weitere Argumente für die Auferstehung der Toten dargelegt; u. a. weist Paulus darauf hin, dass die in Korinth übliche Totentaufe ohne Auferstehungsglauben ein Selbstwiderspruch sei.

■ 35–49: Bei der Frage nach dem Wie der Auferstehung betont Paulus den Aspekt der Leiblichkeit. Er wählt das Bild der Verwandlung des fleischlichen in einen geistlichen Leib (also der Person als Ganze) und schreibt, dass eine solche sowohl bei den Toten als auch bei den Lebendigen geschehen wird.

■ 50–57: Anders als in V. 23–28, wo eher von einem Prozess des Anbruchs der Gottesherrschaft ausgegangen wird, greift Paulus in V. 52 die apokalyptische Tradition eines überraschenden, momenthaften Ereignisses auf. Zudem wird deutlich, dass er von einer Auferstehung der Toten in der Zukunft ausgeht – anders als andere Bibelstellen, wo die Überzeugung durchscheint, dass die Verstorbenen sofort bei Christus sind. Die Verse 54 b f. sind das Zentrum des Kapitels und Höhepunkt des Briefes. Man bezeichnet sie auch als »Sieger-«, »Triumph-« oder »Spottlied«.

Der Tod ist verschlungen vom Sieg. Tod, wo ist dein Sieg? Tod, wo ist dein Stachel? 1 KOR 15,54 B F.

Bleibt das gelebte Leben im ewigen Leben erhalten?

Werden wir als dieselben, die wir waren, auferweckt oder als andere? Werden wir uns selbst wiedererkennen? Wo bleibt in der tödlichen Differenz zwischen Zeit und Ewigkeit, Sterblichkeit und Unsterblichkeit unsere Identität? Um die Frage nicht zu abstrakt zu beantworten, gehen wir davon aus, dass wir »bei unserem Namen« gerufen werden. Mit unserem Namen wird unsere ganze Person bezeichnet und unsere ganze Lebensgeschichte. Weder eine leiblose Seele noch ein entseelter Leib und auch nicht die Person in nur einem Zustand ihres Lebens kann mit dem Namen bezeichnet werden. Im Augenblick der Ewigkeit wird das Leben, das wir in verschiedenen Lebensaltern zeitlich nacheinander gelebt haben, gleichzeitig und wird so in die ewige Lebendigkeit vor Gottes Angesicht verwandelt. Wenn unser zeitliches Leben in ewige Lebendigkeit verwandelt wird, verschwindet es nicht, sondern wird »verklärt«: Es wird angenommen, zurechtgebracht, versöhnt, geheiligt und verherrlicht. Aber es bleibt unser Leben, so wie wir selbst darin bleiben und erst richtig voll und ganz zu uns selbst kommen. *Jürgen Moltmann* 👤

- »Ich kaufe gerne neue Kleidung.« »Es gibt nichts Neues unter der Sonne.« »Mir fällt es schwer, etwas wegzuwerfen.« »Manchmal muss man einfach einen Schnitt machen.« Schreiben Sie diese und ähnliche Aussagen auf Zettel und legen Sie diese nacheinander in die Raummitte! Positionieren Sie sich jeweils zu diesen Sätzen!
- In 1 Kor 15 spielt die Vorstellung des »Verwandelns« eine wichtige Rolle. Grenzen Sie diese Begriffe von Begriffen wie Erneuern, Entwickeln, Umstürzen, Reifen, Aufbrechen ab!

`Verwandlung braucht Macht, aber keine Gewalt.`

Heimat

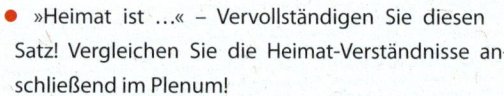

»Der Mensch lebt noch überall in der Vorgeschichte, ja
alles und jedes steht noch vor
Erschaffung der Welt, als einer
rechten. [...] Hat er sich erfasst
und das Seine ohne Entäuße-
rung und Entfremdung in realer
Demokratie begründet, so entsteht in der Welt etwas, das allen
in die Kindheit scheint und worin
noch niemand war: Heimat.«
ERNST BLOCH, PRINZIP HOFFNUNG

»Es ist gerade die versprochene Heimat,
die heimatlos macht.« DOROTHEE SÖLLE

- »Heimat ist ...« – Vervollständigen Sie diesen Satz! Vergleichen Sie die Heimat-Verständnisse anschließend im Plenum!
- Heimatverbundenheit zeigen – ist das auch (wieder) »in« unter Jugendlichen? Tauschen Sie Beobachtungen aus und deuten Sie die Phänomene!
- Heimisch kann man sich auch fern von der Heimat fühlen. Überlegen Sie, welche Strategien Menschen entwickeln, um sich dies zu erleichtern! Erinnern Sie sich auch an eigene Erfahrungen!
- Auch Religion kann »Heimat« bieten! Suchen Sie Beispiele! ⑩
- Arbeiten Sie aus den Materialien dieser Seite das jeweilige Heimat-Verständnis heraus und vergleichen Sie!

Johann Baptist Metz, Memoria passionis (2006)

Johann Baptist Metz kritisiert immer wieder eine Theologie bzw. Kirche, die im Eingehen auf die Sehnsucht vieler Menschen unserer Zeit nach Heimat, Identität, privatem Glück und Geborgenheit das Leiden unzähliger anderer Menschen vergisst bzw. übersieht. Er steht damit in der Tradition der sog. Befreiungs-* sowie der politischen Theologie*.

Zur Zeit entsteht ein Christentum nach Art einer bürgerlichen Heimatreligion, die der Gefahr ledig ist, aber auch des Trostes. Denn ein ungefährliches und ungefährdetes Christentum tröstet nicht. [...]

Wo das Christentum immer beheimateter, immer erträglicher wird, wo es immer lebbarer wird und für viele zur symbolischen Überhöhung dessen gerät, was ohnehin geschieht und was so den Lauf der Welt bestimmt, ist sei-

ne messianische Zukunft schwach. Wo es schwer erträglich wirkt, widerspenstig und dabei mehr Gefahr verspricht als Sicherheit, mehr Heimatlosigkeit als Geborgenheit, da ist es offensichtlich dem nahe, der von sich gesagt haben soll: »Wer mir nahe ist, ist dem Feuer nahe; wer mir fern steht, steht dem Reich fern« (aus dem apokryphen Thomasevangelium). Nur wenn wir in den schwer erträglichen apokalyptischen Bildern der Gefahr etwas von der Situation christlicher Hoffnung wiedererkennen, werden auch die anderen Hoffnungsbilder vom Reich Gottes, von den abgewischten Tränen und vom Lachen der Kinder Gottes nicht wie längst durchschaute archaische Wunschträume zerfallen. Nur wenn wir den Krisenbildern treu bleiben, werden auch die Verheißungsbilder uns treu bleiben.

Ich habe keine Angst mehr vorm Tod,
ich weiß gut,
wie seine dunklen, kalten Flure
zum Leben führen.

Ich habe eher Angst vor einem Leben,
das nicht aus dem Tod herauskommt,
das unsere Hände verkrampft
und unsere Märsche verzögert.

Ich habe Angst vor meiner Furcht
und mehr noch vor der Furcht anderer,
die nicht wissen, wohin sie gehen,
die nicht aufhören, daran festzuhalten,
was sie für Leben halten
und von dem sie wissen, das es der Tod ist!

Ich lebe, jeden Tag den Tod zu töten.
Ich sterbe, jeden Tag Leben zu erzeugen.
Und in diesem Sterben zum Tode
sterbe ich tausendmal und
werde noch einmal tausendmal wiedergeboren
durch dieses Liebe
meines Volkes,
die die Hoffnung nährt.

Julia Esquivel, Guatemala

Denn wir wissen: wenn unser irdisches Haus, diese Hütte, abgebrochen wird, so haben wir einen Bau, von Gott erbaut, ein Haus, nicht mit Händen gemacht, das ewig ist im Himmel. 2 Kor 5,1

Wir warten aber auf einen neuen Himmel und eine neue Erde nach seiner Verheißung, in denen Gerechtigkeit wohnt. 2 Petr 3,13

Und ich sah einen neuen Himmel und eine neue Erde, denn der erste Himmel und die erste Erde sind vergangen, und das Meer ist nicht mehr. Und ich sah die heilige Stadt, das neue Jerusalem, von Gott aus dem Himmel herabkommen, bereitet wie eine geschmückte Braut für ihren Mann. Offb 21,1–2

Wie der Rauch vergeht
und das Wachs im Feuer schmilzt,
so vergehen Rassismus und Unterdrückung
vor dem Antlitz Gottes.
Die Unterdrückten und Getretenen
werden in Gottes Gegenwart frei.
Sie jubeln und schreien – aus Freude

Zephania Kameeta, Namibia

Der Himmel, der ist, ist nicht der Himmel, der kommt, wenn einst Himmel und Erde vergehen.
Der Himmel, der kommt, das ist der kommende Herr, wenn die Herren der Erde gegangen.
Der Himmel, der kommt, das ist die Welt ohne Leid, wo Gewalttat und Elend besiegt sind.
Der Himmel, der kommt, das ist die fröhliche Stadt, und der Gott mit dem Antlitz der Menschen.
Der Himmel, der kommt, grüßt schon die Erde, die ist, wenn die Liebe das Leben verändert.   *EG 153*

Ich wollt, dass ich daheime wär und aller Welte Trost entbehr. / Ich mein, daheim im Himmelreich, da ich Gott schaue ewiglich. / Wohlauf, mein Seel, und richt dich dar, / dort wartet dein der Engel Schar.   *EG 517*

Der Himmel geht über allen auf,
auf alle über, über allen auf.
Der Himmel geht über allen auf,
auf alle über, über allen auf.
      EG 562
      Frank Kunert, Himmelspforte

»Die wahre Schöpfung liegt noch vor uns, nicht hinter uns, wir kommen nicht von ihr her, sondern gehen auf sie zu. Die »neue Schöpfung« ist keine andere Schöpfung, aber eine Schöpfung, die in der Gegenwart Gottes anders wird.« Jürgen Moltmann

- »Lieber Gott, mach mich fromm …« Überlegen Sie ausgehend von dem Kindergebet, was Sie im Laufe Ihres Lebens alles mit dem Sprachbild »in den Himmel kommen« verbunden haben bzw. verbinden!
- »Himmel« und »himmlisch« kommen häufig in Werbeanzeigen vor! Suchen Sie Beispiele und analysieren Sie diese im Hinblick auf die Funktionen des Aufgreifens der religiösen Himmels-Vorstellung!
- Die Frage nach dem »Himmel« stellt sich in der Theologie bei der Frage nach dem »Wohnort« Gottes, nach dem Schicksal der Toten und nach einer Veränderung der vorfindlichen Welt (der »Himmel auf Erden«). – Tragen Sie hierzu bereits bekannte Aspekte zusammen! Arbeiten Sie darüber hinaus wichtige Gedanken und Erkenntnisse aus den Materialien dieser Seite heraus!
- Es gehört zu den traditionellen Vorstellungen vom »Himmel«, dass dort musiziert wird (vgl. S. 106). Philosophieren Sie über den Zusammenhang von Musik und »Himmel«!
- Vielleicht haben Sie Zeit, Ausschnitte des Films »Wie im Himmel« anzusehen. Er handelt von einem erfolgreichen Dirigenten, der nach einem Herzinfarkt zunächst verbittert seine Arbeit niederlegt, dann aber in einem unbedeutenden Chor in einem kleinen Dorf die Menschen für die Musik begeistert. Der Film, in dem sich zahlreiche Christus-Anspielungen finden lassen, endet mit der Vision eines Himmels hier auf Erden. Diskutieren Sie dieses Ende!

Buch

Die Punktekartei in Flensburg

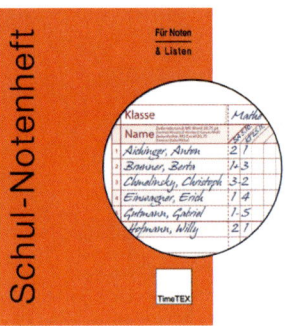

Tilge sie aus dem Buch des Lebens, dass sie nicht geschrieben stehen bei den Gerechten.
Ps 69,29

Und ich sah die Toten, Groß und Klein, stehen vor dem Thron, und Bücher wurden aufgetan ... Und die Toten wurden gerichtet nach dem, was in den Büchern geschrieben steht, nach ihren Werken.
Offb 20,12

wenn die bücher aufgetan werden

wenn
die bücher aufgetan werden

wenn sich herausstellen wird
dass sie niemals geführt worden sind:
weder gedankenprotokolle noch sündenregister
weder mikrofilme noch computerkarteien

wenn
die bücher aufgetan werden

und siehe! auf seite eins:
   »habt ihr mich für einen
   eckenspäher und schnüffler gehalten?«
und siehe! auf seite zwei:
   »der große aufpasser
   oder unbruder: eure erfindung!«
und siehe! auf seite drei:
   »nicht eure sünden waren zu groß –
   eure lebendigkeit war zu klein!«

wenn
die bücher aufgetan werden

Kurt Marti

Christus, der Weltenrichter, Dreikönigsschrein im Kölner Dom (1200). Die Engel neben Christus tragen Kelch und Schale für das Abendmahl (links) bzw. eine Krone. Darüber sieht man Engel, die Nägel und Lanze tragen. Die Schriftrolle, die Christus in der Hand hat, ist mit der Aufschrift »liber« (Buch des Lebens) versehen.

Luzia Sutter Rehmann 👤: Die Heilung der Welt

Luzia Sutter Rehmann geht bei ihren Überlegungen von Darstellungen des Weltgerichts in der Kunst und in biblischen apokalyptischen Bildern aus; dabei bedenkt sie v. a. das Symbol der Waage und des Buches. Zum Schluss ihrer Ausführungen beschreibt sie, wie das Bild der geöffneten Bücher aus der Offenbarung ihre Wirklichkeitswahrnehmung verändert hat. Sie wählt dazu das Beispiel der Ermittlungsarbeit der sog. Wahrheits-Kommissionen in Südafrika nach der Beendigung der Apartheid in Südafrika 1994.

Auch in anderen Apokalypsen finden wir die Rede von den Büchern, in denen alles Unrecht und Leid gesammelt und endlich öffentlich wird. Eines Tages wird es offenbar, was geschehen ist, eines Tages werden Vertuschen und Leugnen, Korruption und Wahrheitsfälschung ein

Ende haben. In diesen Büchern werden alle Geschichten gesammelt, Unrechtserfahrungen und Schmerzen (Mal 3,16). Sie stellen das Gedächtnis Gottes dar, das nichts vergisst. Auf dieses Gedächtnis hoffen die einen, die Anderen fürchten sich davor. Gott führt nicht nur ein »Sündenregister«, sondern auch ein Leidensbuch, in dem all unsere Geschichten erinnert sind: Was wir erlitten und gekämpft haben, wo wir mitgetan haben, mitgegrölt und weggeschaut, was wir getan haben füreinander und gegeneinander. Darum hoffen die einen auf dieses Buch: dass es endlich zu Tage kommt, das Unrecht! Darum fürchten sich die anderen: dass nur nie offenbar werde, was sie taten … Entscheidend ist, was die Menschen getan haben – nicht was sie wollten oder meinten. Die Taten und ihre Konsequenzen richten gewissermaßen selbst. Sie sind schwerwiegend.

Im Zentrum des Gerichts steht das Opfer, der gefolterte Menschensohn. Er weiß, was Unrecht ist, wie es sich anfühlt. Er hat so viel gelitten, dass er niemandem Leiden zumuten möchte. Es ist *das Entscheidende* schlechthin, es bezeichnet die Perspektive, aus welcher geurteilt wird. Hier richtet kein Überparteiischer oder Unparteiischer, sondern ein Mensch, der gefoltert wurde. Damit wird uns die Frage gestellt, wie wir uns den Leidenden gegenüber verhalten haben. Haben wir sie im Gefängnis besucht, gestärkt an Leib und Seele? Sind wir den Ärmsten mit Würde und Anstand, mit Respekt begegnet? Denn diese Geringen (Mt 25) stehen im Zentrum der Aufmerksamkeit bei Gott.

Ich verstehe die Rede vom göttlichen Gericht über das Tun der Menschen als ein unbedingtes Festhalten an Gerechtigkeit. Niemand kann Unrecht dauerhaft in Recht umwandeln.

Doch in apokalyptischen Texten der Bibel finden wir nicht nur die Sehnsucht nach dem großen Wechsel der Zeiten, sondern auch Vorstellungen, *wie* dieser Wechsel geschehen wird. Es wird eine Verwandlung geschehen, an der alle Kräfte mitarbeiten müssen, damit sie gelingt.

»Deine Toten werden leben, werden auferstehen; aufwachen und jubeln werden die BewohnerInnen des Staubes … Dann wird die Erde ihr Blut aufdecken und die Erschlagenen nicht mehr verbergen« (Jes 26,19.21). So wie die Bücher geöffnet werden müssen, damit die Taten zur Sprache kommen, so muss sich die Erde öffnen, damit die Altlasten der Geschichte gelöscht werden können. Der ganze Kosmos ist an der Verwandlung in die neue Welt Gottes beteiligt. Die Erde muss nicht überwunden werden. Der Unterschied zwischen der jetzigen und der kommenden Welt ist nicht

dualistisch metaphysisch gedacht, sondern liegt in der realisierten Gerechtigkeit. Die Gerechtigkeitsarbeit ist nicht Sache eines Einzigen oder Weniger. Viele müssen sich in die Hände arbeiten.

Gang der Erinnerung in der Münchner Synagoge Ohel-Jakob

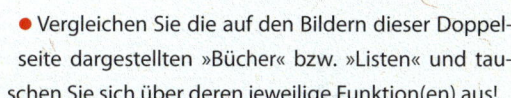

- Vergleichen Sie die auf den Bildern dieser Doppelseite dargestellten »Bücher« bzw. »Listen« und tauschen Sie sich über deren jeweilige Funktion(en) aus!
- In vielen Gemeinden ist es Brauch, am Ewigkeitssonntag die Namen der im Kirchenjahr Verstorbenen zu verlesen. Sammeln Sie weitere Beispiele, in denen Namen für verdichtete Lebensgeschichten stehen!
- Interpretieren Sie die Darstellung auf dem Dreikönigsschrein des Kölner Doms! Überlegen Sie dabei, welche Gefühle bei den Betrachtern des Bildes ausgelöst werden sollen!
- Beziehen Sie die Texte der Doppelseite auf Ihre bisherigen Überlegungen zu »Büchern« (vgl. Aufgaben oben)!
- Formulieren Sie ausgehend von den Überlegungen Sutter Rehmanns und unter Rückgriff auf Erarbeitetes in diesem (vgl. S. 106 f.) und früheren Jahren ⑨ ⑩, was nach einem evangelischen Verständnis mit »Gericht Gottes« gemeint ist!
- Nicht zufällig begegnet einem das »Buch des Lebens« auch in Taufliedern, wie z. B. EG 206,5; 207,1. Interpretieren Sie die Lied-Texte!

Als ob:

Im sog. »Als-Ob-Spiel« verhalten sich Kinder, »als ob« sie eine nachgeahmte Person wären bzw. sich in einer gespielten Situation befänden. »Im Als-Ob-Spiel erfahren Akteur, Handlung und Objekt eine Realitätstransformation.« Rolf Oerter

Kirchturm von St. Peter in Köln. »Sorge dich nicht« ist eine Lichtinstallation des Künstlers Martin Creed. Die Turmseiten geben diesen Vers auf Deutsch, Englisch, Lateinisch und Griechisch wieder.

Aus einer Predigt zu 1 Kor 7,29

von Peter Nitsch

Die Zeit ist kurz.

An alle Sekunden, Stunden, Tage und Jahre, die ich gelebt
an alle Swatch-Uhren und Tick-Tack-Zeiger
an alle Zeitfresser und Zeitmitesser
an alle TomTom-Ankunftsprognosen
an alle gefühlten Ewigkeiten-Zeiten
und aufgewühlten Blitz-Freiheiten
an alle High-Speed-Internet-Zugänge
und ey-nur-mal-kurz-Aussagen
an alle Smalltalk-Lippen
an die Gesichter, die kurz ich gesehen
und beim Gehen mir Hoffnungen entgegen wehen
an alle 5-Minuten Gespräche, die wie Tage sich zogen
an alle kurzen Worte, die wie Jahre wogen
Ich werd' euch nicht festhalten, weil ihr mir geschenkt.

Fortan sollen die, die Frauen haben, sein, als hätten sie sie nicht.

An alle ich-kann-ohne-dich-nicht-leben-Gefühle
an alle niemals-werd-ich-dich-verlassen-Schwüre
an alle Wohltaten mit Händen, von Herzen, aus Mündern
an alle Klammeraffen
und Liebeswaffen
an alle Lavendeldüfte
und männlich wie weiblich schwingenden Hüften
an alle Schweinshaxen
mit Sauerkraut und Kartoffelbrei
Ihr seid da, aber jetzt gerade will ich euch ansehen, als braucht ihr mich nicht.

Und die weinen, sollen sein, als weinten sie nicht.

An alle Tränen, die ich weine
laut oder leise
an Tropfen, die durch mich ins Taschentuch laufen
an alle Schnittwunden und Krankheitsprognosen
an alle Tode, die hingenommen

und noch nicht überwunden
an alle Hände, die sich lösen
an alle Worte, wie Schläge unter die Tränenlinie
Ihr besitzt mich nicht.

Und die sich freuen, als freuten sie sich nicht,

an alle Witze,
Chillen in der Mittagshitze
an alle Farben in den Bäumen
Lacher in den Träumen
an alle Gluckser
und ironischen Jukser
an alle Biere und Weine
an alle iPods, die meine
an alle Lachfalten
und Flatrate-Endorphine
an alle Hände, die je an den Bauch ich gehalten
an alle Briefe, die durch Republiken flogen
Emails, die Mundwinkel zu den Ohren zogen
an alle noch Unbekannten,
noch unbemannten Herzerfrischer
Ihr tut mir gut, seid doch nicht alles. Ich schaue euch nach, hoff', es kommt Neues.

Und die kaufen, als behielten sie es nicht,

an alle Hände, die greifen und gieren nach Halt
an alle T5, A6 und Volvo-Gefährten
an alle iMacs, Laptops und Flatscreens in Gärten
an alle Gold-Cards, Banknoten und Prozente in Märkten
an alle Bücher im Schrank
Tische und heiligen Wände
an alle Billys, Ivars und Smalandhocker
macht euch locker: Eure Zeit ist kurz, wie meine.

Und die die Welt gebrauchen, als brauchten sie sie nicht. Denn das Wesen dieser Welt vergeht.

Ich möchte aber, dass ihr ohne Sorge seid.

Zitate aus Bonhoeffers  Ethik

»Wo der Tod das Letzte ist, dort ist das irdische Leben alles oder nichts.«

»Christliches Leben ist der Anbruch des Letzten in mir, das Leben Jesu Christi in mir. Es ist aber immer auch Leben im Vorletzten, das auf das Letzte wartet.«

Ausschnitt aus einer Predigt zum Reformationstag

Heute ist Reformationstag. Die evangelische Kirche denkt über ihren Ursprung und damit über ihre Grundüberzeugungen nach. Was glauben wir? Was hoffen wir? Was haben wir zu bezeugen? Was haben wir zu sagen, was können wir sagen, was müssen wir sagen? Hier und heute?

Mir fiel Dietrich Bonhoeffers Unterscheidung zwischen den letzten und den vorletzten Dingen ein, welche er im Anschluss an Martin Luther trifft.

Ende der dreißiger Jahre, längst in den Widerstand verstrickt, ringt Bonhoeffer um die ethischen Fragen von Menschlichkeit und Verantwortung für die Gemeinschaft aus evangelischer Sicht. Er fragt sich, wie die Menschen verantwortlich weiter leben können, in einer Welt, die völlig aus den Fugen geraten ist. In einer Welt, in der Recht und Unrecht, Vorstellungen von Gut und Böse gänzlich durcheinander geraten sind. Ihm hilft die Unterscheidung zwischen den letzten und vorletzten Dingen.

Die letzten und die vorletzten Dinge. Gemeint ist damit nicht: diese Welt ist die Vorstufe zu Gottes Reich, hier ist nur Vorbereitung, das Beste und Eigentliche kommt noch. Vielmehr geht es um die Frage, was denn letztendlich zählt, was letztlich Gültigkeit besitzt.

Die letzten Dinge – das ist der Glaube an die Rechtfertigung des Menschen durch Gott. Die letzten Dinge, das sind das Wort Gottes, die Zusagen Gottes, das Gericht Gottes. Die Unterscheidung zwischen den letzten und vorletzten Dingen nimmt diese Welt aus der Perspektive Gottes in den Blick, zugespitzt im Wesen und Werk Jesu. Die vorletzten Dinge – das ist alles, was in dieser Welt geschieht.

Das Leben im Vorletzten steht unter der Aufgabe, dem Letzten den Weg zu bereiten, und zwar – so sagt Bonhoeffer ausdrücklich – nicht nur als innerliches Geschehen, auch als gestaltendes Handeln in der Welt.

Wie sieht die Welt aus, die weiß, dass es letzte Dinge gibt und sie nur das vorletzte ist?

– Sie lebt aus einem größeren Horizont.
– Sie weiß um die Zusagen des Wortes Gottes.
– Sie kann gelassener leben, weil sie sich gehalten weiß.
– Das Leben ist und bleibt wichtig, aber es gibt noch mehr.
– Ich kann erkennen und akzeptieren, dass es Dinge gibt, die auf mein Leben einwirken, auf die ich keinen Einfluss habe.
– Ich kann verantwortlich handeln, weil die Angst beruhigt ist.
– Ich bin nicht allein, es gibt andere, die neben mir stehen.

Matthias Jung

Als ob
- Lesen Sie die Predigt auf S. 114 möglichst wirkungsvoll!
- Schreiben Sie in Gruppen eigene »Zwischentexte«!
- Beziehen Sie die Bilder auf 1 Kor 7,29 ff.!

Letztes und Vorletztes
- »Darauf kommt es letztlich an im Leben …«: Überlegen Sie, wie Sie diese Frage heute für sich beantworten würden! Vergleichen Sie mit anderen möglichen Antworten!
- Formulieren Sie den Zusammenhang von Gewissensverständnis (vgl. S. 46), Ethik, Rechtfertigungslehre (vgl. S. 33, 36 f.) und Eschatologie aus der Sicht Bonhoeffers!
- Fotos, die das Gewohnte neu und anders sehen lernen – lassen Sie sich von dem Bild links zu eigenen Experimenten inspirieren!

im Zusammenhang

An vielen Schulen ist es üblich, Abiturgottesdienste zu feiern.

- Analysieren Sie die Plakate im Hinblick auf Themenauswahl und Gestaltung! Beschreiben Sie, wie die Schwellensituation des Endes der Schulzeit jeweils gedeutet wird, und bringen Sie diese Deutungen mit Inhalten dieses Kapitels in einen Zusammenhang!

- Überlegen Sie mit Ihrem Kurs ein Motto für einen Abiturgottesdienst, das zu Ihrer Situation passt, und wählen Sie dazu biblische Texte aus, die die Grundlage für eine Predigt bzw. eine andere Form der Schriftauslegung sein können! Vielleicht hilft es, eines der in diesem Kapitel bearbeiteten Sprachbilder zum Ausgangspunkt zu machen – oder die Metapher des Spiels (z. B.: »Zukunft: alles nur ein Spiel?«).

- Informieren Sie sich über Grundelemente eines Gottesdienstes (z. B. im Gesangbuch) und gestalten Sie in Gruppen einzelne Bausteine des Abiturgottesdienstes!

VOR DEM ABI:
»ALLES«
IM ZUSAMMENHANG

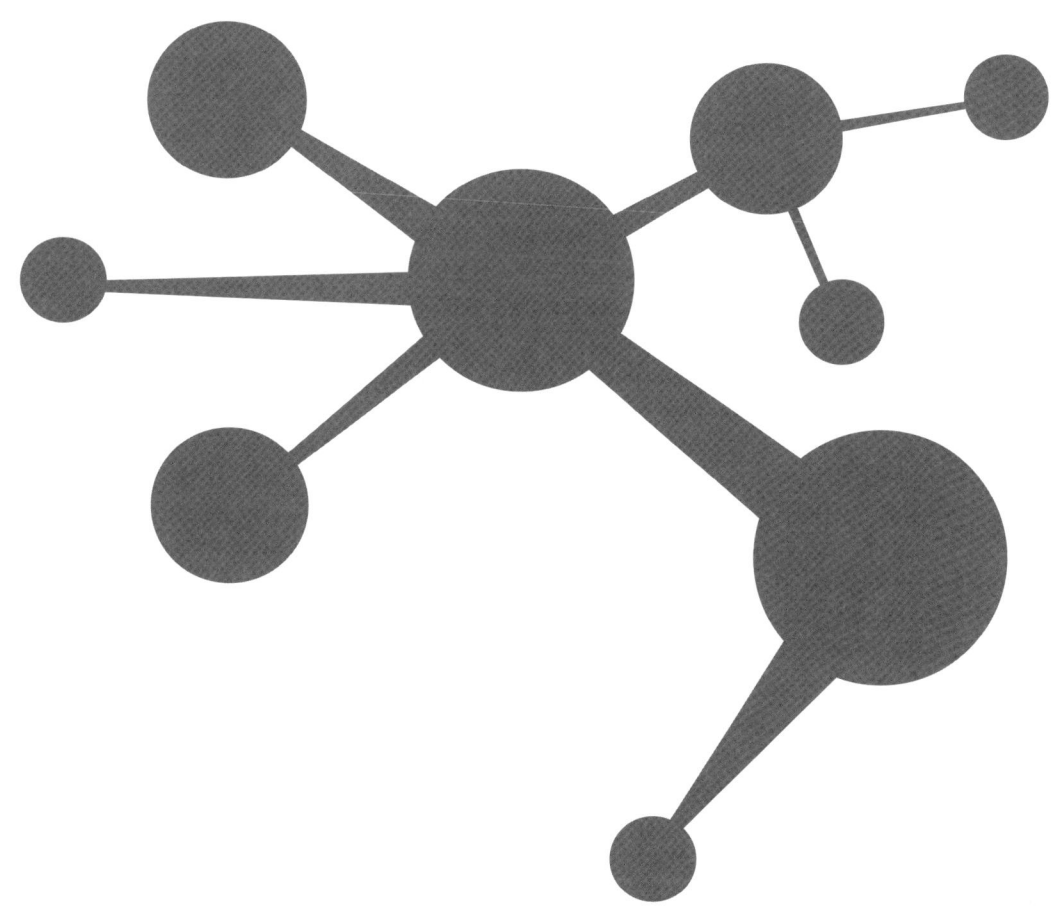

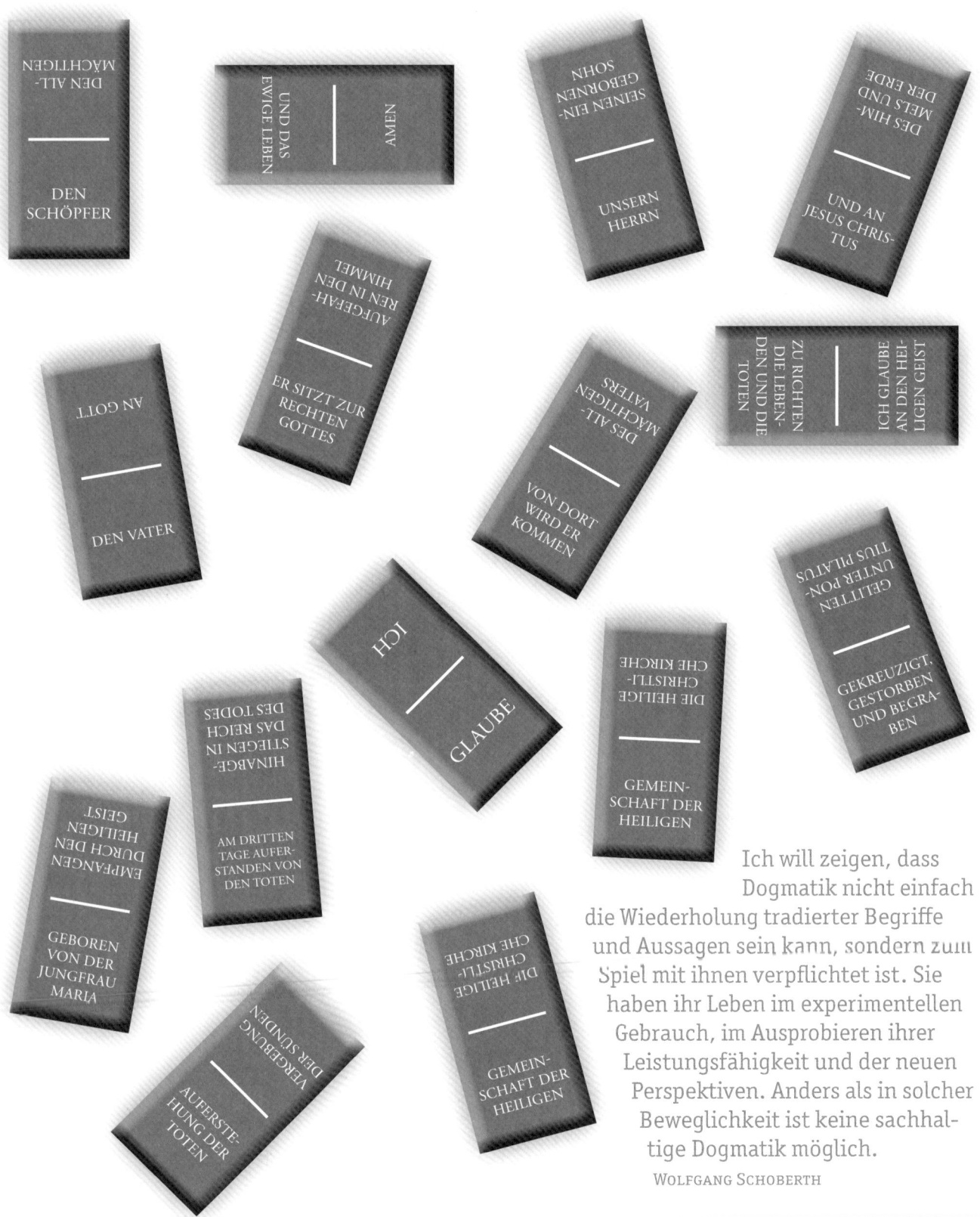

Ich will zeigen, dass Dogmatik nicht einfach die Wiederholung tradierter Begriffe und Aussagen sein kann, sondern zum Spiel mit ihnen verpflichtet ist. Sie haben ihr Leben im experimentellen Gebrauch, im Ausprobieren ihrer Leistungsfähigkeit und der neuen Perspektiven. Anders als in solcher Beweglichkeit ist keine sachhaltige Dogmatik möglich.

WOLFGANG SCHOBERTH

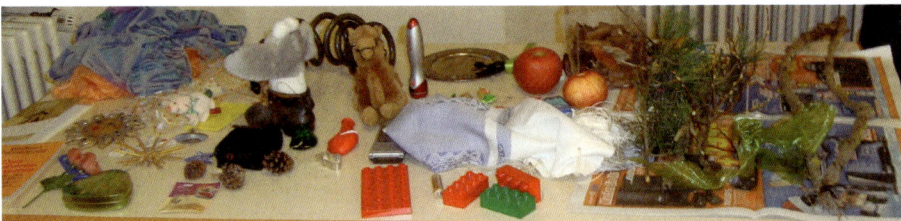

Materialien für das Metaphernspiel (Beispiel)

- Natürlich können Sie die Dominosteine (S. 118) »richtig« zusammensetzen – ein Kinderspiel! Aber experimentieren Sie doch einmal mit neuen Kombinationen und den dabei entstehenden Akzentverschiebungen (ggf. mit Kopien der Dominosteine)! Wenn nötig, können Sie dabei auch die Syntax leicht verändern.
- Sie haben sich ausführlich mit Ethik beschäftigt. Wie passt diese ins Credo? Beschriften Sie einige Zusatzsteine und platzieren Sie sie an für Sie geeigneten Stellen!
- Verteilen Sie die »Dominosteine« in Gruppen und tragen Sie aus der Erinnerung Themen / Inhalte / Materialien aus dem Religionsunterricht der Oberstufe und davor zusammen, die zu den Aussagen passen! Ein Beispiel finden Sie unten. Versuchen Sie auch die einzelnen Mottos der Ortswechselbände auf das Credo zu beziehen!
- Legen Sie auf dem Boden diejenigen »Dominosteine« aus, deren (Teil-)Aussagen Ihnen besonders problematisch erscheinen, »Stolpersteine« sozusagen! Tauschen Sie sich aus: Was macht diese Aussage für Sie schwierig?
- Welches Spiel würde zum Credo passen? Ein Brettspiel? Würfelspiel? Kartenspiel? Gar keins? – Entwerfen Sie eines, wenn Sie Zeit und Lust haben!
- Das »Metaphernspiel«, aus dem die Bilder auf dieser Seite stammen, ermöglicht eine kreative Auseinandersetzung mit eigenen Glaubensüberzeugungen. Aus vorgegebenen Materialien aller Art werden zu einzelnen Aussagen des Glaubensbekenntnisses »Kunstwerke«, »Denkfiguren« gestaltet. Auf einem beiliegenden Zettel können sowohl der Künstler / die Künstlerin als auch die Betrachtenden Kommentare hinterlassen (diese dürfen natürlich nicht wertend sein). Das Spiel ist aufwändig und besonders gut z. B. für Besinnungstage geeignet. Wenn Sie keine Möglichkeit haben, das Spiel selbst zu spielen, versuchen Sie die abgebildeten Beispiele zu deuten!

Vergebung der Sünden,

... unter Pontius Pilatus.

Und an Jesus Christus, seinen eingeborenen Sohn, unsern H...

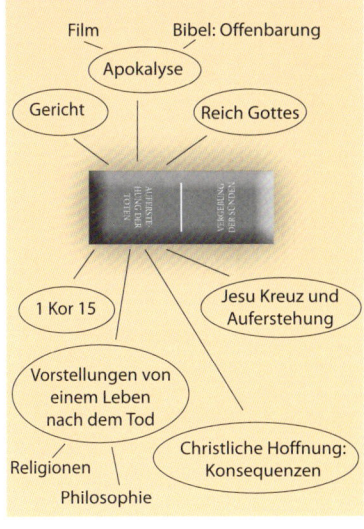

fremde Sprache

info

Bekenntnis(se)

Am sog. »Petrusbekenntnis« in Mt 16 wird der Charakter eines Bekenntnisses besonders deutlich: Jesus überprüft nicht die »richtige Theologie« seiner Jünger, sondern in seiner Frage sind »Sache« und »Beziehung« untrennbar miteinander verbunden. Wichtiger als das, was die Leute sagen, ist ihm, was seine engsten Vertrauten von ihm denken, wie sie zu ihm stehen und ob sie das Kommende mit ihm durchstehen werden – auf das Petrusbekenntnis folgt in Mt 16 Jesu erste Leidensankündigung. Simon Petrus spricht daraufhin Jesus mit den Hoheitstiteln »Christus / Messias« und »Sohn des lebendigen Gottes« an, also mit ganz alten christlichen Bekenntnisformeln (von Matthäus wohl nachösterlich eingefügt). So etwas kann niemand aus sich selbst wissen, meint Jesus in seiner Antwort: Ein solches Bekenntnis kann keiner für sich selbst verantworten – ein solcher Glaube ist Geschenk.

Bekenntnisse waren und sind in der christlichen Tradition immer beides: Sie markieren, wo Menschen persönlich stehen, und sie fassen zusammen, was »Sache« ist, worin in der Christenheit Konsens besteht, aber auch, wo Grenzen zu ziehen sind z. B. gegenüber abweichenden Überzeugungen.

Frühe Bekenntnisformeln der ersten Christenheit finden sich schon im Neuen Testament, z. B. in 1 Kor 15 oder Phil 2. Das grundlegende Bekenntnis der evangelischen und katholischen Kirche ist das Apostolikum, das auf ein altes römisches Taufbekenntnis zurückgeht. Es hat in jedem Gottesdienst seinen festen Ort. Im Anschluss an die großen Konzilien von Nizäa (325) und Konstantinopel (381), in denen das trinitarische Gottesverständnis ausformuliert wurde⑪, entstand das Nizänokonstantinopolitanische Glaubensbekenntnis. Es wird in allen christlichen Kirchen anerkannt, zu besonderen Anlässen gesprochen und liegt z. B. vielen musikalischen Gestaltungen des Credos zugrunde.

Für die lutherische Kirche wurden neben den altkirchlichen Bekenntnissen weitere Schriften wichtig: das Augsburger Bekenntnis, Luthers Katechismen, die Konkordienformel und die Schmalkaldischen Artikel. Einige Kirchen der EKD* (z. B. die reformierte Kirche Bayerns) zählen auch die Barmer Erklärung* von 1934 (S. 85) zu den maßgeblichen Bekenntnistexten.

[Jesus] fragte seine Jünger und sprach: Wer sagen die Leute, dass der Menschensohn sei? Sie sprachen: Einige sagen, du seist Johannes der Täufer, andere, du seist Elia, wieder andere, du seist Jeremia oder einer der Propheten. Er fragte sie: Wer sagt denn ihr, dass ich sei? Da antwortete Simon Petrus und sprach: Du bist Christus, des lebendigen Gottes Sohn! Und Jesus antwortete und sprach zu ihm: Selig bist du, Simon, Jonas Sohn; denn Fleisch und Blut haben dir das nicht offenbart, sondern mein Vater im Himmel. Mt 16,13–17

Vielleicht wird man erst dann fähig, auf Überlieferungen zu hören und sich von alten Erinnerungen und Sprachen stärken zu lassen, wenn uns erlaubt ist, selber denkende und entscheidende Subjekte zu sein. Dann aber ist es schön, eine Sprache zu sprechen, die man nicht selber erfunden hat. Wenn ich die Sätze spreche »Ich glaube an Gott, den Vater …«, dann weiß ich, dass es eine Sprache ist, die viele vor mir gesprochen haben und viele mit mir sprechen … Ich spreche eine Fremdsprache, wenn ich jenes Bekenntnis spreche, gewiss! Aber das eben ermöglicht mir, es zu sprechen. Ich brauche es nicht allein zu verantworten.

Ich führe mich gerne als Glaubender auf, indem ich das Glaubensbekenntnis spreche. Ich lasse mich gern in jene Formel fallen, die ich nicht verantworten muss und die nur der Glaube aller verantworten kann. Ich frage nicht, wann endlich sie ihre Wahrheit haben werden. Aber wir singen sie herbei – die Gemeinschaft der Heiligen, die Vergebung der Sünden, die Auferstehung der Toten und das ewige Leben.

Fulbert Steffensky

- Sammeln Sie Bedeutungsvarianten und Sprechsituationen zu »bekennen / Bekenntnis«!

- Im EG finden Sie die zwei großen altkirchlichen Bekenntnisse sowie die aus reformatorischer und neuerer Zeit. Greifen Sie einzelne Aussagen des Apostolikums heraus (z. B. Ihre »Stolpersteine«, vgl. S. 119) und untersuchen Sie, wie sie im Nizäno formuliert und im Kleinen Katechismus erklärt sind!

- Arbeiten Sie aus den Texten Steffenskys und aus der Info das Besondere der Sprache des Bekenntnisses heraus! Ziehen Sie Vergleiche zu eigenen Erfahrungen!

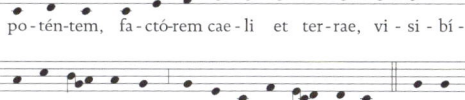

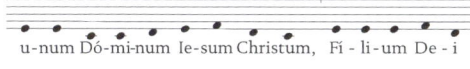

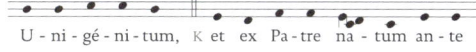

2011 veranstaltete die Kunsthalle Rostock eine vielbeachtete Ausstellung unter dem Motto »Credo«. Hier das 6 m breite Kunstwerk von Günther Uecker, in den Boden gepfählt, 1999.

- Beschreiben Sie das Kunstwerk und versuchen Sie eine Interpretation im Zusammenhang mit dem Ausstellungsmotto!
- Vergleichen Sie Credovertonungen in verschiedenen Messekompositionen!
- Das Glaubensbekenntnis von Markus Löwe (rechts) wurde erstmals in einem Fernsehgottesdienst 2013 gesprochen. Den Pfarrer erreichten daraufhin begeisterte E-Mails aus aller Welt. Arbeiten Sie die neuen Akzente und Deutungen heraus und diskutieren Sie!
- Interpretieren Sie das Gedicht von Rose Ausländer! Ein religiöses Gedicht?

Glaubensbekenntnis

Ich glaube an Gott, die Quelle und den Ursprung unseres Lebens, und daran, dass er unser Leben segnen will, damit wir zum Segen werden. Ich glaube an Jesus Christus, der sich zu uns Menschen auf den Weg gemacht hat; der unser Leben mit seinen Höhen und Tiefen teilt. Er hat Menschen gestärkt, aufgebaut und verändert und er will dies auch heute und in der Zukunft tun. Für uns ist er den Weg ans Kreuz gegangen und von den Toten auferstanden. In Jesus Christus können wir die Liebe Gottes zu seiner ganzen Schöpfung entdecken.

Ich glaube, dass Gottes Geist uns auf unserem Lebensweg begleitet, uns hilft, Vergangenes hinter uns zu lassen, und uns die Kraft zur Vergebung schenkt. Mit der Aussicht auf das ewige Leben können wir heute zusammen mit den Christen in aller Welt glauben, hoffen und lieben.

Amen

Bekenntnis

Ich bekenne mich

zur Erde und ihren
gefährlichen Geheimnissen

zu Regen Schnee
Baum und Berg

zur mütterlichen mörderischen
Sonne zum Wasser und
seiner Flucht

zu Milch und Brot

zur Poesie
die das Märchen vom Menschen
spinnt

zum Menschen

bekenne ich mich
mit allen Worten
die mich erschaffen

ROSE AUSLÄNDER

Theologie

Zwölf Jahre Religionsunterricht liegen hinter Ihnen – die Bezugswissenschaft für dieses Schulfach ist die Evangelische Theologie. Ihr/e Religionslehrer/in hat Theologie studiert; Ihr/e Gemeindepfarrer/in auch. Aber auch unter Journalist/innen, in der Wirtschaft, im Bereich der Politik und in vielen anderen Berufen werden Sie auf Menschen treffen, die einen der verschiedenen theologischen Studiengänge (z. B. Lehramt, Pfarramt, Bachelor, Master, Promotion) absolviert haben. Auf diesen Seiten erhalten sie erste Informationen zur Struktur, zu den einzelnen Disziplinen der Theologie und zum Theologiestudium. Vielleicht ist es ja für Sie eine Zukunftsoption? Auf den Internetseiten der Universitäten, an denen man Evangelische Theologie bzw. Evangelische Religionslehre studieren kann, und in den Studienberatungen erfahren Sie mehr.

Mehr als die Zehn Gebote – Der Inhalt des Theologiestudiums

Die Sprachen

Im Studium der Theologie werden drei Sprachen erlernt (für die Lehramtsstudiengänge sind es weniger): Hebräisch (Altes Testament), Griechisch (Neues Testament und Kirchengeschichte) und Latein (Kirchengeschichte und Dogmatik). In der Regel werden die Sprachkurse an der Theologischen Fakultät belegt, an der man studiert. Es besteht zudem die Möglichkeit – gerade, wenn drei Sprachen zu erlernen sind – an Feriensprachkursen teilzunehmen.

Altes und Neues Testament

Im Theologiestudium geht es zunächst um die biblischen Bücher, das heißt die Schriften des Alten und Neuen Testamentes. In beiden Fächern lässt sich eine eher historisch von einer eher theologisch arbeitenden Fragestellung unterscheiden. In historischer Richtung kann man zum Beispiel fragen: Wer waren die Verfasser der biblischen Bücher? In welcher Situation haben sie ihre Schriften verfasst? Welche Bedeutung haben ihre Texte in der Folgezeit ihrer Überlieferung jeweils erlangt? In theologischer Richtung kann man zum Beispiel fragen: Welche bleibende Bedeutung haben die biblischen Texte für den christlichen Glauben entfaltet? Welche gegenwärtige Verbindlichkeit besitzen sie für die christliche Kirche und die Theologie? Kurz: Was sagen uns die Texte des Alten und Neuen Testamentes heute?

Die Kirchengeschichte

Die Kirchengeschichte befasst sich mit der 2000-jährigen Geschichte der christlichen Kirchen und ihrer Theologie. Üblich ist die Einteilung in fünf Epochen: Alte Kirchengeschichte, Mittelalter, Reformationszeitalter, Neuere Kirchengeschichte und Kirchliche Zeitgeschichte. Die Kirchengeschichte fragt nicht nur nach der kirchlichen, sondern auch nach der außerkirchlichen Wirkungsgeschichte des Christentums. Sie hat damit einen weiten Blick und betrachtet auch kritische Formen christlicher Religiosität.

Die Dogmatik

Die Dogmatik ist eine Unterdisziplin der Systematischen Theologie, der es darum geht, die Lehre des christlichen Glaubens in ihrem Zusammenhang darzustellen und begreifbar zu machen. Drängende Fragen, mit denen sich die Dogmatik befasst, sind zum Beispiel: Warum gibt es Leiden in der Welt? oder: Was passiert nach dem Tod? Was heißt es, von Vater, Sohn und Heiligem Geist zu sprechen? Oft ist dabei die Philosophie eine unentbehrliche Gesprächspartnerin. Hier eröffnet sich auch ein Blickfeld, das für die christliche Lehre zunehmend an Bedeutung gewinnt: der Dialog zwischen den christlichen Konfessionen und zwischen den Weltreligionen. Damit befassen sich die Ökumene und die Religions- und Missionswissenschaft.

Die Ethik

Die Ethik als die zweite Unterdisziplin der Systematischen Theologie fragt nach dem guten und richtigen bzw. nach einem verantwortlichen Handeln. Dabei sind nicht nur Konfliktfälle im Blick, in denen schwierige Entscheidungen getroffen werden müssen. Die Ethik fragt auch generell: Welche Konsequenzen hat das eigene Tun und Verhalten? Welche Orientierung, welche Richtlinien folgen aus dem christlichen Glauben? Wie kann zum Beispiel ein theologisches Verständnis von »Gerechtigkeit«, »Verantwortung«, »Gewissen« oder auch »Liebe« aussehen? Die

Fachbibliothek Theologie-Philosophie der LMU München

Ethik deutet diese großen Begriffe aus der christlichen Tradition und füllt sie mit Leben, indem sie sich den ethischen Problemen gegenwärtiger Lebensführung zuwendet und diese ethisch diskutiert. Als Sozialethik äußert sie sich zudem zu gesellschaftlichen, politischen und rechtlichen Aspekten gegenwärtiger Problemlagen in unserer Gesellschaft und in der Welt.

Die Praktische Theologie

Die Praktische Theologie fragt nach der kirchlichen und religiösen Praxis in Kirche und Gesellschaft. Um zu einem tieferen Verständnis menschlichen Verhaltens in religiöser Perspektive zu kommen, führt die Praktische Theologie einen Dialog mit den sogenannten Humanwissenschaften (vor allem Psychologie, Pädagogik, Soziologie). Sie macht die so gewonnenen Einsichten fruchtbar für eine theologische Lehre vom Gottesdienst, von der Predigt, von der Seelsorge und vom Unterricht. Weil Gemeinde aber mehr ist als die Summe der pastoralen Handlungsfelder, gewinnt auch das Verständnis von Kirche als Organisation mit komplexen Kommunikations- und Leitungsstrukturen für die Praktische Theologie zunehmend an Bedeutung (Gemeindeaufbau, Kirchentheorie, Gemeindeleitung).

Aus dem Internetauftritt der Evangelischen Kirche in Hessen und Nassau

»Wenn ich daran denke, wie ich mir meine zukünftigen Kommilitoninnen und Kommilitonen vorgestellt habe, frage ich mich manchmal, warum ich mich für Evangelische Theologie einschreiben wollte: Birkenstocksandalen an den Füßen, eine Gitarre auf dem Rücken und vertieft ins Gebet in jeder Freistunde. Die anderen Erstsemester hatten wohl ähnliche Vorurteile und so waren wir bei unserer ersten Begegnung positiv überrascht, wie normal die anderen sind. Wobei es ›normal‹ nicht gut beschreibt: Das Tolle ist eigentlich, dass das Studium die verschiedensten Menschen mit den unterschiedlichsten Interessen zusammenbringt und es gerade das so spannend macht.«

»Einer meiner Beweggründe für das Studium war die Hoffnung, das Buch, welches Menschen seit über 2000 Jahren beschäftigt, besser zu verstehen. Dabei helfen mir v. a. die Sprachen. Die Sprachkurse fand ich nicht einfach, da man am Anfang innerhalb kurzer Zeit eine neue Sprache lernen muss. Danach habe ich aber erkannt, wie hilfreich es ist: Bestimmte Wortbedeutungen und sprachliche Hintergründe lassen mich nun erkennen, dass es unmöglich ist, die Bibel wörtlich zu nehmen. Sie ermöglichen auch, das Denken und Leben der damaligen Zeit zu verstehen. So kann ich die Gefühle und die Gedanken, die hinter dem Text stehen, viel besser erfassen und daraus versuchen, ihre Bedeutung für das Heute zu finden.«

»Für mich stehen Glaubensfragen im Mittelpunkt. Ich finde es schön, die Möglichkeit zu haben, sich in theologische Literatur zu vertiefen und mit anderen zu diskutieren, welche Antwortversuche heute tragen. Die wissenschaftliche Herangehensweise an die Bibel war für mich zunächst sehr fremd. Manchmal habe ich mich gefragt: Stimmt das alles nicht, was ich eigentlich für ganz sicher gehalten habe? Inzwischen merke ich, dass sich mein Glaube verändert hat. Von einigen Überzeugungen habe ich mich verabschiedet, in anderen Fragen habe ich für mich neue Gewissheit gefunden. Mal sehen, was noch passiert.«

»Ich möchte Pfarrerin werden und möglichst viel lernen, was mir hilft, interessante Gottesdienste zu gestalten und mich in der Seelsorge anderen Menschen so zuzuwenden, dass es ihnen wirklich auch hilft.«

»Ich habe zuerst befürchtet, dass man in Theologie ganz sicher im Glauben stehen muss, aber jetzt merke ich, dass andere auch ihre Fragen haben und dass es wichtig sein kann, gerade dies zu lernen: die richtigen Fragen zu stellen und nicht gleich eine Antwort zu haben.«

Vorbereitung auf das schriftliche Abitur

Hinweise zur Vorbereitung auf das schriftliche Abitur in Evangelischer Religionslehre und zur Bearbeitung der Aufgabe

Die Erfahrung zeigt, dass das schriftliche Abitur in Evangelischer Religionslehre keineswegs »besonders schwer«, sondern gut machbar ist. Aber wie in anderen Fächern hängt der Erfolg nicht zuletzt auch von einer gründlichen Vorbereitung ab. Beginnen könnten Sie z. B. damit, die im Laufe der elften und zwölften Jahrgangsstufe erarbeiteten »Bausteine« zu sammeln und zu wiederholen. Dabei ist es sinnvoll, bei einzelnen Aspekten, die nicht mehr präsent sind bzw. bei denen Unklarheiten bestehen, noch einmal im Buch bzw. in den eigenen Unterlagen oder ggf. auch in Lexika und anderer geeigneter Literatur nachzuschlagen und die »Bausteine« entsprechend zu ergänzen bzw. in eigenen Worten zu präzisieren.

Damit Sie in der Prüfung flexibel mit dem Gelernten umgehen können, sollten Sie üben, unter unterschiedlichen Frage- und Themenstellungen immer wieder die Bausteine neu zu kombinieren und neue Zusammenhänge herzustellen. Um sicher zu gehen, dass Sie diese wirklich durchdrungen haben, ist es wichtig, diese Zusammenhänge tatsächlich auch sprachlich – mündlich oder schriftlich – präzise auszuformulieren: Als Begriffe auf eine Karteikarte geschrieben und als Stichworte auswendig gelernt, erscheint manches klar und logisch, was dann doch gar nicht so leicht in Worte zu fassen ist.

Ausgehen könnte man bei solchen Übungen von selbst formulierten Fragen und Aufgabenstellungen. Dies bietet sich natürlich für Lerngruppen oder Lerntandems in besonderer Weise an, funktioniert aber durchaus auch dann, wenn Sie sich alleine auf die Prüfung vorbereiten.

Hilfreich ist es bei schriftlichen Prüfungen immer, das eine oder andere prägnante Zitat parat zu haben. Entsprechende Karteikarten können die Lernunterlagen sinnvoll ergänzen.

Sehr riskant wäre es, einen ganzen Themenbereich bei der Vorbereitung auf das schriftliche Abitur auszusparen. Denn selbst, wenn bei den zur Auswahl stehenden Aufgaben in der Regel von einem Schwerpunktthema ausgegangen wird, so ist doch damit zu rechnen, dass die Fragen auch auf die anderen Lehrplanthemen ausgreifen. Entsprechend müssten Sie in der Lage sein, die jeweiligen Aspekte und Perspektiven der unterschiedlichen Teilgebiete miteinander zu verknüpfen.

Für viele Schülerinnen und Schüler stellt insbesondere das Zeitmanagement im schriftlichen Abitur eine besondere Herausforderung dar. Daher ist es sinnvoll, zumindest eine komplette Abituraufgabe einmal in der vorgesehenen Zeit bearbeitet zu haben. Das ist auch dann hilfreich, wenn Sie noch nicht alle zur Bearbeitung notwendigen inhaltlichen Aspekte bereits auswendig wissen. Man kann die Zeiteinteilung auch dann schon üben, wenn man noch einen Blick in seine Lernunterlagen werfen muss.

Aus den Abituraufgaben auswählen

Sie haben im schriftlichen Abitur die Auswahl zwischen verschiedenen Aufgaben. Dabei begegnen Sie unterschiedlichen Materialien und Aufgabenformen: Texten unterschiedlicher Gattung und Bildern, Textaufgaben, erweiterten Textaufgaben und Aufgaben mit einem gestalterischen Anteil. Für die Auswahl sollte nicht zu viel Zeit verloren gehen. Da dies leichter gesagt als getan ist, empfiehlt es sich, auch diesen Schritt der überlegten, schnellen Entscheidung zu üben. Lassen Sie sich hierfür ein aktuelles Aufgabenheft vom letzten oder vorletzten Prüfungstermin geben und üben Sie die Auswahl.

Achten Sie bei der Durchsicht der Aufgaben, v. a. dann aber bei der Arbeit an der gewählten Aufgabe, unbedingt auf die Operatoren. In Ortswechsel 11 gibt es dazu eine ausführliche Anleitung. Der Operator »entwerfen«, der in der dortigen Liste nicht eigens aufgeführt ist, entspricht dem Operator »gestalten«. Die Operatoren und die vorgesehene Zahl der Bewertungseinheiten (BEs) geben wichtige Hinweise auf den verlangten Grad der Vertiefung und damit auch auf den Zeitbedarf.

Bausteine »Gewissen – zwischen Gut und Böse«

Nichttheologische Erklärungen für »böses« bzw. aggressives Verhalten und ihre jeweilige Sicht der Freiheitsspielräume des Menschen, z. B.:

- Rousseau: Der Mensch ist von Natur aus gut.
- Hobbes: Der Mensch ist dem Menschen ein Wolf.
- Lorenz: Lebensnotwendige Aggression
- Frustrations-Aggressions-Theorie: Aggression als Folge von Frustration
- Lerntheorie: Lernen aggressiven Verhaltens durch Belohnung bzw. Vorbild
- Deindividuationstheorie: Freisetzung von Aggression in Situationen, die die Individualität des Menschen herabsetzen.
- Hirnforschung (Hirndefekte als Ursache für aggressives Handeln)

Deutungen des problematischen Wesens des Menschen in der Urgeschichte des Alten Testaments:

- Der Mensch entfremdet sich von Gott und in der Folge von sich selbst, seinen Mitmenschen und der Welt.
  - 1 Mose 2 f.: das »erste Nein« (Safranski): Heraustreten aus der Beziehung Schöpfer – Geschöpf; Scham
  - 1 Mose 4: Neid; Entfremdung vom Mitmenschen, der »erste Mord« aus Neid
  - 1 Mose 7–9: Sintflut als Folge der Bosheit der Menschheit, Gottes Bund mit Noah
  - 1 Mose 11: Streben nach totaler Herrschaft und ihr Misslingen; die Folge: Differenz und Pluralität

Evangelisches Gewissensverständnis

Gewissen als Ort des Menschen »vor Gott«

- Luther: Das natürliche Gewissen klagt an und führt in die Irre; aus dem Vertrauen darauf, von Gott geliebt und gerechtfertigt zu sein, erwächst das befreite, getröstete Gewissen.
- Bonhoeffer: Überwindung des natürlichen (gottlosen, auf Selbstrechtfertigung zielenden) Gewissens durch das von Jesus Christus befreite Gewissen; im Vertrauen auf Vergebung kann der Mensch Verantwortung, ja sogar Schuld für seinen Nächsten auf sich nehmen.

Das Gewissen – philosophische und humanwissenschaftliche Deutungen:

- Kant: Gewissen als innerer Gerichtshof, der nach dem Maßstab des kategorischen Imperativs urteilt.
- Nietzsche: Gewissen als »Krankheit«, die die freie Entfaltung des Menschen behindert.
- H. Arendt: Gewissen als der Ort der Identität, an dem ich mit mir selbst auskommen muss.
- Freud: Gewissen als soziale Angst und als Über-Ich

Sünder und Gerechtfertigter zugleich – Vertiefung der Rechtfertigungslehre

- Die Rechtfertigung des Sünders nach Paulus (Röm 7,7–25; Röm 3,21–28)
- Versuche eine Deutung im Kontext der Gegenwart, (z. B. Schuld und Vergebung in der Erfahrungswelt; Rechtfertigungsglaube als Loslassen vom Zwang der Selbstverwirklichung; als neue Sicht auf den Menschen)
- Befreit zum Handeln für den Mitmenschen (Luthers Rede von der »Freiheit eines Christenmenschen«)
- Simul iustus et peccator: die doppelte Existenz des Menschen

Wichtige Verbindungslinien

- Zur Ethik: Ein evangelisches Gewissensverständnis eröffnet Spielräume für befreites, zuversichtliches Handeln im persönlichen und öffentlichen Leben. Beispiele dafür finden Sie auch in Kapitel 3 zur Ethik.
- Zur Anthropologie: Über die christliche Sicht des Menschen als Sünder und Gerechtfertigter sowie über seine Freiheit wurde in 11.2 (»Wer bin ich?« – Kap. 4 in OW 11) schon ausführlich nachgedacht. Die Bausteine dieser Kapitel ergänzen einander. Zur Willensfreiheit vgl. auch 11.1 (Kap 2 in OW 11).
- Die Bedeutung des Glaubens an Jesus Christus für die Vergebung der Sünde wird in 11.3 (Kap 3 in OW 11) reflektiert.

Bausteine »Ethik«

Allgemeine Faktoren moralischen Handelns

- Moralische Entwicklung (z. B. Stufen-modell Kohlbergs)
- Einflussfaktoren wie gesellschaftliche Moral, Normen, Regeln, Gesetze, Werte
- Unterscheidung zwischen Alltags-, Situations- und Konfliktethik
- Die Rolle des Erzählens beim morali-schen Begründen bzw. Rechtfertigen

Deontologische Pflichtethik Kants

- Kategorischer Imperativ als formale Bestimmungshilfe für das sittlich Gute
- Guter Wille (unter Aufbietung aller Mittel!) als einziger Maßstab für Verantwortlichkeit
- Sittlich wertvoll ist nicht das Handeln aus Neigung oder Konvention, sondern das Handeln aus der (mittels der autonomen Vernunft erkannten) Pflicht.

Grundlagen christlicher Ethik

Grundlegende Argumentationsfiguren:
- Verhältnis von Passivität (Beschenkt-werden) und Aktivität, Indikativ (Zuspruch) und Imperativ (Anspruch)
- Freiheit und verantwortungsvolles Gestalten dieser Freiheit
- Eschatologischer Vorbehalt ethischen Handelns und Hoffnung auf Verge-bung
- Die Bibel präsentiert kein ethisches System: Biblische Impulse und Aspekte mit Blick auf obige Argumentations-figuren anwenden
- Frage nach christlichem Handeln in der Gesellschaft: unterschiedliche Begrün-dungen bei M. Luther (zwei Regimente Gottes) und K. Barth (»Königsherrschaft Christi«)

Grundmodelle ethischen Argumentierens

- Unterscheidungsmöglichkeiten (z. T. kombinierbar) im Überblick; entscheidend sind / ist bei der
- Deontologischen Ethik: unbe-dingt (normativ) geltende Prinzi-pien
- Gesinnungsethik: die Absicht bzw. richtige Einstellung
- Teleologischen bzw. konsequen-tialistischen Ethik / Verantwor-tungsethik: die Ziele bzw. Folgen des Handelns
- Situationsethik: die einmalige Situation, aus der Kriterien abge-leitet werden.
Zwei Grundmodelle vertieft:
- Pflichtethik Kants und Utilita-rismus (siehe Einzelbausteine)

Utilitarismus

- Formel des größtmöglichen Glücks der größtmöglichen Zahl
  Daraus ergeben sich: Glücksstreben (Eudämonismus), Konsequentialismus, Nutzenkalkül und ein Sozialprinzip.
- Im Präferenzutilitarismus (Singer): Orien-tierung an den Interessen von Wesen
- Grad des Bewusstseins als Kriterium bei Konflikten wie Abtreibung, da höhere Bewusstseinsformen zu einer höheren Gewichtigkeit von Interessen führen.

Bergpredigt

- Keine historische Rede Jesu, aber wohl viele authentische Worte Jesu
- Naherwartung des Gottesreichs als Hintergrund
- Komposition mit Indikativ-Impe-rativ-Struktur und Vaterunser als Zentrum
- Antithesen als Erfüllung der Tora
- Feindesliebe als (die Moral über-steigendes) Spitzengebot
- Unterschiedliche Deutungsmo-delle

Ethische Problembereiche

- Präzise Beschreibung des ethischen Konflikts z. B. in Bezug auf Wirtschafts-ethik, Medienethik, Friedensethik
- Kriterien evangelischer Ethik, wie z. B. Beachtung der Ebenbildlichkeit und Mit-Geschöpflichkeit (Würde, Gleichheit, Verantwortlichkeit), Ge-rechtigkeit / gerechte Verteilung von Gütern und Wissen, Freiheit, Nachhal-tigkeit / Schutz der anvertrauten Welt, Wahrhaftigkeit, Friedfertigkeit
- Einbezug kirchlicher Verlautbarungen

Dekalog

- Hohe biblische und wirkungsgeschichtli-che Wertschätzung des Dekalogs
- Unterscheidung und Zusammenhang der zwei Tafeln: Dekalog als Gottes Hilfe für gutes, gerechtes und freies Leben
- Deutungen von Einzelgeboten unter Be-rücksichtigung des narrativen Rahmens (Präambel) und ihrer ursprünglichen Bedeutung

Wichtige Verbindungs-linien

bestehen fast zu allen The-menbereichen der Oberstufe: unterschiedliche Menschen-bilder, unterschiedliche Glaubensüberzeugungen, unterschiedliche Sichten von Wahrheit und dem letzten Horizont menschlichen Han-delns haben Konsequenzen für ethisches Urteilen.

Nachdenken über die Zukunft

- Das Thema Zukunft in der eigenen Lebenssituation
- Erfahrungen von Begrenztheit (z. B. Zwang zum Treffen von weichenstellenden Entscheidungen, Begrenztheit durch äußere Bedingungen) und der Wunsch nach Entgrenzung
- Die religiöse Dimension des Nachdenkens über die Zukunft (z. B. »Alles wird gut«, Segenswünsche)
- Eschatologie: »Lehre von den letzten Dingen«, die es zentral auch mit Anfängen zu tun hat.

Über den Tod hinaus

- Vorstellungen von einem Weiterleben nach dem Tod, z. B. im alltäglichen Diskurs, in den Religionen
- Christliche Auferstehungshoffnung nach 1 Kor 15: Zusammenhang von der Auferweckung Christi mit der Auferweckung der Toten; »Verwandlung« und Bewahrung der Identität

Apokalyptik

- In religiöser Tradition die Überzeugung, dass die als negativ wahrgenommene Wirklichkeit in naher Zukunft durch Gottes machtvolles Eingreifen überwunden wird; »Enthüllung« dieser Wahrheit
- Funktionen apokalyptischer Motive in Politik, Medienberichterstattung und Filmen
- Elemente apokalyptischen Denkens im AT (z. B. Dan 12) und NT (Offb, Mt 25); bei der Reich-Gottes-Verkündigung im NT: Zusammenrücken von präsentischer und futurischer Eschatologie

Hoffnungsbilder

- Das Kommen des Reiches Gottes zwischen »schon« und »noch nicht«
- Hoffnungsbilder der Bibel: ihre Bedeutung, ihre trostspendende, orientierende und kritische Funktion, z. B.
  - neues Jerusalem (als utopischer Ort und Friedensstadt; vgl. Offb 21; Jes 65,18 ff.)
  - das Auftun der Bücher (Bedeutung des Jüngsten Gerichts: Erinnern der Leid- und Unrechtserfahrungen der »Opfer«; Nichtvergessen der Vergehen der »Täter« um der Gerechtigkeit und der Opfer willen)
  - der Himmel (als Sehnsuchtsort und Abstandsort; Hoffnung auf Neuschöpfung)

Konsequenzen für die Lebensführung

- Aufmerksame und gespannte Erwartung dessen, was kommt, bzw. des Kommenden als christliche Haltung (vgl. Mt 25,1–13)
- Eschatologie als Anstoß für einen Perspektivwechsel: Was zählt letztlich im Leben?
- Lebenshaltung »als ob«.

Wichtige Verbindungslinien

- Zur »Frage nach Gott« (11.3, Kap 3 in OW 11): Advent Gottes; Durchsetzen seiner Gerechtigkeit; machtvolles Handeln (Sieg über den Tod); schöpferisches Handeln an der Welt
- Zur Ethik: Eschatologie als »Vorzeichen« für die Ethik; Bonhoeffer: Unterscheidung der letzten und vorletzten Dinge

Beispielaufgabe schriftliches Abitur

Die folgende Beispielaufgabe stammt aus der Abiturprüfung in Bayern 2013.

M 1

Buchbesprechung zu Rainer Funks Buch »Der entgrenzte Mensch. Warum ein Leben ohne Grenzen nicht frei, sondern abhängig macht«

Als die Pop-Ikone Michael Jackson starb, ging eine Welle kollektiver Trauer um die Welt. Noch heute behaupten eingefleischte Fans, der Star sei gar nicht gestorben, sondern lebe weiter, irgendwo, irgendwie. Michael Jack-
5 son, die personifizierte Selbst-Entgrenzung: das Gesicht zur Unkenntlichkeit umoperiert, die Hautfarbe ausgetauscht, Tanzschritte gleich einem Roboter und seine Heimat das Kinder-Traumland »Neverland«.

In seinem neuen Buch »Der entgrenzte Mensch« ent-
10 faltet der Psychoanalytiker Rainer Funk, ausgehend vom Beispiel Michael Jacksons, ein spannendes Psychogramm des Menschen zu Beginn des 21. Jahrhunderts: Leidenschaftlich seien wir darum bemüht, den Begrenzungen unseres Lebens auszuweichen, sei es durch Dro-
15 gen, durch das Umhergeistern als Avatar[1] in virtuellen Welten, durch inszenierte und von Persönlichkeitstrainern auf Daueroptimismus getrimmte Pseudo-Ichs oder indem wir statt verbindlicher Beziehungen hunderte von Kontakten im Internet pflegen.

20 Während frühere Gesellschaften den Unterschied zwischen Märchen und Realität deutlich markierten, wird heute die Fähigkeit zur Realitätsprüfung, eine zentrale Funktion des erwachsenen Ichs, zunehmend außer Kraft gesetzt: Wirklicher als wirklich soll sie sich anfühlen, die
25 virtuelle Welt des Computerspiels, der WWW-Begegnungsplattform für Zwischenmenschliches oder des 3D-Kino-Spektakels.

Was wir gewinnen? Freiheitsillusionen und gute Gefühle, diagnostiziert der Psychoanalytiker. Vor allem gehen
30 wir der Bitternis unserer realen Abhängigkeiten aus dem Weg – Enttäuschungen und unvergnüglichen Kompromissen in ernsthaften Beziehungen, dem Umgang mit den glanzlosen Seiten unserer Persönlichkeit, Alter, Krankheit und Tod. Und hier lauert auch die größte Ge-
35 fahr, warnt Rainer Funk: Wer stets gute Gefühle sucht, läuft Gefahr, süchtig danach zu werden. Ohne Handy, Facebook & Co wird der Bewohner der Spaßgesellschaft auf sich selbst zurück geworfen. Dort aber gibt es nicht mehr viel; denn die Eigenkräfte zur Gestaltung von In-
40 nen- und Außenwelten sind längst verkümmert.

Buchbesprechung von Susanne Billig im Deutschlandradio, http://www.dradio.de/dkultur/ sendungen/kritik/1414695/, Stand vom 26. 7. 2012; für Prüfungszwecke bearbeitet

1 Avatar: Kunstfigur in virtuellen Welten

M 2

Ausschnitt aus Rainer Funks Buch »Der entgrenzte Mensch. Warum ein Leben ohne Grenzen nicht frei, sondern abhängig macht«

Anders als die Begriffe Grenzüberschreitung (Transzendenz), Grenzverstoß, Grenzenlosigkeit, Unendlichkeit oder Unbegrenztheit meint Entgrenzung, dass vorhandene Grenzen real beseitigt oder (in der Vorstellung) verleugnet werden. Leidenschaftlich gerne zu entgrenzen, 5 um Wirklichkeit neu und anders zu konstruieren – das ist es, was den entgrenzten Menschen antreibt und motiviert.

Die eigene Wirklichkeit, aber auch die Wirklichkeit, die einen umgibt, lässt sich neu, attraktiver und auch besser 10 konstruieren, wenn sie entgrenzt wird. Was wir täglich im Beruf und im Umgang mit den Medien praktizieren und was uns von Wirtschaft und Gesellschaft vorexerziert wird, mit dem sind wir alle mehr oder weniger stark identifiziert, so dass wir ein entsprechend starkes 15 Streben nach Entgrenzung spüren. Mit einem solchen Streben geht immer ein spezielles Freiheitsverständnis einher, das der Logik folgt: je entgrenzter, desto besser, weil Entgrenzung mehr Freiheit verspricht. Worin sich das Entgrenzungsstreben beim Einzelnen manifestiert, 20 hängt dieser Logik zufolge vor allem davon ab, durch welche Grenzen sich jemand behindert und deshalb als unfrei erlebt.

Für die meisten entgrenzungswilligen Menschen gilt jedoch, dass die eigene Person das größte Hindernis dar- 25 stellt, um sich neu und besser konstruieren zu können. Die biologisch-körperliche, geistige sowie psychische Begrenztheit und Endlichkeit des Menschen ist der »Stachel im Fleisch«, der sich dem Entgrenzungsstreben widersetzt, weshalb die Forschung in diesen Gebieten alles 30 daran setzt, um diese zu überwinden.

Rainer Funk, Der entgrenzte Mensch. Warum ein Leben ohne Grenzen nicht frei, sondern abhängig macht, Gütersloh 2011, S. 108 f.; für Prüfungszwecke bearbeitet

Aufgaben

■ **Aufgabe 1:** Erklären Sie ausgehend von Material 1 und 2 die im Titel und Untertitel des Buchs von Rainer Funk enthaltene Aussage in drei Sätzen! [10 BE]

■ **Aufgabe 2:** Entfalten Sie Grundzüge christlichen Menschenverständnisses! [20 BE]

■ **Aufgabe 3:** Entwerfen Sie für den Abiturgottesdienst an Ihrer Schule eine Ansprache zum Thema »Grenzenlose Freiheit nach dem Abitur!?«. Nutzen Sie dazu die Materialien 1 und 2 und Ihre Überlegungen in Aufgabe 2! [30 BE]

■ **Aufgabe 4:** In Material 1 und 2 wird immer wieder auf das Problem der medialen Konstruktion von Wirklichkeit Bezug genommen. Erläutern Sie an einem Beispiel eine ausgewählte Problemstellung der Medienethik! [20 BE]

■ **Aufgabe 5:** Arbeiten Sie auf Grundlage einer Darstellung von Luthers Denkmodell der zwei Regimente und von Barths Konzept der Königsherrschaft Christi unterschiedliche Begründungen für politisches Engagement von Christen heraus! [20 BE]
[Summe: 100 BE]

Zur Bearbeitung der Aufgabe insgesamt

■ Zunächst müssen Sie die Aufgabenstellung analysieren: Die beiden Materialien beziehen sich auf den Lehrplanbereich 12.3 und zwar insbesondere auf den Aspekt der Entgrenzung. Jedoch wird schnell deutlich, dass mit dem Thema der Entgrenzung und der Freiheit einerseits der Themenbereich der Anthropologie angesprochen ist, andererseits mit »Freiheit« zugleich auch ein Leitgedanke aller Themenbereiche aufgegriffen wird. Dies erkennen Sie nicht zuletzt an den Aufgaben 2 und 3, die typische Beispiele für Vernetzungen darstellen.

■ Zur Analyse der Aufgabe gehört auch, sich klar zu machen, um welche Art von Aufgabe es sich handelt: Textaufgabe, erweiterte Textaufgabe oder Gestaltungsaufgabe (vgl. ⑪)?

■ In diesem Fall liegt eine Gestaltungsaufgabe vor. Dies bedeutet, dass dafür keine ganz genaue Analyse der Texte gefordert wird, sondern dass das Materialpaket insgesamt – relativ rasch – zur Kenntnis genommen werden muss.

Zu Aufgabe 1

■ Der Hinweis auf Titel und Untertitel ist ein Hilfsangebot, das schon andeutet, wie strukturiert werden kann.

■ Es bietet sich an, im ersten Satz auf die Sehnsucht des Menschen nach Entgrenzung und die damit verbundenen Hoffnungen einzugehen. In einem zweiten Satz könnte dann knapp dargestellt werden, inwiefern die mit Entgrenzung verbundene Freiheit oft nur eine scheinbare ist. Davon ausgehend könnte ein dritter Satz schließlich deutlich machen, weshalb der Wunsch nach Entgrenzung für die Menschen auch problematisch sein kann.

■ Machen Sie sich die Anforderungen zu dieser Aufgabe anhand der folgenden Beispiele für den ersten Satz klar:
a) Der heutige Mensch ist ein Wesen, das mithilfe moderner Technik möglichst viele Begrenzungen seines Lebens aufheben möchte und sich davon einen Zuwachs an Freiheit verspricht.
b) Der Mensch möchte »seinen Stachel im Fleisch« überwinden und sich biologisch-körperlich und geistig entgrenzen, so wie es auch M. Jackson getan hat.
c) Der Titel des Buches »Der entgrenzte Mensch« von Rainer Funk verweist darauf, dass wir eine Sehnsucht nach Unbegrenztheit in uns tragen.

■ Die Beispiele a) und c) sind sinnvoll, weil sie sich an der inneren Logik des Titels bzw. Untertitels orientieren und knapp und präzise wesentliche Gesichtspunkte zum ersten Aspekt (Wunsch nach Begrenzung) anführen. Bei c) müsste der Aspekt, was sich der Mensch davon verspricht (also mehr Freiheit), im zweiten Satz benannt werden, der dadurch vermutlich recht komplex werden wird. Dies hat a) schon im ersten Satz getan und kann sich deshalb im zweiten Satz ganz darauf beschränken, den Gegensatz zwischen Wunsch und Wirklichkeit (das Freiheitsgefühl ist aus Sicht des Autors nur eine Illusion und führt in neue Abhängigkeiten) wiederzugeben.

■ Demgegenüber ist b) einerseits viel zu textnah (Zitat) und zum anderen nicht allgemeinverständlich genug, da nicht erklärt wird, was mit der Metapher vom »Stachel im Fleisch« gemeint ist.

Zu Aufgabe 2

■ Zunächst sollte man sich ins Gedächtnis rufen, was mit dem Operator »entfalten« gemeint ist: Er bedeutet, dass man einen Sachverhalt in ganzen Sätzen nachvollziehbar darlegen soll. Für diese Darstellung empfiehlt es sich,

Beispielaufgabe schriftliches Abitur

die »Bausteine« (sowie natürlich deren jeweilige Inhalte) parat zu haben, die die christliche Anthropologie betreffen (vgl. ⑪,12.1.). Bei der Auswahl der jeweiligen Inhalte ist zu beachten, dass der Terminus »christlich« umfassender zu verstehen ist als das Attribut »biblisch«. Zum christlichen Sprachgebrauch in Bezug auf den Menschen gehört (neben allen biblischen Sprachfiguren) z. B. auch Luthers Redeweise vom »in sich verkrümmten Menschen«, die sich so nicht in der Bibel findet (dort ist z. B. vom »sein wollen wie Gott«, von Selbstbezogenheit bzw. von »Sünde« die Rede). In der Gotteslehre wäre z. B. ein ganz wichtiger Teil »christlichen« Redens von Gott über die Bibel hinaus die Gedankenfiguren der theologischen Tradition bzw. des Glaubensbekenntnisses. Eine gewisse Hilfe bieten Ihnen hier z. T. schon die entsprechenden Überschriften der »Bausteine« zum biblisch-christlichen Menschenbild:

- 📖 Geschöpflichkeit
- 📖 Ebenbild Gottes
- 📖 Problematisches Wesen und Sünder
- 📖 Gerechtfertigt

Solche Aufgabentypen (Entfalten Sie Grundlagen christlicher Ethik / eines christlichen Gewissensverständnisses / eines biblischen Gottesverständnisses / Grundzüge philosophischer Ethik …) können immer wieder einmal im Abitur vorkommen und sind sehr gut im Vorfeld vorzubereiten. Sollte Ihnen das zu viel Aufwand sein, wäre es ratsam, sich zumindest zu allen Teilbereichen zu überlegen, von welchem zentralen Gedanken aus Sie dieses Thema entfalten würden, der es Ihnen ermöglicht, die verschiedenen Aspekte sinnvoll darzustellen.

Bei diesem Thema könnten Sie beispielsweise vom Gedanken der Ebenbildlichkeit ausgehen. Aus dieser Sicht ergibt sich, dass der Mensch ein Beziehungswesen ist, das einerseits auf Gott bezogen ist und dem dadurch eine besondere Würde zugesprochen wird. Zugleich geht damit auch die Bezogenheit auf andere Menschen sowie zum gesamten Lebensraum einher, was v. a. mit der biblischen Rede vom Herrschaftsauftrag ausgedrückt wird. Diese Aspekte sind natürlich genauer auszuführen und – wo sinnvoll – zu belegen. Dabei kann mitunter auch der eine oder andere Gedanke vertieft werden (z. B. dass sich eine Bezogenheit auf andere auch aus der Erschaffung als verschiedene Geschlechter und aus dem Auftrag zur Vermehrung ergibt).

Allerdings sind der Terminus »Grundzüge« sowie die Bewertung mit 20 BE deutliche Hinweise darauf, dass Sie solche Details in einem zweiten Durchgang – nach Beendigung der anderen Aufgaben – noch ergänzen können, zunächst aber die zentralen Gesichtspunkte entfalten sollten. Entsprechend kann man aus dem Gedanken der Bezogenheit auf Gott auf das christliche Sündenverständnis überleiten und anschließend den Glauben an die Rechtfertigung des Menschen durch Jesus Christus und die damit verbundene Hoffnung auf endgültige Erlösung ausführen.

Zu Aufgabe 3

Vor der eigentlichen Bearbeitung dieser Aufgabe lohnt ein Blick auf die angegebenen Bewertungseinheiten: Im Übungsbeispiel können bis zu 30 BE vergeben werden, d. h., dass hier zwar nicht unbedingt ein ganz ausführlicher, aber in jedem Fall ein aspektreicher Text erwartet wird. Darüber hinaus wird durch den angegebenen Kontext eines Abiturgottesdienstes erwartet, dass bei der geforderten Ansprache die christliche Perspektive deutlich zur Geltung kommt. Zwar wird selbstverständlich von Ihnen keine »Predigt« nach allen Regeln der Predigtkunst verlangt – und auch keine persönliche Identifikation mit der Rolle eines Predigers; der Bezug zu den Gottesdienstbesucherinnen und -besuchern und zum Anlass des Gottesdienstes sollte aber deutlich werden. Darüber hinaus sollte der Beitrag in seiner sprachlichen Gestaltung und seinem Aufbau den Anforderungen mündlicher Rede entsprechen, also z. B. klar strukturiert sowie anschaulich sein und zu lange oder komplizierte Sätze vermeiden. Eine solche Ansprache enthält – wie Reden allgemein – einen Einleitungs-, Haupt- und einen Schlussteil, der im Rahmen des Gottesdienstes normalerweise mit »Amen« endet.

Aus den genannten Anforderungen ergibt sich, dass einerseits »Freiheit« und »Begrenzung« in Ihrer Lebenswelt als Abiturientinnen und Abiturienten, aber auch allgemein in der Gesellschaft wahrgenommen und beschrieben werden sollen; andererseits diese Phänomene aus christlicher Perspektive in den Blick zu nehmen sind. Dabei kann z. B. mit folgenden konkreteren Punkten aus den »Bausteinen« aus unterschiedlichen Themengebieten des Lehrplans gearbeitet werden:

Aus dem Bereich der Anthropologie könnte z. B. auf folgende Aspekte des biblisch-christlichen Menschenbildes verwiesen werden:

🔲 Ebenbild Gottes: Freiheit zur Gestaltung
🔲 Problematisches Wesen und Sünder: Missachtung der Grenzen, Hybris
🔲 Gerechtfertigt: von Gott befreiter Mensch

Aus der Ethik, der Gotteslehre und der Eschatologie könnten folgende Gesichtspunkte für die Argumentation fruchtbar gemacht werden:

🔲 Grundlagen christlicher Ethik: Verhältnis von Passivität (Beschenktwerden) und Aktivität, Indikativ (Zuspruch) und Imperativ (Anspruch)
🔲 Biblisches Gottesverständnis: Befreier, Anwalt der Schwachen (Exodus)
🔲 Konsequenzen für die Lebensführung: Eschatologie als Anstoß für einen Perspektivwechsel: Was zählt letztlich im Leben?

Wie bereits erwähnt, müssen die Inhalte für diese Aufgabe in eine angemessene Sprachform gebracht werden. Bewerten Sie im Hinblick darauf die nachfolgenden Möglichkeiten für eine Einleitung:

a) »Ich habe für diese Ansprache das Thema bekommen: Grenzenlos frei nach dem Abitur? Dazu möchte ich zunächst definieren, was unter Freiheit zu verstehen ist, dann auf unsere Situation eingehen und danach christliche Perspektiven einbringen.«

b) »Liebe (Noch-)Mitschülerinnen und (Noch-)Mitschüler, da stehen wir nun: an der Schwelle zum sog. »richtigen Leben«; an der Schwelle zur oft verkündeten »großen Freiheit«. Nur noch ein kleiner Schritt vorwärts und wir halten unser Abitur in Händen, das die Schriftstellerin Juli Zeh einmal ein Optionspapier auf die Zukunft genannt hat. Ironisch, versteht sich. Denn es stellt sich die Frage, ob man eine Option, also eine Berechtigung, auf die Zukunft und auf die damit verbundene »große Freiheit« hat. Was stellen wir uns unter Freiheit vor? Und wie frei werden wir bei unseren nächsten Schritten sein? ...«

c) »Endlich frei! Wie lange haben wir auf diesen Moment gewartet – während wir Stunden über Stunden über unseren Büchern saßen. Nun ist es soweit. Die Welt steht uns offen. Manche von uns haben die grenzenlose Freiheit schon ausprobiert: ein Wochenende in Italien, Schlafen bis mittags, die Aula mit Luftballons bis unter die Decke füllen und die Zugänge mit Fahrradschlössern ver-

sperren – aber ist das wirklich grenzenlose Freiheit? ...«

d) »Ein Christenmensch ist ein freier Herr aller Dinge und niemandem untertan, ein Christenmensch ist ein dienstbarer Knecht aller Dinge und jedermann untertan.« So sagte schon Martin Luther. Er leitet diese Erkenntnis aus der Rechtfertigungslehre ab: Vor Gott ist der Mensch gerecht und braucht ihm nichts durch gute Werke zu beweisen, aber den Mitmenschen ist er verpflichtet.«

Von den dargestellten Einleitungen würde das Beispiel a) den Anforderungen nicht gerecht, weil dies eher dem Vorgehen für ein Referat oder eine mündliche Prüfung entsprechen würde.

Für die Lösungen b) und c) spricht jeweils, dass mit der aktuellen Situation angefangen wird und lebensnah und adressatenbezogen gesprochen wird; zudem gelingt der Übergang zur Problematisierung.

Auch die Variante d) ist grundsätzlich geeignet. So ist es z. B. durchaus passend, mit einem christlichen Zitat anzufangen; allerdings müsste man bei einem solchen Einstieg aufpassen, dass man nicht zu theoretisch spricht, sondern dann auch wirklich bald auf die Situation der Zuhörerinnen und Zuhörer zu sprechen kommt.

Zu beachten ist, dass eine Ansprache im Gottesdienst in die Liturgie des Gottesdienstes eingebunden ist und daher hier eine gesonderte Begrüßung unangebracht wäre; angesprochen werden sollten die Gottesdienstbesucherinnen und -besucher in der Ansprache gleichwohl.

Zu Aufgabe 4

Hier gilt es, sich zunächst klar zu machen, welche Aspekte der Medienethik in Ihrem Unterricht zur Sprache gekommen sind. In jedem Fall wird diese in dem Lehrplanbereich 11.1 behandelt worden sein. Eventuell wurde auch in 12.2 dieser Bereich als Anwendungsbeispiel gewählt, um zu erarbeiten, wie man eine ethische Problemstellung sachgerecht erschließt und aus evangelischer Perspektive beurteilt. In OW 11 geht es im Kontext der Auseinandersetzung mit den »Spiegelungen« im Eingangskapitel um journalistische Ethik; hierzu finden sich auch Aspekte im Kapitel »Wirklich wahr?«. Dabei werden Fragen wie Bildethik, journalistische Pflicht zur Sorgfalt, zur Wahrhaftigkeit und zur Menschenwürde behandelt. Darüber hinaus wird aber auch darauf hingewiesen, dass Medienethik nicht in journalistischer Ethik aufgeht, sondern sich auch auf Mediennutzung und Medienangebot bezieht.

Beispielaufgabe schriftliches Abitur

Anders als bei Aufgabe 3 ist bei dieser vierten Aufgabe das Einnehmen einer christlichen Perspektive nicht verpflichtend vorgeschrieben – aber selbstverständlich möglich. Beispielsweise könnten Sie in Bezug auf einen Fall einer öffentlichen Dämonisierung von Menschen in den Medien aus der Perspektive christlicher Anthropologie danach fragen, inwiefern der Betroffene noch als Mitgeschöpf mit einer Würde gesehen wird und ob nicht endgültige Urteile über einen Menschen als Person nur Gott zustehen. Hier könnte man Gesichtspunkte wie die Relativität und Begrenztheit menschlicher Wahrheit bzw. den eschatologischen Vorbehalt anführen oder darauf verweisen, dass der Angeprangerte als Nächster oder vor dem Hintergrund des Feindesliebegebots wahrgenommen werden sollte. Zugleich müsste für eine differenzierte Diskussion ebenfalls daran erinnert werden, dass die Medien aus christlicher Sicht auch der Wahrheit zu dienen haben, also mögliche Verbrechen oder Vergehen nicht verschleiern dürfen. Ähnlich müsste man auch vom biblischen Gedanken der Gerechtigkeit aus argumentieren, der z. B. eine Anklage von Verbrechen als notwendig erscheinen lässt, um für mögliche Opfer Partei zu ergreifen. Entsprechend sollte man in diesem Konflikt zwischen Menschenwürde und Wahrheit nachvollziehbar ausführen können, wie eine angemessenere Darstellung des Falls in den Medien hätte aussehen müssen. Dabei könnte man darlegen, dass gerade eine mediale Konstruktion eines Menschen als das personifizierte Böse nicht der Wahrheit dient und auch nicht wahrhaftig ist, sondern eine genaue und angemessene Aufarbeitung eher behindert. Wie auch immer die Entscheidung für einen Schwerpunkt ausfallen mag: Für die Bewertung Ihrer Ausführungen ist nicht entscheidend, dass ein bestimmter Aspekt thematisiert wird, sondern dass eine sachgerechte und differenzierte Auseinandersetzung stattfindet.

Zu Aufgabe 5

Bei dieser Aufgabe zur politischen Ethik wird von Ihnen gefordert, dass Sie zeigen, dass Sie die beiden Positionen von Luther und Barth kennen und auf die Notwendigkeit des politischen Engagements von Christinnen und Christen beziehen können.

■ Grundlagen christlicher Ethik: Denkmodell der zwei Regimente Gottes (M. Luther) und der Königsherrschaft Christi (K. Barth)

Zunächst müsste Luthers Denkmodell der zwei Regierweisen entfaltet und das politische Engagement der weltlichen Regierweise zugewiesen werden. Ausgehend von dieser Zuordnung müsste dann genauer entfaltet werden, warum ein politisches Engagement von Christinnen und Christen gefordert ist.

Es bietet sich an, Barths Konzept der Königsherrschaft Christi zunächst historisch zu verorten und dabei ggf. auch auf eine problematische Aufnahme von Luthers Zwei-Reiche-Lehre einzugehen.

Bei Barth sollte in jedem Fall der Gedanke geäußert werden, dass dieses Engagement einen Beitrag zur Verwirklichung des Reiches Gottes auf Erden darstellt. Darüber hinaus bietet es sich an, den Fachbegriff »status confessionis« zu erklären und darauf hinzuweisen, dass in sog. »Bekenntnisnotständen« Christinnen und Christen in besonderer Weise herausgefordert sind, ihren Glauben dadurch zu bekennen, dass sie auch politisch Position im Sinne des christlichen Glaubens beziehen.

Für den Notfall

Trotz guter Vorbereitung kann es vorkommen, dass man während der Prüfung feststellt, dass man einen Begriff nicht versteht. Meist lässt sich über den Zusammenhang relativ gut herausbekommen, was mit dem Begriff gemeint sein dürfte. Sollte dies einmal nicht möglich sein, wäre es wichtig, sich nicht daran festzubeißen, sondern die Bearbeitung mithilfe des restlichen Textes fortzuführen und andere Aspekte zu betonen. Für die Gesamtbewertung dürfte es sich dann eher um eine Nebensächlichkeit handeln. Ein ähnliches Vorgehn wäre auch für den Fall wichtig, dass Sie trotz vorheriger Durchsicht mitten in der Bearbeitung feststellen, dass Sie bei einer Teilaufgabe unsicher werden oder diese plötzlich gar nicht mehr verstehen: Lassen Sie diese Aufgabe erst einmal ruhen. Gehen Sie zur nächsten Aufgabe über und bearbeiten Sie diese. Manchmal eröffnet sich schon dadurch ein neuer Blick auf die vorherige Aufgabe, mit dessen Hilfe Sie diese bewältigen können. Sollte dies nicht der Fall sein, schließen Sie zunächst alle anderen Aufgaben ab und heben Sie sich diese Aufgabe als letzte auf. Führen Sie – entsprechend Ihren Vermutungen – dann Aspekte aus, die in diesem Zusammenhang eine Rolle spielen bzw. spielen könnten. Versuchen Sie die Aufgabe gemäß Ihren Vermutungen möglichst vollständig zu bearbeiten.

LEXIKON

Lexikon

Zusätzlich zu diesen Begriffen steht Ihnen das gesamte Lexikon aus Ortswechsel 5–11 zur Verfügung auf www.claudius.de/ortswechsel.

A

Abu Ghraib (auch z. B.: Abu Ghuraib) ist der Name eines Gefängnisses im Irak, das schon zu Zeiten des ehemaligen Machthabers Sadam Hussein Ort grausamer Folter und Hinrichtungen war. Nach dem sog. 3. Golfkrieg (2003) wurde es von der US-Armee übernommen; 2004 wurden Fälle von schwerer Misshandlung und Folter durch US-Militär- und Geheimdienstmitarbeiter / innen bekannt.

Alltagsethik kann zum einen Entscheidungen bezeichnen, die weitgehend unbewusst und ohne vorherige Abwägung, also mehr oder weniger automatisch getroffen werden. Hierfür sind vorgeprägte Verhaltensmuster, die von Erziehung, persönlichen Erfahrungen, gesellschaftlichem Kontext, Rollenerwartungen etc. beeinflusst werden, ausschlaggebend. Zum anderen kann sich der Begriff auch stärker auf den Kontext »Alltag« beziehen, also auf ethisches Handeln in eher alltäglichen Situationen. Bei diesem Verständnis ist keine klare Abgrenzung zur → Entscheidungsethik möglich.

Autonomie (griech. *autos:* selbst und *nomos:* Gesetz, Regel): Selbstbestimmung

B

Barmer Theologische Erklärung (BTE): Die Erklärung der Synodalversammlung in Barmen vom 31. Mai 1934 (»Bekenntnissynode«) ist die zentrale theologische Äußerung der Bekennenden Kirche unter der nationalsozialistischen Herrschaft 1933–1945. Sie richtet sich gegen die Theologie und das Kirchenregime der sog. Deutschen Christen, welche die evangelische Kirche der Diktatur Adolf Hitlers anzugleichen versuchen. Die → EKD bestätigt in Artikel 1 (3) ihrer Grundordnung mit ihren Gliedkirchen die von dieser Bekenntnissynode getroffenen Entscheidungen. Auch die Gliedkirchen der EKD betrachten die BTE als wegweisendes Lehr- und Glaubenszeugnis der Kirche.

Befreiungstheologie, entstanden in Lateinamerika in den Jahren 1960–1970, fragt aus der Perspektive von unterdrückten bzw. unterprivilegierten Gruppen, Völkern und Ethnien nach dem Befreiungspotential der christlichen Botschaft. Sie ist stark eschatologisch geprägt. Dabei wird auch an apokalyptische Traditionen positiv angeknüpft. Darüber hinaus werden in Aufnahme prophetischer Kritik bestehende Unrechtsverhältnisse und Ursachen für Armut und Ungerechtigkeit angeprangert. Sie fordert eine Kirche der Armen, in der schon jetzt darum gerungen wird, wie sich Kennzeichen des Reiches Gottes wie Friede und Gerechtigkeit verwirklichen lassen.

C

corpus christianum bezeichnet die mittelalterliche Auffassung, dass Kirche und Staat eine geistliche und rechtliche Einheit bilden, deren unsichtbares Haupt Christus darstellt.

D

Déclaration des Droits de l'Homme et du Citoyen (frz.: Erklärung der Menschen- und Bürgerrechte): Im Jahr 1789 führt das französische Volk durch die Revolution das Ende der absoluten Monarchie herbei und schafft damit die Voraussetzung für die *Déclaration.* Sie sichert das Recht auf Freiheit, auf Eigentum, auf Sicherheit und auf Widerstand gegen Unterdrückung zu.

Denkschrift ist die Bezeichnung für einen Text zu einer bestimmten Fragestellung, der als Standpunkt der Unterzeichner veröffentlicht und für besonders denk-würdig gehalten wird. Die Fachgremien der → EKD haben mehr als 20 solcher Denkschriften seit 1962 ausgearbeitet und dem Rat der EKD (das Gremium, das die Geschäfte zwischen den jährlich stattfindenden Synoden führt) zur Verabschiedung vorgelegt.

Dilemma(-Situationen) (griech.: zweigliedrige Annahme): Dilemma bezeichnet eine Problemstellung bzw. Entscheidungssituation mit zwei (oder ggf. mehr) Wahlmöglichkeiten, die zu inakzeptablen Konsequenzen führen. Beim sog. Heinz-Dilemma von L. Kohlberg musste z. B. von Probanden entschieden werden, ob ein Mann ein überteuertes Medikament stehlen darf, das seiner Frau das Leben retten könnte. In der Pädagogik gibt es eine lange Diskussion darüber, welchen Stellenwert die Bearbeitung solcher Dilemma-Geschichten im Schulunterricht für die Entwicklung des moralischen Urteils hat.

EKD: Die Evangelische Kirche in Deutschland ist ein Zusammenschluss der 22 Landeskirchen, die entweder ein lutherisches, reformiertes oder uniertes (Vereinigung von Reformierten und Lutheranern) Bekenntnis haben. Sie übernimmt ihr übertragene Gemeinschaftsaufgaben, wie z. B. mit staatlichen Stellen und der Europäischen Union in Kontakt zu treten oder am ökumenischen Dialog teilzunehmen. Zwischen den selbstständigen Gliedkirchen wird uneingeschränkt die Abendmahlsgemeinschaft praktiziert. In allen Landeskirchen gibt es demokratisch gewählte Kirchenparlamente sowie die Zulassung von Pfarrerinnen und Pfarrern. Das Kirchenamt der EKD befindet sich in Hannover.

Entscheidungsethik bezieht sich auf Handlungen, die eine bewusste Entscheidung erfordern. Kennzeichen einer entscheidungsethischen Situation ist das Vorliegen mehrerer Verhaltensalternativen, zwischen denen der Einzelne eine begründete Wahl zu treffen hat.

Endzeitfilm (auch: Apokalypsefilm): ist ein Subgenre des Science-Fiction-Films, in der eine Katastrophe weltweiten Ausmaßes im Mittelpunkt steht – und sich daher mit der Filmgattung des → Katastrophenfilms überschneidet. Die Entstehung der Filmgattung in den 1950er Jahren wird mit den Erfahrungen der globalen Auswirkungen des Zweiten Weltkrieges und der Angst einer Nuklearkatastrophe in Zusammenhang gebracht. Auch für das Aufblühen der Endzeitfilme Ende der 1970er-Jahre / Anfang der 1980er-Jahre lassen sich geschichtliche Gründe benennen: Dieses fällt zusammen mit dem Ende des Fortschrittsoptimismus und einem Bewusstwerden der Begrenztheit der Ressourcen der Erde. Vor diesem Hintergrund lassen sich Endzeitfilme – zumindest einige – auch als Gesellschaftskritik verstehen.

Erbsünde: Die Denkfigur von der Erbsünde wurde von Augustinus (354–430) entwickelt. Sie will ausdrücken, dass kein Mensch ohne Sünde ist, dass alle Menschen die Sünde gleichsam von Adam und Eva »geerbt« haben. Diese Lehre wurde im Laufe der Geschichte teilweise biologistisch missverstanden und sexualfeindlich interpretiert. Heute deutet man oft die Erbsünde als Zustand der Entfremdung von Gott, den Mitmenschen und sich selbst (Tillich), in dem jeder Mensch sich vorfindet. Im Glauben an Jesus Christus darf der Mensch auf Vergebung vertrauen.

Eudämonismus (griech. *eudaimonia:* Glückseligkeit) meint die philosophische Lehre oder Haltung aus dem Bereich der Ethik, die menschliches Handeln »gut« nennt, wenn es auf Glück und Glückseligkeit ausgerichtet ist. Der Begriff umfasst jedoch verschiedene Strömungen, die jeweils anders definieren, was unter »Glück« zu verstehen ist, z. B. das tugendhafte Leben, das Leben im Gleichgewicht der Gefühle mit einem Höchstmaß von Lust und einem Mindestmaß von Schmerz oder auch als Abwesenheit von Leid. In Kant 👤 fanden diese Strömungen einen entschiedenen Gegner, der jede Handlung als unsittlich verwarf, die durch die Rücksicht auf individuelle oder universelle Glückseligkeit bestimmt wird. In der neueren Ethik tritt der Eudämonismus in Form des Utilitarismus auf, der mit seiner Parole »möglichst großes Glück für möglichst viele Menschen« den Nachdruck nicht auf das individuelle Glück, sondern auf den Glückszustand der Gesamtheit legt.

Godesberger Erklärung: Der Reichskirchenminister in Deutschland, Hanns Kerrl, unternimmt 1939 den Versuch, alle kirchlichen Gruppierungen innerhalb der Evangelischen Kirche auf der Basis von gemeinsamen Grundsätzen zu vereinigen. Die Godesberger Erklärung ist die erste Fassung dieser Grundsätze, die eine Vermischung von Christentum und nationalsozialistischer Weltanschauung erkennen lässt und sich gleichermaßen gegen das Judentum und die Ökumene ausspricht.

Grundrechte bezeichnen die »rechtlich-institutionell verbürgten → Menschenrechte« (M. Kriele). Als

Lexikon

Freiheitsrechte garantieren sie den Schutz der Menschen vor unberechtigten staatlichen Ein- oder Übergriffen sowie vor solchen der Mitmenschen.

H **Heteronomie** (griech. *heteros:* der andere, und *nomos:* Gesetz, Regel): Fremdbestimmung.

Heuschreckenkapitalismus: Der Begriff wurde vom deutschen Politiker Franz Müntefering (*1940) als politisches Schlagwort geprägt und meint die besonders von internationalen Finanzinvestoren betriebene, oft den Verlust von Arbeitsplätzen mit sich bringende Strategie, in Unternehmen zu investieren, sie rasch (z. B. durch Verlagerung der Produktion in Niedriglohnländer) profitabel zu machen und dadurch möglichst hohe Gewinne für den Investor zu erzielen.

Hybris (griech.): Übermut, Hochmut, Selbstüberschätzung; Hybris und darauffolgender Fall des Menschen ist ein häufiges Motiv der griechischen Tragödie.

I **Ikone** (von griech. *eikon:* Ebenbild): Ikonen werden Bilder heiliger Personen genannt, die einerseits Kunstbilder sind, andererseits aber auch in den christlichen orthodoxen Kirchen eine wichtige Funktion für den Kultus haben. Über den angemessenen Umgang mit Ikonen wurde im byzantinischen Bilderstreit (8.–9. Jh.) gerungen: Demnach werden sie verehrt (nicht aber angebetet), weil die dargestellten Personen als anwesend vorgestellt werden. Es gibt eine eigene Bildsprache der Ikonen und Vorschriften für die Erstellung von Ikonen durch die Ikonenmaler (z. B. im Hinblick auf die Verwendung von Farben, von bestimmten Zeichen und Symbolen).

Interimsethik meint nach Albert Schweitzer die vor allem in der Bergpredigt sichtbar werdende Ethik Jesu, die den Charakter des Vorläufigen (lat. *interim:* inzwischen, unterdessen) besitzt. Die Forderungen der Bergpredigt sind nach diesem Deutungsansatz in der Gewissheit formuliert, dass das Ende dieser Welt bevorsteht und die Gottesherrschaft naht. Nur für diese Zwischenzeit bis zur vollkommenen Verwirklichung des Reiches Gottes, für diesen Ausnahmezustand, der zu einer außerordentlichen Anstrengung befähigt, seien Jesu Weisungen gedacht.

K **Kainsmal:** Nach Kains Brudermord versieht Gott ihn mit einem Zeichen (1 Mose 4,15); es kennzeichnet ihn als Mörder, soll ihn aber zugleich vor der Rache seiner Umwelt schützen.

Katastrophenfilm (von griech. *katastrophe:* Wendung zum Niedergang – aus *kata:* herab, nieder und *strephein:* wenden) verweist als Genrebegriff darauf, dass eine drohende oder tatsächliche Wendung zum Niedergang handlungsbestimmend ist. Die Katastrophe kann dabei durch Menschen oder die Natur verursacht sein und sich auf reale, erfundene oder auch zukünftige Ereignisse beziehen. Sie wird zur Folie, um zu zeigen, wie unterschiedliche Menschen angesichts elementarer Bedrohung reagieren; fast immer gehören dabei einzelne Heldenfiguren, die in der gefährlichen Situation über sich selbst hinauswachsen und sich aufopferungsvoll für andere einsetzen, zum Repertoire der Filmgattung. Übergänge zum ➜ Endzeitfilm können fließend sein.

Konfliktethik ist eine Steigerung der ➜ Entscheidungsethik. Sie umfasst Fälle, in denen existenzielle, d. h. das eigene Leben bzw. das Leben anderer tangierende Entscheidungen zu treffen sind. Häufig liegen auf dieser Ebene ➜ Dilemma-Situationen vor, in denen keine vollständig befriedigende Lösung möglich ist.

kontingent ist etwas, das unvorhersehbar, unplanbar und nicht beeinflussbar in das Leben eingreift – dem Menschen also widerfährt. Auch wenn der Begriff »Kontingenz« im Laufe seiner Begriffsgeschichte immer wieder gleichgesetzt wurde mit dem Begriff des »Zufalls«, ist dieser doch von jenem zu unterscheiden. Philosophiegeschichtlich impliziert der Begriff der »Kontingenz« noch radikaler als der des »Zufalls«, bei dem bei vielen (noch) eine Vorstellung der Vorsehung oder der Fügung mitschwingt, dass es Faktoren im Leben gibt, die in dieses eingreifen, ohne einen »Sinn« zu haben.

M **Mekhilta** bezeichnet einen Talmudkommentar zum 2. Buch Mose. Als Redakteur gilt Rabbi Jischmael ben Elischa.

Menschenrechte sind die unveräußerlichen Rechte, die jedem Menschen von Natur aus (Naturrecht), einfach dadurch, dass er ein Mensch ist, zukommen, z. B. das Recht auf Leben und Unversehrtheit, Glaubens- und Gewissensfreiheit, Gleichheit, Eigentum, Widerstand gegen Unterdrückung, Freizügigkeit, Versammlungsfreiheit, freie Wahlen, Erwerbsmöglichkeit und gerechten Lohn sowie auf Bildung. Sie sind den staatlichen Rechten vorgeordnet. Wichtige Meilensteine in der Entwicklung der Menschenrechte sind: die amerikanische Unabhängigkeitserklärung mit den Virginia Bill of Rights, dem ältesten Menschenrechtskatalog (1776), die französische Erklärung der Menschen- und Bürgerrechte (1789), die Verabschiedung der Allgemeinen Erklärung der Menschenrechte durch die Vollversammlung der Vereinten Nationen (1948) und die Unterzeichnung der europäischen Menschenrechtskonvention (1950), für deren Einhaltung der europäische Gerichtshof für Menschenrechte eingerichtet wurde. Umstritten ist, inwieweit sie auf religiöse Vorstellungen zurückgehen. Auf der einen Seite gelten sie unabhängig von jeder verfassten Religion, auf der anderen Seite ist zu fragen, ob eine unverfügbare Menschenwürde unabhängig von Religion begründet werden kann. In jedem Fall stehen die Menschenrechte einem christlichen Menschenbild und christlicher Ethik (z. B. dem Dekalog) inhaltlich nahe.

Monolatrie (auch Henotheismus): Verehrung eines einzigen Gottes, ohne dass aber die Existenz anderer Gottheiten geleugnet wird. In der alttestamentlichen Religionsgeschichte lässt sich eine Entwicklung von der Verehrung verschiedener Gottheiten über Monolatrie bis hin zum Monotheismus ablesen.

Moral (von lat. *mos, mores*: Sitte) bezeichnet die sittlichen Regeln und Verhaltensweisen, die in einer Gemeinschaft als verbindlich gelten und deren Nichtbeachtung sanktioniert wird. Jede Moral ist historisch bedingt, d. h. zu einem bestimmten Zeitpunkt in einer bestimmten Situation entstanden, und hat insofern stets nur begrenzte Gültigkeit. Innerhalb einer Gemeinschaft können auch unterschiedliche, ggf. miteinander konkurrierende Moralsysteme existieren.

N **Nahrungsmittelspekulation:** Nahrungsmittel werden auf dem Finanzmarkt nicht nur direkt gekauft und verkauft, sondern auch auf dem sogenannten Terminmarkt gehandelt. Ein Erzeuger bietet dort seine Ernte des nächsten Jahres an, ohne genau zu wissen, was diese wert sein wird. Zwischenhändler, die sog. Hedger (engl. *hedge:* absichern), sichern den Erzeuger gegen Preisschwankungen ab, indem sie die Verluste übernehmen, sollte der Preis für das Nahrungsmittel sinken. Doch sie streichen auch die Gewinne ein, sollte der Preis steigen. Zu den Hedgern gesellen sich weitere Spekulanten, die versuchen, die Preise zur Profitmaximierung in die Höhe zu treiben. Dadurch werden Nahrungsmittel immer mehr von einem Nutzwert zur Geldanlage.

narrative Ethik betont die »lebensweltliche und lebensgeschichtliche Einbettung menschlichen Urteilens und Handelns in den Zusammenhang identitätsstiftender und -vermittelnder Geschichten« (M. Hofheinz) und konzentriert sich deshalb nicht auf die Frage der normativen Ethik, was man tun soll, sondern untersucht, wie bestimmte eigene und fremde Erzählungen unser Handeln und Urteilen prägen und inwieweit sie dies besser können als allgemeine Handlungsnormen. Als christliche Ethik »erkennt narrative Ethik die Notwendigkeit an, sich in kritische Distanz zu den verschiedenen Erzählungen zu begeben und sie zu jener ›story‹ Gottes in Beziehung zu setzen, die die Lebensweise von Christenmenschen prägt und formt.« (ders.)

P **Pentateuch** (altgrich. *penta:* fünf und *teuchos:* Gefäß) ist begrifflich abgeleitet von den tönernen Krügen, in denen Schriftrollen aufbewahrt wurden, und meint die fünf Bücher Mose. Die jüdische Tradition bezeichnet diese als *Tora* (im engeren Sinne), als *Weisung* Gottes für sein Volk Israel. Dazu gehören nicht allein die Rechtssätze aus den Büchern Exodus bis Deuteronomium, sondern auch die erzählenden

Lexikon

Passagen. Die griechisch-lateinischen Bezeichnungen geben Aufschluss über den Inhalt der Bücher: *Genesis* (»Ursprung«), *Exodus* (»Auszug [aus Ägypten]«), *Levitikus* (»priesterliche Gesetzgebung«), *Numeri* (»Zählungen [der Israeliten]«) und *Deuteronomium* (»zweites Gesetz«). Die genaue Entstehung des Pentateuchs ist in der Forschung bis heute umstritten.

Plagiat: Diebstahl geistigen Eigentums, z. B. Übernahme fremder Texte, Bilder oder Ideen, ohne sie als solche kenntlich zu machen. In wissenschaftlichen Qualifikationsarbeiten verstoßen solche Übernahmen gegen die Prüfungsordnungen; bei Veröffentlichungen kann das Urheberrecht betroffen sein.

politische Theologie möchte zeigen, dass christlicher Glaube und christliche Theologie auch eine politische Dimension haben (müssen). Impulse aus dem Evangelium sollen weiter reichen als bis zur Ausgestaltung privater Frömmigkeitspraxis: hinein in die ökonomischen, gesellschaftlichen und auch kirchlichen Strukturen. Ende der 1960er-Jahre brachte der katholische Theologe Johann Baptist Metz diesen Begriff in die Diskussion ein, der sowohl in der katholischen als auch in der evangelischen Theologie aufgegriffen wurde. Betont wird in der politischen Theologie, dass christlicher Glaube eine kritische und subversive Kraft hat, die es politisch zu nutzen gelte – und zwar nicht im Sinne einer bestimmten Parteipolitik, sondern um Hoffnungsperspektiven für die Menschen zu eröffnen, auf deren Seite Jesus stand.

Postapokalypsefilm: Spielfilm, bei dem die Ereignisse nach einer apokalyptischen Katastrophe dargestellt werden; dabei können durchaus diese selbst und die Geschehnisse im Vorfeld dieser Katastrophe einen größeren Teil der Handlung ausmachen. Betroffen von der Katastrophe sind entweder die Welt oder v. a. die Menschheit bzw. die Zivilisation insgesamt oder zumindest relevante Teile von ihr. Häufig hat die dargestellte Katastrophe eine »reinigende« (katharische) Funktion im Hinblick auf die Überlebenden. Postapokalypsefilme spielen mit der Notwendigkeit und der Möglichkeit, die Menschheit bzw. die Zivilisation

»neu« anfangen zu lassen. Interessant ist dabei nicht zuletzt, wie die Überlebenden sich neu organisieren und welche Gruppen- bzw. Gesellschaftsstrukturen dabei entstehen und was ein Leben in einer zerstörten Welt als lebenswert erscheinen lässt.

Römerbrief: Den Brief an die (ihm persönlich nicht bekannte) Gemeinde aus Juden- und Heidenchristen in Rom schrieb Paulus 👤 vermutlich vor seiner letzten Reise nach Jerusalem. Von all den Paulusbriefen hat dieser die protestantische Theologie wegen der darin behandelten zentralen Glaubensthemen besonders geprägt. Luther gewann in Auseinandersetzung mit dem Römerbrief seine Einsicht über die Rechtfertigung des Sünders allein aus Glauben; ferner denkt Paulus hier z. B. über Taufe und neues Leben nach (Röm 6), über die Freiheit der Kinder Gottes und das Leben im Geist (7 f.), über das Verhältnis von Juden und Christen (9–11) und über das Verhältnis der Christen zur staatlichen Obrigkeit (13).

Ruanda, in Ostafrika gelegen, gehört zu den ärmsten Ländern Afrikas. 1994 kam es dort zu einem blutigen Völkermord, bei dem ca. 800 000 Menschen starben. Angehörige der Hutu-Bevölkerung töteten etwa drei Viertel der in Ruanda lebenden Tutsi-Minderheit sowie gemäßigte Hutu. Auch die Nachbarländer bekamen die Auswirkungen der Gewalttaten zu spüren. Mehr als zwei Millionen Flüchtlinge suchten v. a. in der Demokratischen Republik Kongo Schutz. Dort organisierten sich jedoch auch die Hutumilizen neu und kämpfen bis heute gegen die Tutsi-Rebellen. Bei diesen Auseinandersetzungen geht es auch um die Kontrolle der Bergbaugebiete in der kongolesischen Provinz Kivu, wo Coltan (ein Rohstoff, der z. B. auch bei der Herstellung von Handys eine wichtige Rolle spielt) abgebaut wird.

Sakramente sind gottesdienstliche Handlungen, die auf eine ausdrückliche Einsetzung durch Jesus Christus zurückgehen und mit einem sichtbaren Zeichen verbunden sind. Durch sie empfangen die Menschen – nach lutherischer Lehre – die göttliche Gnade. Von reformierter Seite werden die Sakramente dagegen als Vergewisserungszeichen für den Glauben gesehen – sie machen eine geistliche Wirklichkeit anschaulich, bewirken sie jedoch nicht. Während die römisch-katholische Kirche sieben Sakramente kennt (Taufe, Bußsakrament, Eucharistie, Firmung, Ehe, Sakrament der Weihe, Krankensalbung), gelten in den evangelischen Kirchen nur Taufe und Abendmahl als Sakrament, da sie von Christus selbst eingesetzt wurden. Die Beichte zählte Martin Luther wegen des Einsetzungs- und Verheißungsworts Jesu (Joh 20,22 f.) zunächst zu den Sakramenten, ihr fehlt aber das sichtbare Zeichen.

säkular / säkularisiert (lat.: weltlich, profan – im Unterschied zu »geistlich«): historisch bezeichnet man mit Säkularisierung die Aneignung kirchlicher Güter durch den Staat; gegenwärtig beschreibt man mit Säkularisierung einen Prozess zunehmender Entkirchlichung. Ob damit auch ein Rückgang der Religion einhergeht, ist umstritten. Viele Theologen und Religionswissenschaftler sprechen eher von einem Religionswandel bzw. einer veränderten Religiosität, die auch außerhalb der Kirche in vielfältigen Phänomenen sichtbar wird.

Schritte ethischer Urteilsfindung: Das Modell des Theologen H. E. Tödt schlägt folgende »Schritte ethischer Urteilsfindung« vor: *Problemfeststellung* (Worin genau besteht das Problem? Inwiefern betrifft es mich? Warum fordert es ein ethisches Urteil?), *Situationsanalyse* (In welchem – politischen, gesellschaftlichen, persönlichen etc. – Zusammenhang liegt das Problem vor? Welche Situation ergibt sich daraus?), *Erörtern von Verhaltensalternativen* (Welche alternativen Handlungsmöglichkeiten bestehen? Welche Folgen sind jeweils zu erwarten?), *Normenprüfung* (Welche der vorgegebenen Normen sind für das Problem relevant? Welche Normen sollen für das Problem als verbindlich gelten?), *Urteilsentscheid* (Welche der Handlungsalternativen entspricht den als gültig erachteten Normen am ehesten?), *rückblickende Kontrolle* (Erscheint im Rückblick die getroffene Entscheidung ethisch als angemessen?).

Schwärmer werden – nicht zuletzt von Martin Luther – die Anhänger des Flügels der Reformation genannt, der in der Tradition christlicher Mystik von einem unmittelbaren Wirken des Heiligen Geistes in den Menschen ausgeht und die reformatorische Freiheit auch gesellschaftspolitisch umsetzen will. Besonders bekannt ist Thomas Müntzer, der es, anders als Luther, in den Bauernkriegen für legitim hielt, mit revolutionärer Gewalt gegen soziale Missstände anzukämpfen und versuchte, hierfür die Massen zu mobilisieren.

Shareholder-Value meint den Vermögenswert (engl. *value*), der sich aus dem Kurswert der Anteile (Aktien) eines Unternehmens und der Anzahl der Wertpapiere für einen Anteilseigner (engl. *shareholder*) ergibt. Eine Unternehmenspolitik, die auf diesem Prinzip basiert, versucht somit den eigenen Marktwert durch eine Erhöhung des Kurswertes der Aktien zu steigern, wobei dies eine sehr langfristig oder auch nur kurzfristig angelegte Zielsetzung sein kann. Kritiker werfen diesem Konzept u. a. vor, dass bei Entscheidungen eines Unternehmens der gesamte sozialökonomische Kontext (von der Umwelt bis hin zu allen Anspruchs- und Interessensgruppen, die sog. Stakeholder) in ausgewogener und fairer Weise einbezogen werden muss.

Sozialvertrag oder Gesellschaftsvertrag ist eine Art Gedankenexperiment, wonach jedermann im Staat diesem freiwillig Macht übertragen hat, damit dieser die Handlungsfähigkeit und Freiheit seiner Bürgerinnen und Bürger gewährleisten kann.

Sprechakttheorie beschäftigt sich mit der Frage, wie Menschen durch Sprache handeln. Dabei wird zwischen verschiedenen Arten von Sprechakten unterschieden, die sich gleichzeitig in einer Sprechhandlung vollziehen. Bspw. wird durch Laute etwas über etwas außerhalb der Sprache Liegendes ausgesagt, womit i. d. R. bestimmte Absichten verbunden sind. Zugleich wird explizit oder implizit mitgeteilt, welche kommunikative Funktion der Sprechakt hat: Soll z. B. etwas behauptet oder festgestellt werden oder wird gewarnt? Dass mit dem Sprechen auch etwas direkt »bewirkt« wird, wird in bestimmten Fällen besonders deutlich: Durch Sprache »vollzieht« sich etwas (engl. *to perform*), wie z. B. das Ja-Wort bei der

Lexikon

Eheschließung und im religiösen Bereich das Taufen und das Segnen. Man spricht dann von performativen Äußerungen bzw. Sprechakten.

status confessionis meint, dass es hier um entscheidende Fragen geht, bei denen der eigene Glaube auf dem Spiel steht, also einen Bekenntnisnotstand.

Theokratie: Ein auf der Theokratie (griech. *theos:* Gott, *krateia:* Herrschaft) basierender Staat wird auch als Gottesstaat bezeichnet. Die Theokratie ist eine Herrschaftsform, bei der die Staatsgewalt religiös legitimiert wird bzw. von Personen ausgeübt wird, welche die Gottheit selbst zu vertreten meinen.

Tragik: Nach Aristoteles 👤 ist ein Schicksal bzw. ein Ereignis »tragisch«, das Furcht, Erschütterung, Entsetzen und zugleich Mitgefühl hervorruft. Ein Geschehen wird dann als »tragisch« (und nicht etwa z. B. als traurig, unglücklich o. ä.) bezeichnet, wenn es ausweglos ist, wenn die betroffene Person bewusst leidet und wenn sie unvermeidbar, unverdient in Schuld gerät. Schon in der vorsokratischen griechischen Philosophie wird die Tragik der Existenz im puren Dasein des Menschen begründet, durch das er andere verdrängt.

transzendent: (lat.) jenseitig, die sinnlichen Erfahrungen sowie die Grenzen menschlicher Vernunft und menschlichen Bewusstseins übersteigend.

Über-Ich: Sigmund Freud 👤 beschreibt drei Instanzen der Psyche: das Es (die Triebe), das Ich (die zwischen Es, Über-Ich und Außenwelt vermittelnde Instanz, das bewusste Denken, das Selbstbewusstsein) und das Über-Ich, das die aus der Außenwelt, v. a. über die Eltern, internalisierten Normen und Werte beinhaltet. Das Über-Ich kontrolliert die Triebe und wird oft mit dem »Gewissen« verglichen.

ultima ratio (lat. *ultimus:* der Letzte, der Äußerste, *ratio:* Vernunft, Überlegung) bezeichnet das letzte, äußerste Mittel in einem Interessenskonflikt, wenn zuvor alle sonstigen Mittel ausgeschöpft oder verworfen wurden.

Weiße Rose: 1942 gegründete Widerstandsbewegung zur Zeit des Nationalsozialismus, deren Hauptvertreter die beiden Geschwister Hans und Sophie Scholl sowie deren Kommilitonen Christoph Probst, Willi Graf und Alexander Schmorell, außerdem der Universitätsprofessor Kurt Huber waren. Im Februar 1943 wurden die Geschwister Scholl bei der Verteilung von Flugblättern in der Münchner Universität verhaftet. Sie wurden nach langen Verhören am 22. Februar 1943 hingerichtet. Auch Kurt Huber, Willi Graf und Alexander Schmorell wurden zum Tode verurteilt und enthauptet.

Wormser Edikt: Der Begriff bezeichnet den Erlass Karls V. vom 8. Mai 1521, in dem über Martin Luther die Reichsacht (ahd. *ahta:* Verfolgung, Ächtung) verhängt wurde. Damit konnte Luther von jedermann an Rom ausgeliefert werden. Das Edikt schloss das Verbot der Lektüre und Verbreitung seiner Schriften ein. Es erfolgte nach Luthers Weigerung, seine Ansichten auf dem Reichstag zu Worms zu widerrufen.

Zählweisen der Zehn Gebote: Je nachdem, ob man das Bilderverbot als eigenständiges Gebot auffasst (wie in der reformierten, griechisch-orthodoxen und anglikanischen Tradition) oder nicht (wie in der lutherischen und katholischen Tradition, wo es fehlt), ergibt sich eine um eins verschobene Zählweise. Um die Zehn-Zahl zu bewahren, werden die beiden Begehrensverbote als zehntes Gebot zusammengefasst bzw. als neuntes und zehntes Gebot auseinandergenommen. Im Judentum zählt bereits die Präambel (2 Mose 20,2) als erstes Gebot, während das Verbot des Fremdkultes und das Bilderverbot das zweite Gebot umfassen.

Zwei-Reiche-Lehre: gängiger, wenn auch nicht ganz präziser Ausdruck für Luthers Denkmodell der zwei Regimente / Regierweisen Gottes (S. 83). Dieses wurde im 19. und 20. Jahrhundert z. T. so interpretiert, dass sich die Kirche aus staatlichen Angelegenheiten entweder herauszuhalten oder sich umgekehrt zum Erfüllungsgehilfen des Staats zu machen habe, da dieser von Gott legitimiert sei.

Das Personenverzeichnis beschränkt sich auf diejenigen Personen und biographischen Daten, die für die Arbeit mit den Texten im Buch notwendig bzw. hilfreich sind.

A **Arendt, Hannah** (*1906 bei Hannover, †1975 in New York), war eine jüdische deutsch-amerikanische politische Theoretikerin, Dozentin für Philosophie und Publizistin. Nach ihrer Emigration aus Nazideutschland erhielt sie 1951 die US-amerikanische Staatsbürgerschaft. Sie veröffentlichte zahlreiche philosophische und politikwissenschaftliche Werke; besonders bekannt und umstritten sind ihre Aufzeichnungen anlässlich des Prozesses gegen Eichmann 👤 1961 (»Eichmann in Jerusalem«), an dem sie als Berichterstatterin teilnahm. Hier bildete sie ihre Theorie von der »Banalität des Bösen«.

Aristoteles (*384 v. Chr., †322) gilt neben Sokrates und Platon als bedeutendster Philosoph der griechischen Antike und als Begründer der abendländischen Wissenschaft. Er beschäftigte sich u.a. mit Fragen der Ethik, der Politik, der Logik, der Dichtung, der Naturwissenschaft sowie der Metaphysik und war Erzieher von Alexander dem Großen. In einem seiner Hauptwerke, der Nikomachischen Ethik, vertritt er die Sicht, dass das Ziel des Menschen Eudämonia, d. h. ein glückliches, gelingendes bzw. erfülltes Leben, sei (→ Eudämonismus). Dieses ist nach Aristoteles möglich, wenn der Mensch seiner Wesensbestimmung gemäß lebt, also als Vernunfts- und Gemeinschaftswesen. Deshalb muss er seine Verstandestugenden und ethischen Tugenden dauerhaft ausbilden und gebrauchen.

Armstrong, Lance, *1971, ist ein US-amerikanischer Profirennfahrer; aufgrund von Dopingverfahren wurden ihm 2012 alle Titel seit 1998 entzogen; 2013 gab er in einem Fernsehinterview bei Oprah Winfrey 👤 erstmals den Dopingmissbrauch öffentlich zu. Bis dahin war er gegen Zeugen, die ihn des Dopings bezichtigt hatten, schonungslos juristisch und medial vorgegangen.

B **Bandura Albert,** *1925, ist ein bekannter kanadischer Psychologe, der (in Ergänzung zur behavioristischen Lerntheorie) v. a. über das Nachahmungslernen / Lernen am Vorbild geforscht hat.

Barth, Karl (*1886, †1968), war ein Schweizer evangelisch-reformierter Theologe. Als Vertreter der »dialektischen Theologie« betonte er die grundlegende Differenz zwischen Gott und Mensch und machte den Glauben an Jesus Christus kritisch gegen Kultur, Staat und auch gegen »Religion« geltend. Er war Hauptverfasser der → Barmer Theologischen Erklärung (1934) und Mitbegründer der Bekennenden Kirche.

Bonhoeffer, Dietrich (*4. Februar 1906; †9. April 1945), war ein evangelischer Theologe, der sich zur Zeit des Nationalsozialismus aktiv am Widerstand gegen Adolf Hitler und dessen Diktatur beteiligte. Am 5. April 1943 wurde er deshalb verhaftet und kurz vor Kriegsende im Konzentrationslager Flossenbürg hingerichtet. Viele Menschen kennen sein Gedicht »Von guten Mächten wunderbar geborgen«, das er im Gefängnis für seine Verlobte schrieb. Eines seiner bedeutendsten Werke ist die »Ethik«, 1939 begonnen und mit seinem Tod abgebrochen.

D **Darwin, Charles** (*1809, †1882), gilt als zentraler Wegbereiter der Evolutionstheorie als einer der bedeutendsten Naturwissenschaftler. In Bezug auf die menschliche → Moral vertrat der englische Naturforscher die Ansicht, dass sich diese aus den sozialen Instinkten der Tiere entwickelt und im Laufe der Geschichte verfeinert habe. So sei z.B. die Mutterliebe eine Fortentwicklung des Brutpflegeinstinkts oder das soziale Verhalten in einer Gruppe eine Fortentwicklung des Rudelverhaltens. Im Unterschied zum Tier entwickele der Mensch die angeborenen sozialen Instinkte allerdings durch Lernerfahrungen (Rückmeldungen von anderen) weiter.

Dollard, John (*1900, †1980), US-amerikanischer Soziologe und Psychoanalytiker, formulierte zusammen mit Neal E. Miller die Hypothese, dass Aggression aus Frustration erwächst. Damit macht er letztlich Faktoren außerhalb des Menschen verantwortlich, die in diesem Frustrationsgefühle wecken.

Personenverzeichnis

E **Eichmann, Adolf Otto** (* 1906, † 1962), SS-Obersturmbannführer, in der NS-Zeit verantwortlich für die Organisation der Vertreibung und Deportation der Juden. 1960 wurde er von Agenten des israelischen Geheimdienstes in Argentinien aufgespürt und entführt und danach in Israel in einem weltweit beachteten Prozess vor Gericht gestellt, zum Tode verurteilt und hingerichtet.

F **Fried, Erich** (* 1921, † 1988), war Lyriker, Übersetzer und Essayist. In Wien aufgewachsen, emigrierte er als Jude nach dem deutschen Einmarsch nach London. In der Nachkriegszeit war er ein Hauptvertreter der politischen Lyrik in Deutschland und engagierte sich in Publikationen und Vorträgen zu aktuellen politischen Themen. Nach dem Sechstagekrieg 1967 und der Besetzung der palästinensischen Gebiete bezog er auch zunehmend scharf Stellung gegen die Politik Israels.

Freud, Sigmund (* 1856, † 1939), war als Neurologe, Tiefenpsychologe, Kulturtheoretiker v. a. in Wien tätig; bekannt wurde er vor allem durch seine Studien zum Unbewussten und als Begründer der Psychoanalyse. Wichtig für den theologischen Diskurs sind auch seine religionskritischen Schriften.

G **Gauck, Joachim** (* 1940) war evangelischer Pfarrer in Mecklenburg-Vorpommern. Nicht zuletzt aufgrund seines politischen Engagements im Neuen Forum Rostock wurde er von 1991 bis 2000 zum Leiter der für die Unterlagen des Staatssicherheitsdienstes der ehemaligen DDR (Stasi) zuständigen Behörde ernannt. 2012 wurde Gauck, der keiner Partei angehört, zum Präsidenten der Bundesrepublik Deutschland gewählt.

Gersdorff, Rudolf-Christoph Freiherr von (*1905, † 1980), war als deutscher Offizier am aktiven Widerstand von Wehrmachtsoffizieren gegen Adolf Hitler beteiligt. Sein geplantes Selbstmordattentat am 21. März 43 misslang; obwohl er auch das Attentat vom 20. Juli 44 unterstützte, wurde er nicht festgenommen und überlebte den Zweiten Weltkrieg.

Gilligan, Carol (* 1936), ist eine US-amerikanische Psychologin und ehemalige Mitarbeiterin Lawrence Kohlbergs. In ihrer Arbeit auf dem Gebiet der Entwicklungspsychologie wendet sie sich gegen ihren ehemaligen Lehrer und Mentor. Ihres Erachtens sind moralische Urteile von Frauen stärker von sozialen Bezügen her geprägt, während Männer sich eher an abstrakten Rechten und Pflichten ausrichteten. Während dies nach Kohlbergs Stufenschema zu einer unterschiedlichen Stufung führt, sieht Gilligan beide Begründungsarten als gleichwertig an.

Guttenberg, Karl Theodor von und zu (* 1971), CSU-Politiker, war seit 2009 Bundesminister zunächst für Wirtschaft und Technologie, dann für Verteidigung; 2011 trat er aufgrund einer → Plagiatsaffäre zurück.

H **Habermas, Jürgen** (* 1929 in Düsseldorf), ist einer der meistgelesenen Philosophen und Soziologen der Gegenwart. Durch sein kritisches Nachdenken über die Theorie der (post)modernen Gesellschaft und die Probleme, denen die Menschen in der Postmoderne gegenüberstehen, gab und gibt er wichtige Impulse für die Gegenwart, wie z. B. durch seine Vision eines »herrschaftsfreien Diskurses«. Sein Denken zielt einer Selbstaussage nach auf eine »Versöhnung der mit sich selber zerfallenden Moderne« ab, so dass mithilfe der Vernunft eine Grundlage für das friedliche Zusammenleben verschiedener Kulturen gefunden und das Projekt der Aufklärung sinnvoll fortgeführt werden kann. Er bezog zu allen großen gesellschaftspolitischen Kontroversen der Bundesrepublik Stellung.

Heraklit (ca. 520–460 v. Chr.) war ein vorsokratischer Philosoph aus Ephesus. Er sah hinter allen Dingen, die sich in spannungsvollen Gegensätzen realisieren und sich stets in Veränderung und im Fluss befinden (griech: *panta rhei*), ein einheitliches vernünftiges Weltprinzip (Logos) wirksam.

Hobbes, Thomas (* 1588, † 1679), englischer Philosoph, Staatstheoretiker und Mathematiker, verfasste in seinem bekanntesten Werk »Leviathan« (benannt nach dem biblischen Meerungeheuer) eine theoretische Begründung des Absolutismus; angesichts des unsicheren Naturzustands der Menschen, deren Zusammenleben durch Egoismus, Gewalt und den Kampf aller gegen alle charakterisiert ist, sieht er die Notwendigkeit der Übertragung aller Macht auf den Souverän.

Honecker, Martin (* 1934), ist ein deutscher Theologe. Er war bis 1999 Professor für Systematische Theologie und Sozialethik an der Universität Bonn.

J

Jonas, Hans (* 1903, † 1993) war ein bedeutender deutscher Philosoph und Ethiker. Sein Hauptwerk *»Das Prinzip Verantwortung – Versuch einer Ethik für die technologische Zivilisation«* (1979) wurde zu einem der meistgelesenen und einflussreichsten Ethikbücher der Nachkriegszeit. Angesichts einer drohenden Selbstvernichtung der Menschheit durch neue Technologien, die z. B. zu einem Atomkrieg oder zu einer ökologischen Katastrophe führen können, fordert er eine »Fern-Ethik«, die den Blick nicht nur auf die Gegenwart, sondern in die Zukunft wendet und dem Einzelnen Verantwortung für mögliche negative Folgen z. B. auch in entfernten Regionen der Erde sowie für zukünftige Generationen zuweist. Dies wird auch in seiner Formulierung des kategorischen Imperativs (S. 66) deutlich. Dabei setzt seine Verantwortungsethik weniger auf die reine Einsicht der Vernunft als auf Gefühle, wie die Furcht vor einer drohenden Vernichtung und die Sorge ums Überleben. Da sein Imperativ v. a. solche Handlungssituationen umfasst, in denen die Überlebenschancen der Menschheit auf dem Spiel stehen, sieht er seine Ethik als eine Ergänzung zur bisherigen Ethik.

K

Käßmann, Margot (*1958), Pfarrerin, Autorin zahlreicher theologischer Bücher. Sie war Landesbischöfin der Evangelisch-Lutherischen Landeskirche Hannovers (1999–2010) und Ratsvorsitzende der ➜ EKD (2009–2010), bis sie 2010 wegen einer Trunkenheitsfahrt zurücktrat.

Kant, Immanuel (* 1724, † 1804), deutscher Philosoph, gilt als einer der bedeutendsten Philosophen der Neuzeit. Sein Denken stellt einen Wendepunkt der Philosophiegeschichte dar. Er hat sich u. a. intensiv mit der Frage nach den Grenzen unserer Erkenntnis (»Was kann ich wissen?«) und mit Fragen der Ethik (»Was soll

ich tun«?) befasst. Daraus erwuchsen die beiden Werke »Kritik der reinen Vernunft« (1781, 1787) und »Kritik der praktischen Vernunft« (1788).

L

Lévinas, Emmanuel (* 1906 in Kaunas / Litauen, † 1995 in Paris), war ein französisch-jüdischer Philosoph und Schriftsteller. Als Professor für Philosophie lehrte er in Nanterre und an der Pariser Sorbonne. Er vertrat – in der Tradition des Judentums stehend – eine »Ethik des Anderen«, die eine bemerkenswerte Sicht auf das biblische Liebesgebot ermöglicht und die in unserer Zeit v. a. im Hinblick auf den Umgang mit Fremden diskutiert wird.

Lorenz, Konrad (* 1903, † 1989), war einer der wichtigsten Vertreter der vergleichenden Verhaltensforschung und der evolutionären Erkenntnistheorie. Seine Haltung in der NS-Zeit war umstritten, doch erhielt er 1973 gemeinsam mit Nikolas Tinbergen und Karl von Frisch den Nobelpreis für Medizin.

M

Marquard, Odo (*1928), deutscher Philosoph. Odo Marquard, der neben Philosophie auch Germanistik und Theologie studierte, ist vor allem durch seine Essays bekannt. In seinen Publikationen hat er sich z. B. mit der Geschichts- und Naturphilosophie des deutschen Idealismus und der Anthropologie auseinandergesetzt. Er versteht den Menschen als »Mängelwesen«, der durch die »Lebenskürze« gar nicht umhin kann, in vielen Aspekten an die Konvention anzuknüpfen.

Moltmann, Jürgen (* 1926), Professor für Evangelische Theologie, zunächst in Wuppertal und Bonn, von 1967 bis 1994 in Tübingen. Beispiele für seine stets auch politisch akzentuierte Theologie sind z. B. die Bücher »Theologie der Hoffnung«, »Der gekreuzigte Gott«, »Trinität und Reich Gottes«.

N

Nietzsche Friedrich (* 1844, † 1900), war ein deutscher Philosoph und Schriftsteller. Als scharfer Kritiker von Religion, ➜ Moral und Philosophie der europäisch-abendländischen Tradition setzte er sich insbesondere mit dem Christentum und seiner »Sklavenmoral« des Mitleids auseinander, gipfelnd in der Aussage: »Gott ist tot«. An seine Stelle sollen der »Übermensch«, die »Umwertung aller Werte«, der »Wille zur Macht« und die »ewige Wiederkehr des Gleichen« treten.

P **Paulus** wurde in Tarsus in der heutigen Türkei geboren. Ursprünglich Zeltmacher studierte er später die jüdische Überlieferung bei seinem Lehrer Gamaliel in Jerusalem und rechnete sich zu den Pharisäern. Im aufkommenden Christentum sah er eine Bedrohung für die alte Ordnung und verfolgte deshalb die Christen. Auf dem Weg nach Damaskus, wo er ebenfalls gegen die Christen vorgehen wollte, hatte er um 33 n. Chr. ein Berufungserlebnis, das sein Leben von Grund auf änderte. Er begann als Apostel auf Missionsreisen zu gehen, um die christliche Botschaft in der griechisch-römischen Welt zu verkünden, und gründete dabei zahlreiche Gemeinden, denen er Briefe schrieb, die im Neuen Testament überliefert sind. Seine Lebensgeschichte ist – legendär übermalt – in der Apostelgeschichte erzählt. Auf einer Reise nach Jerusalem wurde er inhaftiert und nach Rom überführt, wo er möglicherweise etwa 60 n. Chr. den Märtyrertod starb.

R **Rawls, John** (*1921, †2002), US-amerikanischer Philosoph, der vor allem durch seine Gerechtigkeitstheorie bekannt wurde (»Theory of justice«, 1971). Darin entwirft er eine auf vernünftigem Diskurs beruhende sozialpolitische Grundordnung, die auf dem Wert der Gleichheit (Gerechtigkeit als Fairness) beruht. Vorrang hat das Prinzip gleicher Grundfreiheiten für alle; sofern soziale oder wirtschaftliche Ungleichheiten gegeben sind, sind sie so zu gestalten, dass sie allen Vorteile bringen und die betreffenden Ämter allen offen stehen.

Roth, Gerhard (*1942), Biologe und Hirnforscher, lehrte an der Uni Bremen; seine Forschungsergebnisse sind v. a. wegen seiner Aussagen zu Determinismus und Willensfreiheit bekannt und umstritten.

Rousseau, Jean Jaques (*1712 in Genf, †1778 in Paris), war ein Schriftsteller, Philosoph, Naturforscher und Pädagoge der Aufklärungszeit. Seiner Auffassung nach war der Mensch im natürlichen Urzustand frei und gut. Erst durch die Zivilisation, durch Privateigentum und Konkurrenz begann der moralische Niedergang. Die Lösung sieht er in einem freiwilligen Gesellschaftsvertrag, dem die Individuen sich zugunsten des Allgemeinwohls unterordnen → Sozialvertrag.

S **Schorlemmer, Friedrich** (*1944), ist ein deutscher evangelisch-lutherischer Theologe und Bürgerrechtler. Für sein Engagement als DDR-Bürgerrechtler erhielt er 1993 den Friedenspreis des deutschen Buchhandels. Von 1992 bis 2007 war er Studienleiter an der Evangelischen Akademie Wittenberg.

Singer, Peter (* 1946), ist ein australischer Philosoph und Bioethiker; seine Ethik, der ein utilitaristischer Ansatz zugrunde liegt, wird in Deutschland sehr kontrovers diskutiert. Geprägt ist sein ethisches Nachdenken durch das Bestreben, dieses ausschließlich rational zu begründen und sich nicht z. B. auf religiös fundierte Vorstellungen zu beziehen, wie beispielsweise, dass das Leben heilig sei. Für seine Position zu medizinethischen Fragestellungen ist entscheidend, dass nach Singer Rationalität und Selbstbewusstsein Voraussetzungen für das Vorhandensein einer Person sind.

Sutter Rehmann, Luzia (* 1960) arbeitet als Professorin für Neues Testament in der Schweiz. Ihre Forschungsschwerpunkte sind die Sozialgeschichte des Neuen Testaments, das Lukasevangelium, die feministisch-befreiungstheologische Exegese und die Apokalyptik. Luzia Sutter Rehmann hat an der Bibelübersetzung »Die Bibel in gerechter Sprache« mitgearbeitet.

V **Vergil** (Publius Vergilius Maro), ca. 70–19 v. Chr., war ein römischer Dichter. In seinem berühmten Epos »Aeneis« besang er – zum Ruhm des Kaisers Augustus – die Gründungsgeschichte des Römischen Reiches.

W  **Winfrey, Oprah** (* 1954), US-amerikanische Schauspielerin und Talk-Masterin; ihre »Oprah-Winfrey-Show« ist die erfolgreichste Show des amerikanischen Fernsehens.

Z **Zeh, Juli** (* 1974), Schriftstellerin, studierte Jura und Literatur und veröffentlichte zahlreiche Essays, Romane und Erzählungen, z. B. »Adler und Engel«, »Spieltrieb«, »Schilf«, »Nullzeit«.

SACHREGISTER

BILDER UND TEXTE

BILDER

S. 11: Skulpturen/Unikate von Christel Lechner, Witten

S. 12: Shell Jugendstudie 2010

S. 13: Kurt Schwalb, Winterlingen

S. 15, S. 46 r.: akg-images

S. 16 o.l.: Mike Ullery picture alliance/AP Images, Logo »Alle Kids sind VIPs«, Bertelsmann Stiftung, u.l.: TransFair e.V. (Fairtrade Deutschland), o.r.: IG Metall Vorstand, Frankfurt am Main, M.r.: © T. Michel/Fotolia.com u.r. Schiedsrichter: © leremy/Fotolia.com, Ball: © mumindurmaz35/ Fotolia.com

S. 18 Spielfigur: © gradt/Fotolia.com, Spiegel: © tournee/Fotolia.com

S. 20 o., 47 o., 98 u.r.: edition chrismon

S. 20 u.: Rannenberg & Friends, Hamburg

S. 21: © Pac/Dreamstime.com

S. 22: © moonrun/Fotolia.com

S. 23: Der Stuhl wurde in der Malschule Hammerhof erstellt. Die Künstler Rose-Marie Rychner und Albrecht Kunkel assistierten den Künstlern mit Behinderung Hugo Ambrosi, Regina Berta und Karl-Heinz Henn.

S. 24: Wally Santana/picture alliance/AP Images

S. 25 o: Paul Chiasson/ AP Photo/The Canadian Press, u.: Rob Lewine/gettyimages,

S. 25 M., S. 60: Deutscher Verkehrssicherheitsrat (DVR), Bonn

S. 26 o.: Le Jeu De La Mort/Christophe Nick/France2, u.: Philip G. Zimbardo, San Francisco

S. 27 o.: Erstes Deutsches Fernsehen, u.: Thomas Kunz, Freiburg

S. 28: ddp images/Oliver Lang

S. 29: © stephi/Fotolia.com

S. 31: László Hegedűs, Kain und Abel, 1899. Museum of Fine Arts – Hungarian National Gallery, Budapest

S.32: akg-images André Held

S. 33: Siegfried Zademack, Bremen

S. 34 o.l.: akg-images/Erich Lessing, u.l.: © Malena und Philipp K/Fotolia.com, r.: Paolo Calleri, Ulm

S. 35 o.: © Beatricekillam/Dreamstime.com, u.: www.hans-im-glueck.de

S. 37 Gemälde: Roger Payne, Legends of Ancient Greece: The Fatal Reflection/Private Collection/ © Look and Learn/The Bridgeman Art Library, Collage: Miriam Migliazzi, Gärtringen, DIE ZEIT

S. 38 o.: SZ Photo/United Archives, u.: Christian Moser, Monster des Alltags. © Carlsen Verlag GmbH, Hamburg 2007

S. 39: © arsela/iStockphoto

S. 40: akg-images/Album

S. 41 o.: akg-images/Jürgen Raible, u.: George (Jürgen) Wittenstein/akg

S. 42: Michael Kappeler/picture alliance/dpa/dpaweb

S. 43: Giuseppe Di Giandomenico, Heilbronn

S. 44: Antoni Tàpies i Puig, Petjades © Fondation Antoni Tàpies, Barcelona/© VG Bild-Kunst, Bonn 2014

S. 45 Nase: © ernstthermann/Fotolia.com, Fotomontage: www.luther2017.de/fr/node/1127

S. 46 l.: © NFP*

S. 47 u.: Katholische Militärseelsorge

S. 48: Handout/gettyimages

S. 50 o.l.: Hemera Technologies/Photos.com, u.l.: © Opidanus/Fotolia.com

S. 51 o.r.: Julian Stratenschulte/dpa, u.r.: © rupbilder/Fotolia.com

S. 50/51: Britta van Hoorn, Hamburg

S. 53: Dilemma/Hosted Games

S. 55: Bayerisches Staatsministerium für Bildung und Kultus, Wissenschaft und Kunst

S. 56: Andreas Gebert/dpa

S. 59 r.: Arnold Lohaus, Marc Vierhaus, Asja Maass, Entwicklungspsychologie des Kindes- und Jugendalters, S. 214. Springer Verlag, Heidelberg

S. 61: Renata Sedmakova/shutterstock

S. 62 r.: Coverartwork nach: Ortwin Ennigkeit/Barbara Höhn, Um Leben und Tod. Wie weit darf man gehen, um das Leben eines Kindes zu retten?, erschienen im Wilhelm Heyne Verlag, München, in der Verlagsgruppe Random House GmbH

S. 64: Upps! Die Pannenshow/Präsentiert von Dennis Klose, SUPER RTL, Köln

S. 66: © kamisoka/iStockphoto

S. 67 o.: © Jan Derksen, Essen

S. 68: ddp images/Torsten Silz/dapd

S. 70: Renate Storz, Böblingen

S. 71 o.: © monropic/Fotolia.com, M.: © Yuri/ iStockphoto, u.: Fuse/gettyimages

S. 72: TM, * & Copyright © 2013 by Paramount Pictures. All rights reserved

S. 73: Thomas Plaßmann, Essen

S. 74: © Bibliothèque Mazarine

S. 76 o.l.: Marc Chagall, Moses, © VG Bild-Kunst, Bonn 2014, Foto: epa Jim Hollander/ EPA-POOL, M.l.: Wikipedia/Jürgen Howaldt, u.l.: Roland Halbe, u.r.: Wikipedia/Maximilian Dörrbecker, o.r.: Daniela Rossell, Untitled (Serie: Ricas y famosas, 1998–2002) Greene Naftali Gallery

S. 77 o.: Creative Kirche im Evangelischen Kirchenkreis Hattingen-Witten gemeinnützige GmbH, Witten, M.l.: Herder Verlag, Freiburg, SPIEGEL Titelbild 16/2006, u.: EKD, Hannover

S. 78: Axel Heimken/dpa

S. 79: Günther Uecker: Dialog. © VG Bild-Kunst, Bonn 2014, Sammlung Maximilian und Agathe Weishaupt

S. 80: © marqs Photocase Addicts GmbH, Berlin

S. 81: Sassnitzer-Kogge/Jörg Fritsch

S. 82: Wikipedia/Entwurf: Fiedler nach Idee von Köhler

S. 84: © Deutsches Historisches Museum, Berlin/A. Psille

S. 85: Wikipedia/Graphics by Schmitz

S. 86: Lothar G. Kopp, Berlin

S. 87: BI »Etz langt's!« e.V., Ansbach

S. 89: Institut der deutschen Wirtschaft Köln, e.V.

S. 91: Frank Speth, Quickborn

S. 93 o., u. M.: Kirchenamt der EKD, Hannover, u.: Publik-Forum Verlagsgesellschaft mbH, Oberursel

S. 94: Gestaltung: Gute Botschafter/Brot für die Welt

S. 96 o.l.: © CEDON GmbH, München, u.l.: © by-studio/Fotolia.com, M.: © landover01/ Fotolia.com, o.r.: sheepworldAG, Ursensollen, u.r.: Alkestida/ Dreamstime/Dreamstime.com

S. 97: Ute Werner, Saarbrücken

S. 98 o.l.: Bastei Lübbe Verlag, Köln, u.l. aus: Die große goldene Liederfibel von Heribert und Johannes Grüger. © S. Fischer Verlag GmbH, Frankfurt am Main, 2013

S. 99: Aquarell: Bernadette Höcker; © ars liturgica Buch- & Kunstverlag MARIA LAACH, Nr. 4137

S. 100 l.: Evangelisch-Lutherische Kirche in Bayern, r.: © Starpics/Fotolia.com

S. 101: ROXYFILM GmbH, München

S. 102 o.: chrismon/Hansisches Druck- und Verlagshaus GmbH, Frankfurt am Main, u.l.: Friedwald/Thomas Gasparini, u.r.: © KNA

S. 103 o.l.: Stefan Ruehlow, Frankfurt am Main, u.l.: © KNA, o.r.: © epd-bild/ Christopher Clem Franken, u.r.: © epd-bild/Rolf Zöllner

S. 104 o: Fox/dpa Film Fox, u.: Sven Häberlein, Ottendorf-Okrilla

S. 106 o.l.: © Lukas Sembera/Fotolia.com, u.l.: Robert B. Fishman/dpa, o.r.: Max Beckmann, Wer Ohren hat © VG Bild-Kunst, Bonn 2014, Eigentumsnachweis: Staatsgalerie Stuttgart, Graphische Sammlung. Leihgabe der Freunde der Staatsgalerie Stuttgart. © Foto: Staatsgalerie Stuttgart

S. 107: Miguel Fernandez, Hagenburg

S. 108 l., von oben nach unten: © lightwavemedia/Fotolia.com, Stefanie Sattler, Augsburg, f1online, © Squaredpixels/iStockphoto, © Priisk/iStockphoto Kenneth Brown, München, r. aus: Martin Wolters, Bibelclouds. Die Bibel anders sehen. © Patmos Verlag der Schwabenverlag AG, Ostfildern 2012

S. 110: »Dahoam is Dahoam« Eine Produktion des Bayerischen Rundfunks/Red. Bayern und Unterhaltung/Spiel-Film-Serie; In Lizenz der BRmedia Service GmbH

S. 111 o.: Werner Neumüller, Münster, u.: Frank Kunert, Boppard,

S. 112 l.: Carsten Rehder/dpa, M.: TimeTEX HERMEDIA Verlag GmbH www.timetex.de1, r.: Artcolor picture alliance

S. 113 o.l.: © Maria Böhm/Fotolia.com, u.l.: © Melbye/iStockphoto

S. 114 l.: © st-fotograf/Fotolia.com

S. 115: www.bilderbuch-koeln.de

S. 116 o.: Elke Drewes-Schulz mit Vorbereitungsteam für den Abi-Gottesdienst, M.: Hans-Georg Pflümer, Wiehl, u.l.: Lea Bührmann, Verden, u.M.: Julian Steincke, Hannover, u.r.: Jasmin Böschen. Domgymnasium Verden, Abiturjahrgang 2009

S. 119 Fotos o.,u.r.: Tanja Gojny, Erlangen, und Ingrid Grill-Ahollinger, München

S. 121: Bild: Günther Ücker, Werk in Wustrow. © VG Bild-Kunst, Bonn 2014, Foto: Jens Büttner/dpa

S. 123: Dekanat der Evangelisch-Theologischen Fakultät LMU, München

TEXTE

S. 10: Spielbeschreibung zum Teil angelehnt bzw. übernommen aus: Jörg Lehmann, Spiel des Lebens – Generation Now. Rezension unter www.brettspiele-report.de/spiel-des-lebens-generation-now

S. 12: Aussagen Jugendlicher: Shell Jugendstudie 2010

S. 13: Terry Eagleton, Das Böse. Übersetzt von Hainer Kober. Ullstein Verlag, Berlin

S. 14: Jörg Frey gekürzt aus: Das letzte Bild der Bibel; in: reli 4/2012, S. 3–6. Theologischer Verlag, Zürich

S. 15: Jürgen Ebach, Die Utopie hat einen Ort. Bibelarbeit über Jes 65,17–25 beim Evangelischen Kirchentag in Bochum. Rechte beim Autor

S. 22 Margot Käßmann: http://www.ekd.de/presse/pm41_2010_statement_kaessmann_ruecktritt.html
Karl Theodor zu Guttenberg: http://www.faz.net/aktuell/politik/inland/2.1673/guttenbergs-erklaerung-im-wortlaut-zu-keinem-zeitpunkt-bewusst-getaeuscht-1594543.html.
Klaas Huizing, Sich schämen, www.chrismon.de

S. 23: Eberhard Schockenhoff, Schuldeingeständnis ohne Hoffnung auf Vergebung? Zu einer neuen Form öffentlicher Rituale. Vortrag auf der GKP-Jahrestagung am 8. April 2011 in Freiburg i. Br.

S. 24: Dieter E. Zimmer, Experimente des Lebens. Heyne Verlag, München

S. 27: Bert Brecht, Gesammelte Werke. Suhrkamp Verlag, Berlin

S. 28: Markus Christian Schulte von Drach, Süddeutsche Zeitung online, Dorothee Sölle, Schuld – ein sinnloses Wort? In: Das Recht ein anderer zu werden, S. 26. Luchterhand Verlag, Neuwied 1971

S. 29: Interview mit Nablah Saimeh, von Ursula Ott, Gafga Hedwig und Ingo Dalferth, www.chrismon.de

S. 30 aus: Erich Fried erzählt. Zusammengestellt von Christiane Jessen und Erich Fried. Wagenbach Verlag, Berlin 1997, S. 122

S. 31: Emmanuel Lévinas, Die Unvorhersehbarkeit der Geschichte. Aus dem Französischen von Alwin Letzkus. Verlag Karl Alber, Freiburg/München

S. 32: Rüdiger Safranski, Das Böse oder Das Drama der Freiheit. S. Fischer Verlag, Frankfurt 2011, S. 26 f

S. 33: Wolfgang Schoberth, Einführung in die theologische Anthropologie, Wissenschaftliche Buchgesellschaft, Darmstadt, 2006, S. 126–128

S. 34: Karl Löning, Erich Zenger, Als Anfang schuf Gott. Biblische Schöpfungstheologien. Patmos Verlag, Düsseldorf 1997, S. 161 f, gekürzt, Rüdiger Safranski, Das Böse oder Das Drama der Freiheit. S. Fischer Verlag, Frankfurt 2011, S. 32 f

S. 35: Jürgen Ebach, Vielfalt ohne Beliebigkeit. Vortrag in Loccum 31. 8. bis 1. 9. 2001, Rechte beim Autor

S. 36: Walter Sparn, Rechtfertigung und Gnade www.credo.de, Rechte beim Autor

S. 37: Wilhelm Gräb, www.theomag.de, Rechte beim Autor

S. 38: Ellis Kaut, Pumuckl und der Wellensittich. Meister Eder und sein Pumuckl Folge 38. Universal Music

S. 40/41: Fred Breinersdorfer, Aus dem Drehbuch zum Film »Sophie Scholl. Die letzten Tage«, Rechte beim Autor

S. 42: Richard Schröder, Über das Gewissen. Vortrag bei der Konrad-Adenauer-Gesellschaft. KS Publikationen, 1/2007, S. 15–22, gekürzt, Rechte beim Autor

S. 43: Alois Prinz, Hannah Arendt oder Die Liebe zur Welt. Insel Verlag, Berlin 2012, S. 295 f, Lothar Zenetti, In Seiner Nähe. Texte des Vertrauens (Topos Plus 431). Mathias-Grünewald-Verlag, Mainz 2002, S. 99

S. 45: Karl-Friedrich Haag, Bausteine für ein christliches Reden von Gott und Menschen. GPM 2007, Rechte beim Autor

S. 46: Ausschnitt aus dem Film »Die letzte Stufe«. Eric Till/Jones Gareth, Random House, Dietrich Bonhoeffer, Ethik. Gütersloher Verlagshaus, Gütersloh, S. 276 f

S. 47: Klaus Beckmann, Kainszeichen und Sündenstolz. ZeitZeichen 5/2012

S. 48: Marc Pitzke, Spiegel Online 16.1.2013

S. 52: Nicole Walter, Glück als Schulfach. Lernen ohne Leistungsdruck, 19.11.2012, in Fluter-Ausgabe: Glück (November 2012) www.fluter.de, Andreas Pankratz, Interview mit Wilhelm Schmid. 5.11.2012 in Fluter-Ausgabe: Glück (November 2012)

S. 53: Klaus Spieler, Ethik der Computerspiele. Computerspiele in Kultur und Bildung. DIGAREC Lectures 2008/2009 – Vorträge am Zentrum für Computerspielforschung mit Wissenschaftsforum der deutschen Gamestage. Quo Vadis 2008 und 2009, hrsg. von Stephan Günzel, Michael Liebe und Dieter Mersch. Universitätsverlag, Potsdam 2009. Ingrid Schoberth, Zur Urteilspraxis von Kindern und Jugendlichen. Religionspädagogische und religionsdidaktische Zugänge in: Urteilen lernen – Grundlagen und Kontexte ethischer Urteilsbildung, hrsg. von Ingrid Schoberth. Vandenhoeck & Ruprecht, Göttingen 2012, S. 234 f

S. 54: Eilert Herms, Die Bedeutung der Weltanschauungen für die ethische Urteilsbildung, in: Friderike Nüssel (Hrsg.), Theologische Ethik der Gegenwart. Mohr Siebeck, Tübingen 2009, S. 50

S. 55: Hans Joas, Wie entstehen Werte? Wertebildung und Wertevermittlung in pluralistischen Gesellschaften. Autorisierte Abschrift eines Vortrags bei der Freiwilligen Selbstkontrolle Fernsehen e.V. (FSF) im Rahmen der Veranstaltungsreihe »Gesellschaftliche Ethik und die Rolle der Medien« in Berlin vom 15.9.2006, Walter Sparn, Nach Ethik fragen. Gymnasialpädagogische Materialstelle, Erlangen

S. 56: »Es war der Kick, pures Adrenalin«. Interview mit Uli Hoeneß von Cathrin Gilbert, Hans Werner Kilz und Stephan Lebert in: DIE ZEIT, 2.5.2013 Nr. 19, Robert McKee, Die Prinzipien des Drehbuchschreibens. Alexander Verlag, Berlin 2011, S. 18 f

S. 57: Johannes Fischer, Zum narrativen Fundament der sittlichen Erkenntnis. Metaethische Überlegungen zur Eigenart theologischer Ethik, in: Friederike Nüssel (Hrsg.), Theologische Ethik der Gegenwart. Mohr Siebeck, Tübingen 2009, S. 78–82, Marco Hofheinz, »Und die Moral von der Geschicht?« Narrative Ethik – ein aktuelles Konzept christlicher Ethik (Juli 2008), www.reformiert-info.de, Rechte beim Autor

S. 58: »Auf Ungerechtigkeit reagiert unser Hirn mit Ekel.« Interview von Frauke Haß mit Joachim Bauer in Frankfurter Rundschau 5. 4. 2011, Wilhelm Peterßen, aus einer Rezension von Georg Lind, Ist Moral lehrbar? Ergebnisse der modernen moralpsychologischen Forschung in »Unterrichtswissenschaft« – Zeitschrift für Lernforschung, zitiert nach www.logos-verlag.de; Henrik Walter aus: Jörg Blech und Rafaela von Bredow, Die Grammatik des Guten. DER SPIEGEL 31/2007, S. 111. Wolf Singer, Verschaltungen legen uns fest. Wir sollten aufhören, von Freiheit zu sprechen, in: Christian Geyer (Hrsg.), Hirnforschung und Willensfreiheit. Zur Deutung der neuesten Experimente. Suhrkamp Verlag, Berlin 2004, S. 64

S. 59: Karl-Friedrich Haag, Werteerziehung oder ethische Bildung? Überlegungen zur schulischen Praxis, in: Arbeitshilfe für den evangelischen Religionsunterricht an Gymnasien. Grüne Folge, Themenfolge, (2003), S. 37. Rechte beim Autor

S. 60: Joachim Gauck, Freiheit, Verantwortung, Gemeinsinn. Rede am 23.3.2011 in der Friedrich-Ebert-Stiftung

Bilder und Texte

S. 61: Wilfried Härle, Ethik. De Gruyter, Berlin 2011, S. 202–205, Hermann Aichele, Adam, wo bist du? Kain, wo ist dein Bruder Abel? www.scilogs.de, Spektrum der Wissenschaft Verlagsgesellschaft mbH

S. 62: »Und die Zeit tickt!« Stefanie Sattler, Augsburg, Josef Isensee, Handbuch des Staatsrechts der Bundesrepublik Deutschland Bd. IX, C.F. Müller, Heidelberg 2011, S. 414

S. 64: Arnu Titus, Schadenfreude ist die schönste Freude. Eine Weihnachtsvideo-Kritik von Titus Arnu, www.sueddeutsche.de, Otfried Höffle, Immanuel Kant. Verlag C.H. Beck, München 2007, S. 176–178

S. 66: Hans Jonas, Das Prinzip Verantwortung: Versuch einer Ethik für die technologische Zivilisation. Suhrkamp Verlag, Berlin 1984, S. 36, Jürgen Habermas, Moralbewusstsein und kommunikatives Handeln. Suhrkamp Verlag, Berlin 1983, S. 66

S. 67: Johannes Fischer, Zum narrativen Fundament der sittlichen Erkenntnis. Metaethische Überlegungen zur Eigenart theologischer Ethik, in: Friederike Nüssel (Hrsg.), Theologische Ethik der Gegenwart. Mohr Siebeck, Tübingen 2009, S.98 f

S. 68: Bildunterschrift aus Kerstin Hilt, Sicher oder frei? www.planet-wissen.de, Rechte bei der Autorin

S. 69: Peter Singer, Praktische Ethik. 3. Revidierte und erweiterte Auflage 2013. (Reclams Universal-Bibliothek Nr. 18919) Reclam Verlag, Stuttgart

S. 70: Notger Slenczka, Theologische Fakultät der HU-Berlin, Universitätsgottesdienst SoSe 2012, Rechte beim Autor

S. 71: Sonja Viola Senghaus, www.tonartlyrik.de, Rechte bei der Autorin; Martin Honecker, Einführung in die theologische Ethik: Grundlagen und Grundbegriffe. De Gruyter, Berlin 2002, S. 29

S. 73: Martin Honecker, Evangelische Ethik als Ethik der Unterscheidung. Lit Verlag, Münster 2010, S. 33. Karl Friedrich Haag, Nachdenklich handeln. Bausteine für eine Christliche Ethik. Verlag Vandenhoeck & Ruprecht, Göttingen 1996, S. 97 f bearb.; Jürgen Moltmann in: Quellentexte theologischer Ethik: Von der Alten Kirche bis zur Gegenwart, hrsg. Von Stefan Grotefeld u.a. Kohlhammer Verlag, Stuttgart 2006, S. 463

S. 74: Christian Frevel, Gottes Grundgesetz, in: Welt und Umwelt der Bibel, S. 17 f Ausgabe Nr. 17, 5.Jg., 3. Quartal 2000. Die Zehn Gebote

S. 75: Christof Hardmeier, »Du sollst nicht ehebrechen…«. Ein Gebot der Ehe- und Sexmoral?, in: Ilse Bohn u.a., IMPULSE – 50. Geburtstag von Alfred Jäger. Verlag Kirchliche Hochschule Bethel, Bielefeld 1991, S. 128 f

S. 76: Eberhard Jüngel zitiert nach www.bayern-oekumenisch.de

S. 78: Reinhard Feldmeier, Elementare Bibeltexte. Verlag Vandenhoeck & Ruprecht, Göttingen; Johannes Fischer, Zum narrativen Fundament der sittlichen Erkenntnis. Metaethische Überlegungen zur Eigenart theologischer Ethik, in: Friederike Nüssel (Hrsg.), Theologische Ethik der Gegenwart. Mohr Siebeck, Tübingen 2009, S. 85–88

S. 79: Dietz Lange, Die Radikalität der Bergpredigt in einer pluralistischen Gesellschaft, in: Friederike Nüssel (Hrsg.), Theologische Ethik der Gegenwart. Mohr Siebeck, Tübingen 2009, S.120 f; Karl-Friedrich Haag, Bausteine für eine christliche Ethik – Verantwortlich leben Bd. I, GPM ThF 99, Gymnasialpädagogische Materialstelle, Erlangen 1993, S. 142, Rechte beim Autor

S. 80: Erich Fried, Gedichte. Wagenbach Verlag, Berlin

S. 81: »Pazifismus« DER SPIEGEL, Nr. 25/1981

S. 82: Interview mit Wolfgang Thierse von Evelyn Finger und Karsten Polke-Majewski, www.zeit.de

S. 84, S. 85: Nikolaus Schneider, Vorwort zu: Reformation. Macht. Politik. Das Magazin zum Themenjahr 2014, www.ekd.de

S. 85: Karl Barth, Gesamtausgabe. S. 36: Offene Briefe 1935–1942. Hrsg. von Diether Koch. Theologischer Verlag, Zürich 2001, S. 224

S. 86: Friedrich Schorlemmer, Schwerter zu Pflugscharen, in: DIE ZEIT vom 3.9.2009 Nr. 37 (16. September 2009) www.zeit.de; Jörg Schmidt, Politisch gefährlich und ethisch verwerflich. www.reformierter-bund.de

S. 88: Interview von Imke Rosebrock mit Prof. Dr. Dr. Karl Homann. Offene Rechnungen. Wie moralisch ist die Wirtschaft? 16.1.2006 www.fluter.de

S. 90: Alexander Göbel, Kakao und Kinderarbeit. Afrikanische Kinder schuften für unseren Schokoladengenuss. Deutschlandradio vom 25.1.2013. www.deutschlandradiokultur.de

Interview in: TransFair. Zu wenig Fairtrade-Schokolade auf dem deutschen Markt. Dieter Overth im Gespräch mit Frank Meyer, Deutschlandradio vom 25.1.2013. www.deutschlandradiokultur.de

S. 91: Interview von Claudia Hönck mit Alfred T. Ritter, in: greenpeace magazin 3.09. www.greenpeacemagazin.de

S. 92 l.: Wolfgang Huber, Gott und Geld. Christliche Etthik und wirtschaftliches Handeln. Vortrag im Langenscheidt Verlag in München, 19. Oktober 2007. www.ekd.de, r.: Wolfgang Huber, Ethik – Die Grundfragen unseres Lebens von der Geburt bis zum Tod. Verlag C.H. Beck, München 2013, S. 160 f

S. 93: Wie ein Riss in einer hohen Mauer. Wort des Rates der Evangelischen Kirche in Deutschland zur globalen Finanz- und Wirtschaftskrise. EKD-Texte 100. EKD, 2009

S. 97: Juli Zeh, Das Mögliche und die Möglichkeiten. Rede an die Abiturienten des Jahrgangs 2010, hrsg.von Ralph Schock. Gollenstein Verlag, Merzig 2010, S. 5–9.

S. 98: Peter L. Berger, Auf den Spuren der Engel. S. Fischer Verlag, Frankfurt 1970

S. 100: Odo Marquard, Zukunft braucht Herkunft. Philosophische Essays. Reclam Verlag, Stuttgart 2003, S. 234–146, S. 238 f

S. 101: ROXYFILM GmbH, München

S. 107: Jürgen Moltmann, Im Ende – der Anfang. Eine kleine Hoffnungslehre. Gütersloher Verlagshaus, Gütersloh 2003, S. 95: Luzia Sutter-Rehmann, Die Heilung der Welt, in: Heinrich Bedford-Strohm (Hrsg.), … und das Leben der zukünftigen Welt. Von Auferstehung und Jüngstem Gericht. Neukirchener Verlag, Neukirchen-Vluyn 2007, S. 65–76, S. 71

S. 109: Jürgen Moltmann, Im Ende – der Anfang. Eine kleine Hoffnungslehre. Gütersloher Verlagshaus, Gütersloh 2003, S. 178 f

S. 110: Ernst Bloch, Prinzip Hoffnung. Suhrkamp Verlag, Berlin; Jean Baptist Metz, Memoria Passionis. Ein provozierendes Gedächtnis in pluralistischer Gesellschaft. Herder Verlag, Freiburg, 2007, S. 144 f; Julia Esquivel in: Sybille Fritsch, Von Schönheit und Schmerz – Gebete und Poesie von Frauen aus aller Welt. Verlag König, 1973; Dorothee Sölle © Rechtsnachfolge der Autorin

S. 111: Zephania Kameeta, Gott in schwarzen Gettos. Übersetzt von Renate und Theo Sundermeier. Verlag der Ev.-Luth. Mission, 1983, Jürgen Moltmann in: Jahrbuch für Religionspädagogik Bd. 26 (2010), Neukirchener Verlag, Neukirchen-Vluyn, S. 111–118, Zitat S. 113, S. 115

S. 112: Kurt Marti, Abendland. Gedichte. Luchterhand Verlag, München 1982, S. 71

S. 112/113: Luzia Sutter Rehmann, Die Heilung der Welt, in: Heinrich Bedford-Strohm (Hrsg.), … und das Leben der zukünftigen Welt. Von Auferstehung und Jüngstem Gericht. Neukirchener Verlag, Neukirchen-Vluyn 2007, S. 67 f, 71–74

S. 114 Peter Nitsch, Projektleitung Predigtpreis, Rechte beim Autor

S. 115 Dietrich Bonhoeffer, Ethik. Gütersloher Verlagshaus. Gütersloh, Mathias Jung, Rechte beim Autor, www.matthias-jung.de

S. 118: Wolfgang Schoberth, Religion und Phantasie. Von der Imaginationskraft des Glaubens, hrsg. von Werner Ritter. Verlag Vandenhoeck & Ruprecht, Göttingen 2000

S. 120: Fulbert Steffensky, Das Haus, das die Träume verwaltet. Echter Verlag, Würzburg 1999, S 56 f

S. 121: Rose Ausländer, Gedichte. S. Fischer Verlag, Frankfurt 2001, S. 298

S. 128: Buchbesprechung von Susanne Billig, Berlin. Rechte bei der Autorin, Ausschnitt aus: Rainer Funk, Der entgrenzte Mensch. © 2011, Gütersloher Verlagshaus, Gütersloh in der Verlagsgruppe Random House GmbH, Abituraufgabe aus dem Jahr 2013 im Fach Evangelische Religionslehre mit freundlicher Genehmigung des Bayerischen Staatsministeriums für Bildung und Kultus, Wissenschaft und Kunst

S. 129 f: Tipps der Buchautoren, kein amtlicher Lösungsvorschlag

LIEDER

S. 38 Die Toten Hosen »Gewissen«, Musik: Breitkopf, Text: Frege, © 1993 by Edition Die Toten Hosen – weltweit –

S. 44 Allergy »Teufelskreis«, Text: Dirk Merzbach, Rechte beim Autor

S. 121: Vorlage: Katholische Bibelanstalt GmbH, Stuttgart, Melodierechte: Editrice Vaticana, Rom